明史論叢之二

明史考證抉微

學生書局印行

國家圖書館出版品預行編目資料

明史考證抉微

陳守實等著. – 初版. – 臺北市：臺灣學生，1968.04
面；公分 (明史論叢 ; 2)

ISBN 978-957-15-1981-4(精裝)
ISBN 978-957-15-1982-1(平裝)

1. 明史

626.08 114011987

明史論叢
包遵彭主編

明史考證抉微

著作者 陳守實等
出版者 臺灣學生書局有限公司
發行人 楊雲龍
發行所 臺灣學生書局有限公司
地址 臺北市和平東路一段 75 巷 11 號
劃撥帳號 00024668
電話 (02)23928185
傳真 (02)23928105
E-mail student.book@msa.hinet.net
網址 www.studentbook.com.tw
登記證字號 行政院新聞局局版北市業字第玖捌壹號
定價 精裝新臺幣七〇〇元
平裝新臺幣四〇〇元

一九六八年四月初版
二〇二五年九月初版二刷

62611-2

目錄

導論

包遵彭

明史考證抉微論叢，選集了幾篇典型的考證明史論文。陳守實明史抉微，是一篇綜括性的論證明史之作。潘檉章國史考異，錢謙益太祖實錄辨論兩文，辨析精詳，直抉隱微，細針密線，具見功力之深。盧文弨讀史札記，乃其家藏稿本，別無副墨流傳。李光濤先生論乾隆年刋行之明史，在許多駁正明史著作中，是最新出的例證之一。這幾篇典型考證文字，從多方面指出研究明史的途徑。

明史之修，發凡起例，綜覈史稿，實由鄞縣萬斯同主之，斯同治史，最重實錄，他嘗說：

吾少館於某氏，其家有列朝實錄，吾默識暗誦，未嘗有一言一事之遺也。長游四方，就故家長老求遺書考聞往事，旁及郡邑志乘雜家志傳之文，靡不網羅參伍，而要以實錄爲指歸，蓋實錄者，直載其事與言而無可增飾者也。因其世以考其事，覈其言，平心以察之，則其人之本末可八九得矣。然言之發或有所由，事之端或有所起，而其流或有所激，則非他書不能具也。凡實錄之難詳者，吾以他書證之，他書之誣且濫者，吾以所得於實錄者裁之，雖不敢具謂可信，而是非之枉於人者蓋鮮矣。

但是，實錄因忌諱、改竄、取材疏誤、傳抄刋刻之訛錯，暨抄本之互異，因之明史亦隨之致悞。其據家乘野史失於檢對實錄而致誤者。更無論矣。故修訂明史，必考訂實錄。然此等百年大業，非可望一時所能有成者。王世貞、錢謙益、潘檉章等均嘗著其先鞭。潘氏字聖木，一字力田，吳江人，明諸生。博極群書，長於考訂。其弟耒，亦史學名家。嘗說：著書之法，莫善於司馬溫公。其爲通鑑。先成長篇，別著考異，故少牴牾。於是博訪有明一代之書，以實錄爲綱領，若志乘、若文集、若家傳，凡有關史事者，一切抄撮薈萃，以類相從，稽其異同，核其虛實，去取出入，皆有明徵。不徇單辭，不逞臆見。信以傳信。疑以傳疑（國史考異序）。其所著國史考異六卷，據四庫全書簡明目錄卷八史部史評類載：「其書以實錄、野史、及諸家文集、碑誌，參證同異，而攻駁鄭曉今言者尤多。」案此書，曾收入四庫，嗣以徵引錢牧齋太祖實錄辨證，被撤出。今傳本刻入功順堂叢書。而淸臣所撰之提要，外間極少見。近已自故宮檢出，稱其引據賅洽，辨析詳明。提要云：

臣等謹案：國史考異六卷，不著撰人名氏，以其所引諸書證之，蓋明末人也。其書以實錄野史及諸家文集碑誌，參證同異，斷其是非，而攻駁鄭曉今言者最多。所考止於洪武永樂兩朝，其或爲纂而未竣，或爲竣而佚闕，或以太祖開基草昧，稗官每異傳聞，成祖倡亂革除，史氏曲爲忌諱，故訂訛正舛，祇以兩朝，均未可知。第據此六卷觀之，大抵引據賅洽，辨析詳明：如建文遜國一條，不以自焚之說爲信，亦不以從亡之事爲眞；謂胡濙奉使，鄭洽逮治，建文之爲存爲歿，成祖亦在疑信之間，後來孰從質實？但既鴻冥而去，自必潛蹤滅跡，不可復尋，又豈肯到處題詩，暮年歸國，自蹈不測之危機？疑以傳疑，持論最爲平允。至於張玉沒於濟南之戰，史有明文，而云鐵鉉但困守孤城，未嘗出軍拒敵，景淸先降，自不別於姦黨，而疑姦黨榜不載其名，不免小有疏舛，張紞已推戴新主，仍長六曹，後以懼罪自經，不因殉節，而云張紞之一死。足以謝方鐵諸公，持論亦小有出入。要其辨誤傳信，可取者則已多矣。

乾隆五十一年五月恭校上。(下略)

提要雖云不著撰人姓名，然實爲潘檉章撰。氏著作除國史考異外，尚有今樂府、松林文獻、杜詩博議、千林韮溪集。並與友人吳炎共撰明史記，未成，適烏程莊氏史獄起，參閱有檉章名，遂及於難。顧炎武亭林文集卷五書潘吳二子事，記其致禍始末甚詳。國史考異所考雖僅洪武永樂兩朝。然於明初史事大端，辨難質證，實包舉諸家之長，而復多所發明。凡所論列實錄諸事者，實亦關繫於明史。如取與明史本文相互參證，是非立見矣。

錢謙益，別號牧齋，學者稱虞山先生。舉萬曆卅八年進士。授翰林院編修。廻翔禁林，聲華烜赫，以牽連黨爭，迭有起伏，一生志在明史，所撰皇明開國功臣事略。開國群雄事略，及列朝詩集小傳等，就是他初步完成之作，南明弘光元年乙酉二月，請修國史疏說：「臣壯歲登朝，留心史事，廿餘年，搨討論，差有端緒。昔宋臣司馬光，編修歷代通鑑，乞就冗官。以書局自隨，願以先例，即家開局。」疏上，弘光要他在任料理。而南都旋亡。此後集全力從事撰述。成明史二百五十卷(一說一百卷)。庚寅九月晦，甫畢業，所居絳雲樓火作，付之一炬。入清，順治三年正月，命充明史副總裁，以疾自免歸。

國史考異，引證牧齋之說，以所撰太祖實錄辨證爲最多。辨證雖僅限洪武一朝，但對太祖起義抗元，及定鼎後胡藍之獄，乃至開國時許多大事，駁正實錄疎悞之處甚多，他常於剖析實錄之後，坦率指陳「史家記載之難如此」，「國史不足徵一至於此」。而有無限的感慨。對王世貞史乘考誤等作，鄭曉異姓諸侯傳，黃金開國功臣錄等書，雖有所徵引，但極其審愼嚴格，有時且似老吏斷獄，對諸名家之史筆，亦不稍假借。

近人黃彰建先生，頻年致力於明實錄之校勘。出其餘緒，成「明史正誤」。先後發表於歷史語言研究所集刊，即將專書問世，足與潘、錢二子，先後輝映。

凡上述訂正實錄之處，有爲明史採錄者，有爲明史所未取者，據以與明史對勘，於有明一代史事之是非得失，乃至其致悞之由來，可增加一層認識。

明史最爲世所詬病者，厥爲因學派門戶，牽混史事，以王學與程朱之異同而資爲筆削之標準。史館中張烈、陸隴其、熊賜履輩指摘王派學者最烈。因此陽明列傳遂多顚倒史實。而晚明社黨之傾軋，末流所趨，影響若干修史者，難有平情之論（見陳守實：明史抉微）。在易代之際，由時主之箝制，忌諱太多，史家著筆，稍不留意，即罹史獄。有若遼東一隅、建州三衛故事，南明諸王抗清史事，或則諱莫如深，或則語焉不詳。其最甚者，則是故意歪曲史事。歷來史家曾一再有所指正。盧抱經先生喜校書，不下萬卷。其自著書唯鍾山札記四卷，生前所刻。後又纂龍城札記，未竣而歿。今所刻三卷，並非全書。其讀史札記，迄未付梓，稿存今中央研究院歷史語言研究所圖書館。原稿前有仁和勞格短序，稿末有其老友趙敬夫跋語。是稿誠如稿末嚴元照跋語所謂：「此書非先生經意之作」。原稿後段多屬枝節細文，無足觀取。然大部立說精審。且迄未付梓，因擇其一部一併錄印，以見一代校書家對明史之校正。其中有趙敬夫夾簽，原附着簡端者，亦附錄篇末。李光濤先生近作：「論乾隆年刊行之明史」一文，擧陳奇瑜、流寇、援韓、袁崇煥等幾件史事，爲明史疎漏訛謬，提供了更新的例證。李文後擴爲「記朝鮮實錄中之皇明全史」，刋中央研究院歷史語言研究所集刋卅二本，可併觀。

趙甌北廿二箚記，爲一代論史明作。其對明史推崇處，至謂：「閱六十年而後訖事，古來修史，未有如此之日久而功深者也。惟其修於康熙時，去前朝未遠，見聞尙接。故事跡原委，多得其眞。非同後漢書之修於宋，晉書之修於唐，徒據舊人記載而整齊其文也。又經數十年，參考訂正，或增或删，或離或合。故事益詳而文益簡。且是非久而後定。執筆者無所徇隱於其間，益可徵信。」這些話，似覺其言之成理。但一經對證史實，便知絕不盡然。這說明一項極簡單的道理。治史者，不應該也不可能，徒信空言。他要從全盤史實及不同載籍中，實際的仔細研考，才能見其全，見其眞，見其遠大。

明史抉微

一 通論

陳守實

居史職任紀注者、未必皆具史學。具史學者、未必皆任史事。不任史事而放言高論。思垂空文自見。或有所裒輯。資助既寡。傳稽爲難。此良史所以難覯、而一部二十四史尚多可議也。夫史部含義宏廣、倉猝輯成、既難詳實（註一）。不得其人、又陷粗蕪。大抵脩史有必不可牽混而最易犯者數事。（一）以新朝而脩勝國史鼎革之際。着筆爲難。周臣不立韓通。唐錄竟私張說。一部二十四史、此敝屢見。（二）新朝基業初定。反側未安。以史事爲牢籠。危素輩藉口易操。貳臣居史館必多避忌。以長樂老脩五代史。可決其無價値。（三）道學家古文家不可脩史。以學術之性近。爲史實之好尚。橫生臆見。妄爲主

（註一）趙甌北、翼廿二史劄記、「元末之脩宋遼金三史。明初之脩元史。時日迫促。不暇致詳而潦草完事。」

奴。古文家因文見道。濫套惡調。縱筆所至。一往每幾於失(註二)。(四)挾門戶之見者、不可脩史。主執既深。術事多偏。讀宋史者、溫舒之罪、幾不容於死。決非眞狀。因政見之不同。遂多無謂之抑揚。此其蔽也(註三)。(五)異族入主中夏。挾其騃戾之勢。妄生分別。元之於宋。淸之於明。事多曲諱。凡此數者。於一代史實。所關極重。核諸史部。多未能免。而淸脩明史。所犯尤盛。但自來評騭明史者鮮有譏議及此。蓋皆以明史之脩。稱年甚久，易人甚多。蒐羅詳核。斟酌至當。謂可駕宋元而上並班范。卽有訾議。亦多在史稿而不及明史。此則又因淸儒以欽定二字為防禁。不欲多所論列以觸無妄之禍。非有愛於明史也(註四)。

淸脩明史起順治二年(一六四五)。其人物除無識知之伴食滿員外。降臣為多。洪承疇馮銓輩、睹遺編而內疚。肆直筆而未能。以故不久卽罷。史料轉因之被竊。(馬銓竊天啓四年實錄見武進楊農先椿孟鄰堂集上明鑑綱目館總裁書中)至康熙十八年(一六七九)召試鴻博。開館脩史。規模頗大。與館選者至六七十人(註五)。所搜史料亦甚多。然承晚明餘習。學派門戶之爭仍盛。如大興張烈、平湖陸隴其、孝感熊賜履輩、則死守程朱殘壘、以攻詆王學。淸帝亦樂程

(註二)宋代史料多出程朱派人手。故對異派多詆譏。全謝山謂方望溪臨文往往不依據事實。株守死法。如自為其祖行狀。地名官名、或減字、或用古。都失實。令後人不知所云。臨川李穆堂曾馳書稽切之。見穆堂外集。

(註三)南宋文人不免此病。而明淸為尤。楊廷和費宏焦芳等之於實錄。王世貞等之史料。淸初王士正輩之筆記。皆如宵人依附之司馬氏涑水記聞。染門戶學派色彩極重。都不見憑信。

(註四)淸代史學大師考證史事、及表志注釋之補緝。可謂空前絕後。然多致力於舊史。而近代史則鮮及。有所顧忌故也。

(註五)徐元文為監脩。葉方藹張玉書為總裁。鴻博湯斌等五十人、右庶子盧君奇等十六人為纂脩。其他布衣參史局或食俸或不食俸者又若干人。

朱之風痺。陳龍川說 足以拊南方王派學者之勇動。儘力提撕。高壓一切。南士如萬斯同等且為所懾、而不敢暢言極論。其次則毛奇齡輩以譎怪之說。與斯同相排批（註六）。故史館初開。雖以二徐元文乾學 之好士斯同輩之史學。其聚訟紛紜。有難以綜諸理而喻諸道者。斯同居徐寓所。審定之稿難盡如其意之所欲出。此則因學派門戶之爭而牽混史事者也（註七）。

王鴻緒明史稿、出自四明萬斯同。萬為黃宗羲弟子。執精史部。尤詳悉明代掌故。少即以明史自任。十八年舉鴻博。不就。而不忍明史之放失。與黃宗羲之子百家攜舊史著北上。主監脩徐元文寓。以布衣參史局。不食俸。諸纂脩稿成。皆經核定。自康熙十八年至京。四十一年卒能於王鴻緒京寓。手定稿多至五百卷。皆為王氏所得。與門客以私意竄亂。重行鈔寫。中署橫雲山人史稿。於康熙五十三年、雍正元年兩次奏上之。即世所稱橫雲山人明史稿。後張廷玉等續脩所依據者也。論史著者、以王氏啗名特甚。竊人之有而私自更竄。致失其原有義法為不德。此固然矣。然核諸當日之時風衆勢。萬氏之稿。實不能至雍乾間而一無脩改。且斯同稿雖詳備至五百卷。而猶有所未盡。何以言之。斯同之友溫睿臨承斯同旨。輯南疆佚史。敍例云「錄得野史數十種。方欲咨訪發凡起例。而萬子季野溘然先逝。明史列傳甫脫稿。尚未訂正也。」是季野斯同子 明史稿尚為初稿。有待於訂正。又博稽稗野。裁定為難。稿成絕筆。或有未備。王氏雖非能整理之者。而必有事於增刪。則可斷言。纂脩明史。史料最備。在康熙十八年後至五十年。差近三十年之間。至雍正初。禁網漸密。文字獄起。稗野有觸忌諱。不敢進呈。史局有所

（註六）毛奇齡亦主王學。但與斯同意見甚相左。見之朋友書札。且與當時越中諸社壇皆不合。全謝山鮚埼亭集西河別傳亦言之。

（註七）湯潛菴與汪苕文書有云「局中議論不一。錯互疊見。」集衆脩史。聚訟紛紜之病、必不能免。

取資。亦多率略。振筆直書。無復當年風尙。又鴻緒爲人。阿諛順旨。迎合靑宮。因皇八子而抑建文如禮親王嘯亭雜錄魏源古微堂集所糾論史稿之失。無可掩諱。此則因淸帝之禁錮。文字獄之波動。及脩史者之人格。而影響及於史事者也。雍正間續脩之張廷玉。植身華腴。不學更下於王氏（註八）。乾隆四年（一七三九）全史告成。十五年之內幾經人事變遷。奏上明史表語部帙既多。徧核非易。史稿三百四十卷且草卷長編。口多湮沒。鈎考無從（註九）。文字禁錮。如同監謗。勳舊之家。尤易觸罪。自不能不就史稿附益成之。史稿不免濫惡。明史何能獨善。苟簡從事。不言可知。此明史之編纂。受惡勢力之拑制。雖馬班復生。無可如何者也。

明史著「欽定」字樣。故在有淸一代有言史稿之謬誤。獨不敢誦言明史之失。且不惟是。凡記述明淸之際掌故者。一須以明史及御批通鑑輯覽等書爲準則。四庫全書提要勝朝殉節諸臣錄有云「詳爲甄錄。進慰忠魂。大抵以欽定明史爲主。而參以官脩大淸一統志各省通志諸書。」又乾隆四十年舒赫德於敏中等奏爲採訪明季殉節事蹟云、「竊聞定稿衙門。以明史及各省通志爲斷。……恭繹欽定明史一書、原係仰稟睿裁。筆削公正。」及乾隆四十年上諭云、「前據查送應燬書籍中、有朱璘明紀、輯略一種。朕詳加批閱。其中敍及明季事實。俱稱本朝爲大淸。竝恭載我太祖高皇帝廟號。其詞尙屬敬順。並無誕妄不經字句。本可無庸禁燬。……從前浙江省因此書附記明末三王年號。奏請銷燬。曾經允行。」時主之密設文網。臣下之觳觫貢諛。於此可見。故溫睿臨作南疆佚史。在康熙朝以爲可無礙者。至道光初。吳

（註八）張廷玉著澄懷堂集。滿紙「天王明聖。」了無可取。又言兼職甚多。無暇問學。更可見其學識之淺薄。

（註九）武進楊農先椿上明鑑綱目館總裁書云「雍正元年秋特命重脩。舊時草卷。不可復得。館中所有、惟累朝實錄及名人傳記。而傳記亦十存一二。名爲重脩。閣下所委者僅於記傳後綴以贊辭。及以意更其目次。或點竄字句，未能將現存之書與王公史稿。細加討論。且或改訛王稿者有之。」可見當時史館中史料散失之一斑。

郡李瑤改編。有曰、「卷中位號、有不應書者。」而改編取材首列欽定明史及明史稿。可知其旨趣矣。夫溫氏佚史之作。承命季野。其言曰、「明史於福唐魯桂附入懷宗。紀載寥寥。遺缺者多。倘專取三朝或一外史。及今故老猶存。遺文尚在。可網羅也。逡巡數十年。遺者盡矣。野史無刋本。日漸零落。後之人有擧隆永之號而茫然者矣。可聽之乎。」是佚史之作、專載金陵閩粵二十年間事。爲明史所不載者。而李瑤阿順改編。則取裁於明史。不惟失萬溫二氏所以述作之旨。抑且事既具於明史。何庸更作。因是又可知佚史雖成於康熙間。而傳本必不多。不然、亦將在銷燬之列。而萬溫且不免身後之戮。可見欽定明史時人不敢擬議。爲一切掌故之準繩。無將逾越焉。故豐潤谷永泰簒取張岱談遷二人史稿。成明史記事本末。後因所紀李國楨激烈殉義。與明史所載誤國辱身乖背。因以得罪。他若傅維鱗之明書。雖作於明史未成以前。而獨得搜列史館四庫。未見譴罪。實爲例外矣。

論史稿之失、始於禮親王嘯亭雜錄。而兼論明史之失者、始於魏默深(源)李申耆(兆洛)前此趙翼箚記、粗陳刪削之疎。而未敢詳言。默深指斥史稿改竄之惡濫。不遺餘力。而訾論明史。則於其西域傳敍述西北地理多謬。與元史不合。魏固治元史者也。李申耆稍稍言其漏略。猶未敢爲深論。至近儒章太炎(炳麟)始極論之。欲依據吳興溫氏南疆佚史蒐集明季事狀。作後明史以繼萬氏。按溫氏佚史原本久佚今餘李改本謂三帝當著紀。而魯監國鄭成功宜作世家。將相如何騰蛟瞿式耜堵允錫劉文秀李定國輩、以及金李孩李郝之徒。皆宜錄入以著勸戒(註十)。武進顧實亦有改造明史之說。是則於無諱之世而抉棄一切禁錮。昌言以剔其利弊者也。

綜上所述明史之失、略可指數者。(一)清帝之禁錮太甚。致事多曲諱。(二)因學派門戶之偏見。致顚倒失實。(三)蒐訪之漏略。(四)明淸關係多失眞相。(五)弘光迄永歷之終。史實多缺。欲補作或改造明史。於此五者不可不儘力搜檢，以彌其憾。然明清之際掌故荒失。欲云取材、蓋難言矣。

二　清帝之文字禁拑影響史事

萬斯同曰、「官脩之史、倉卒成於衆人。……猶招市人而與謀室中之事也。」此言史成衆手。裁制或未當。雖有文學家居其間。亦苦於意紛口衆。不能標揭史法。然尚有從容討論之餘地。於史事之事實、可求其詳核也。若以新朝而脩勝國史。又有夷夏之辨。種族之差。欲著直筆。則事關新朝。縱時主有豁達之度。秉筆者亦不敢過爲甲乙。若曲爲諱避。則事欠核實。雖勉強成書。後人將無所考信。清脩明史。犯此最深。史不宜成於衆人之手。尤不宜成於帝王監視之下。唐脩晉史。冠以敕撰。知幾史通、已隱有彈射。（見錢大昕十駕齋養新錄書史通後）若清脩明史。以非我族類監臨其上。事涉北陲。寧能盡言。中葉而後明清交涉尤繁。欲著直筆。勢有所不能。閩粵播遷。全髮起義。在清則爲叛爲逆。在明則皆孤臣孽子。雖斷脰陷

（註十）章太炎謂溫睿臨與季野同居京邸。憤官書之醜正。而集綏寇紀略等四十餘種爲南疆佚史云。按李本繹史所附溫氏原序及序例。則佚史乃溫氏承季野之旨而作、紀南服播遷事。原有後明史之性質。且取材於史館各著錄及東南耆舊史著。季野亦有篇章附入，不第綏寇紀略等數十種也。綏寇紀略糅亂牽附。亦難當明季重要史料。據今人所輯溫氏小傳觀之。亦未盡遵季野所屬。頗有曲筆依阿處。爲通人所詬病。原卷四十輾轉傳鈔。僅止二十。且削脫撰人名氏。可知浸沉刪割不著書林久矣。至李氏瑤重編爲五十六卷。則原書價值悉亡。不足一觀。太炎所序南疆佚史。不知其爲何本。然決非溫氏原本。予謂欲輯後明史、王夫之永歷實錄邵念魯西南東南兩紀事、實爲重要史料。雖其間不無缺行空字。尚可參會憶想而得。若其他稗野、自乾隆二十二年刪存明末野史後。眞相久失。清末坊賈射利。所出痛史之類。皆妄人附會戢晉而成。毫無價值可言。

胸而光燄可與日月爭光者。其更將何以爲辭乎。又清初脩史。亦非有意存故國文獻。徒因吳越遺黎。文字鼓吹。貝宮鰲闕。時揭義旗。薙芟之術既窮。因脩史牢籠天下俊民。使有所寄。以消其不平之氣。故鴻博科開。威脅利誘。一時列薦剡者。幾二百人。剛介者、以死自誓。而迫促頓摧。幾無人狀。巽懦者、威慴之來。口呿不言。而宛轉遷就。以史爲籠。以威爲怵。以利爲誘。而天下無可逃之人矣(註一)。史館既開、令各省搜進稗野。凡關於掌故史料、及遺獻史著、一律收入。用供參考。而清帝則監督之(註二)。每有稿成。總裁監脩彙集以上。清帝以意軒輊。或指駁却下之(註三)。是脩史諸人、不惟人人各具意見。史例難稟成法。卽成稿矣、清帝猶時時指摘。名爲尊崇文獻。實則隱寓拑制。

清之法禁。在順康時尙寬。雍乾間日趨嚴酷(註四)。萬斯同在史館。考訂之暇。語吳興溫睿臨搜集明末遺事。作南疆佚史以補明史之缺。混曰、「鼎革之際。有抗顏逆行。伏屍都市。非令甲之罪人乎。取之

(註一)顧亭林與李紫瀾書「李君中孚爲上官逼迫。舁至近郊。至臥操白刃。誓欲自裁。關中諸君、有以巨游故事言之當事。得爲謝病放歸。然後國家無殺士之名。草野有容身之地。」又答潘耒書「孝感特柬。欲吾佐之修史。若果有此。非死則逃。」又傅非主霜紅龕集與友人書亦載被舉逼迫之狀。近人況周頤筆記亦言清初鴻博諸徵士當其薦舉之初。本有瀆考情形。甚非隆重之道。稍有崖岸者勿爲也。其他如易堂諸子亦有被迫狀。

(註二)王士正居易錄、「二十八年二月二日、同閣九卿會議明史。先是正月二十六日、內閣奉上諭纂脩明史。事關重大。務期秉公持正。是非論斷。歸之至當。方可備一代信史。着部院諸大臣詳議具奏。議得應照唐太宗御纂晉書之例。凡事關誼辟。名臣紀傳。恭進、請御製論贊。其餘不必概進。得兪旨。」

(註三)康熙歷年有諭告史局備史人員文。三十一年正月史稿進呈。更命熊賜履等校改。四十二年四月諭熊賜履王鴻緒等改正史事。又王鴻緒進明史表云、「監脩熊賜履獨進史本。於明事缺而不全。未奉先帝裁定。」

似涉忌諱。刪之則曷以成書。萬子曰、「不然、國家興廢。何代無之。亦各爲其主。凡在興朝、必不惡也。不得已而遂其志耳、……今且方開明史局。已奉有各種野史。悉行送部。不必忌諱爲嫌之令矣。採而輯之。庸何傷。」佚史述作之旨趣如此。然以道光初吳郡李瑤依據欽定明史更纂之南疆繹史序例觀之。則知溫氏原本佚史著成後。必少流行。否則必蒙奇禍。卽身後亦難免戮辱。以此推之、則可知雍乾間法禁嚴酷。拑制論著。殆什伯倍於順康間。或謂全祖望鮚埼亭集多言明清掌故。獨未獲咎。何也。此蓋有天幸焉。或者江南文人自南山集案曾靜案發後。稍稍知清廷意。不復涽溟再效吳之榮無恥小人所爲。吳之榮告發南潯莊氏史案者故雖忼壯言閩粤間事、而無人爲楊可之告也。李氏在道光初、獲得溫氏佚史。揵閉不敢示人。多方改削。始敢梓行。卷首列乾隆上諭多則。在嘉道間禁網稍弛猶如此。其在雍乾。眞有赤族之懼。獨夫逞威。梏轂思想。數百載後、猶令人若有餘悸也。

康熙末年、南山集案作。文字獄踵起。雍正間、曾靜之案、大義覺迷錄出。無賴文人、且以歸仁說爲科律。歸仁說爲大義覺迷錄中附篇爲曾靜所作而一生顚倒於章句集說八比文中者、比比皆是。全國士夫都無生氣。故王鴻緒於雍正元年進呈明史稿。衡鑒時趨。卽不竄亂萬氏原稿。亦必將事實過暴露處、加以刪削。始能進呈。至乾隆時淫威益熾。明史告成加欽定字樣。遂爲史著準則。言明清之際掌故者、與明史稍有出入。阿諛順旨之虎吏、卽可摘比以興大獄。又清高宗變本加厲。舞智御人。寓禁拑於崇獎中。以塗塞耳目。乾隆五年脩大清一統志。六年欽定四書文頒各學。十六年巡南方。賜經史於書院。凡此貌爲尊顯儒術。隱寓抑勒。使無出畔岸。二十二年、刪存明末野史。四十二年、著英廉程景伊梁國治和珅劉鏞將明史本紀逐一考核添脩。筆削任意。諱忌百端。務使一代史實及志士仁人遺編。一秉己意爲從違。野史被刪。後人考訂無從。明史雖有乖謬處。亦無可依據、以爲指摘或補正。秉意酷毒。莫過於是。又乾隆三十八年、開四庫全書館。網羅天下書籍。其有抵觸新朝或過言夷夏之際者。查禁銷燬。或任意刪削。民間刊行如與四庫本出入。即有擅改之嫌。文人著述。悉數被錮。後來欲施考校。幾無完編可據。然則明史之矯誣。不幾重且大耶。

張廷玉爲張英之子。於雍正初奉詔續纂。無非依史稿削格羅落。刪潤文字而已。有清一代、史學家如趙冀王鳴盛錢大昕輩、有所忌憚而趨於考校古史。涉及近代、率依違不敢顯言。或藉事發揮、如劉知幾史通所揭擧。錢大昕書史通云「劉知幾沉潛諸史。用功數十年。及武后中宗之世、三爲史官。再入東觀。思擧其職。既沮抑於監脩。又見嫉於同列。議論鑿枘。不克施行。感憤作史通內外篇。當時史局尊守者、不過貞觀所脩晉齊周隋六史之例。故其書指斥尤多。但以祖宗敕撰之本。輒加彈射。又恐讒謗取禍。遂於遷固以降。肆意觝排。無所顧忌。甚至疑古惑經。誹議上聖。陽爲狂易侮聖之詞。以掩詆毀先朝之迹。恥巽詞以諛今。假大言以蔑古。置諸外篇。竊取莊生盜跖之義。……柳翳隱形。志在避禍。千載之下。必有心知其意而莫逆者。」此段文字可爲清代諸考史學家寫照。諸家考訂前代文史事多刻。一言及明史、即以史稿爲彈射之的。而於明史本身、不敢多所論列也。雖以章實齋之奮迅跅弛。不爲舊說所樊籬。尚不敢評述明史。（章氏文史通義絕口不言前明史事諒非無因）此中隱情。自可於當時之政治狀況揣度得之。

以清帝之梏束學術界如是其至。一面行變相之焚坑。一面又以程朱之學、風痺民族性。使之低首下心不敢動搖。以此治勝國史事。除與清代無關涉之一部分史實外、尚有可信之價值乎。故乾隆四年欽定之明史。至少有兩種缺陷。不可彌縫。（一）明清交涉不得其眞相、明末抗清運動、悉數被刪。（二）

學術之論爭、因清帝之偏黨而任意軒輊。積此兩因。所得惡果。卽明史「褒貶無憑」「事實乖忤」或「缺略」者、過多也。

萬斯同語溫睿臨曰、「故老猶存。遺文尙在。可網羅也。逡巡數十年。遺者盡矣。野史無刋本。日漸寥落。」嗚呼、萬氏豈知身歿之後、不數十年、野史悉被刪毀。卽溫氏所作南疆佚史、其敍例稱取萬子明末諸傳、及徐閣學明季忠烈紀實諸傳、合而訂之、（然則欲得季野眞史稿佚史原本中當有存者）正其錯謬、刪其繁蕪、補其所缺、撰其未備者、亦且沈閣山顚水涯、不敢公然刋行。而後此且有不識知之妄人。刪改邀名者矣。夫吾國史乘本多偏於貴族性。祇可作史料讀。若並其事實而亦顚倒錯謬之。則於史之價値、不幾微乎。此考校明代史實及明清之際掌故者。所以不能不致憤痛於雍乾而王氏之竄亂萬稿。張廷玉之阿諛順旨。皆有所不得已。似猶可末減焉。

康雍乾三朝文字獄略撮

康熙二年（一六六三）　莊氏史獄。

六年　沈天甫之獄。

二十一年　朱方旦之獄。　王鴻緒疏參。

五十年　南山集之獄。

雍正三年（一七二五）　汪景祺以作西征隨筆誅。

四年　查嗣庭以試題及日記治罪。

七年　曾靜獄起、戮呂留良尸。以封建論殺陸生柟。頒行大義覺迷錄。

八年　徐駿以詩文被殺。
乾隆四年（一七三九）明史告成。
五年　脩大清一統志。
六年　採訪遺書。
八年　杭世駿以畛域不可太分之時務策革職。
十一年　重脩明通鑑綱目成。
十八年　治僞造奏稿案。
二十年　胡中藻之獄。
二十二年　删存明末野史。
三十七年　飭購訪著作遺書。
三十八年　命編定四庫全書。
四十二年　治著字貫者罪。
又　命英廉程景伊等改定明史本紀。

（附注）乾隆三十九年八月、諭、「明季造野史者甚多。其間毀譽任意。傳聞異詞。必有詆觸本朝之語。正當反此一番查辦。盡行銷毀。杜遏邪言。以正人心。而厚風俗。斷不宜置之不辦。此等筆墨妄議之事。大率江浙兩省居多。其江西閩粵湖廣亦或不免。豈可不細加查覈。……至各省已經進到之書。見交四庫全書處檢查。如有關礙者、即行撤出銷毀。其各省繳到之書、督撫等、或見其書有忌諱。撤留不解亦未可知。設或未交一關礙之書。則恐其仍係匿而不獻。……四十一年、據海成奏稱各屬搜買以及民間繳呈應毀禁書。前後共有八千餘部。」按海成爲江西巡撫。所稱僅江西一省已多至如此。自乾隆三十九年至四十七年。據兵部所報銷毀之書、共二十四次。五百三十八種。一萬三千八百六十二部。乾隆五十七年猶嚴諭遵行。有云、「江西江蘇浙江等、省分較大。素稱人文之淵藪。民間書籍繁多。所以不能禁絕者。皆由督撫視爲等閒耳。」又四庫全書之被删改者、亦甚多。乾隆四十一年上諭有云、「黃道周博物典彙、……其中紀載本朝事跡一篇、…可補當年紀載所未備。因命館臣酌加删改。附載開國方略後。……明人所刻類書、其邊塞兵防等門、所有違礙字樣。固不可存。然止須删去數卷。或數篇。或改定字句。亦不必因一二卷帙遂廢全部。他若南宋人之斥金。明初人書之斥元。其悖於義理者、自當從删。涉於詆詈者、自當從改。」又云「明時直臣、如楊漣左光斗趙南星倪元璐等所有書集。即有一二語傷觸本朝。本屬各爲其主。亦止須酌改一二語。……近復閱江蘇所進應燬書籍內、有朱東觀編輯崇禎年間諸臣奏疏一卷、其中多指言明季秕政。亦足取爲殷鑒。雖諸疏中多有乖觸字句。惟當酌改數字存其原書。」以上云云、可謂於禁拑文字無所不用其極。不惟明史之編纂被其影響。即四庫全書之被删改抽燬。上及宋代。亦可謂數百年學術界之一大厄運。故雍乾間文獻相率爲僞。殆無一可徵信者。明史成於乾隆四年。刋刻頒發。屢經更竄。至四十二年、又命英廉等添脩。野史删存於二十二年。四十二年之添脩、亦徒承旨削改其不同於己意者耳。故列三朝文字禁忌之史實至四十二年重定明史止、以明時趨。

三　學派門戶之見牽及史事

姚江之學、主「心物一體」「知行合一。」故講學之餘、不廢事功。陽明江右之勳、既震爍史乘。門弟子課誦外、輒好抵掌言事。欲有所施爲。而明之季世、權璫迭乘。天下拑口。莫敢誰何。英俊沈下僚。以講學爲標榜。及其末流。橫佚而爲任俠、爲譎怪、如顏山農何心隱輩。言道術者病之。然其有才氣。有血性。能有所施於事。不甘默默以老。與程朱派之風痺漠不關心於時事者、固大異其趣。明亡後、爲抗清之舉。前仆後繼。不顧成敗利鈍。亦惟大江南北王學盛行之流域爲最烈。蓋其勇動之氣。激昂淋漓之致。學說有以植其基也(註一)。

晚明王學、既不免爲時詬病。而全髮義擧、又半在大江流域。淸帝知其癥結所在。始則以大兵壓之。刑殺酷毒。欲大創之。而民氣愈厲。士氣愈張。繼知怨毒不可再結。大威不可屢用。乃以文墨掌故牢籠之。設鴻詞科。開明史館。又知王學不利於民族性之帖服也。迎合反王心理。大昌朱學。飭修朱子全書。科擧以朱注爲歸。升朱子於十哲之列。有訾論朱說者、科以罪譴。(朱友季以斥程朱得罪見顏習齋論學書)極意表章南宋風痺之道學。以柔服俊民。使不再爲急激之反動。

淸帝之旨趣如此。淺士遂相率以揣摩爲歸。又貳臣醮吏自居醜穢。亦欲假程朱風痺之教以自蓋飾。間有一二心王學而具血性者、亦且處於積威。而潛移默化、無復生氣。於是因學派牽混史事。王門學者無完人矣。

又文人相輕、自古而然。晚明宗黨之軋裂。無平情之論。是甲非乙。軒丹輊素。其在草莽、則著之篇章、無恕詞。其在史館、則濫施褒貶違事實。昔宋史因荊公新政。橫生譏謗。至撓亂史實。有所不顧。明則更甚。列朝實錄、卽因門戶之見、意爲低昂(註二)。

淸初史局、牛李洛蜀之爭、至雍乾間而益顯著。除少數稍有節概者外。餘子碌碌。隨人依阿。拾朱學殘瀋以爲淸帝標榜之應聲蟲。而顚倒史實者、不乏其人矣。

(註一)當時慷慨赴義、能爲急激之反動者、多屬王派學者。或受王學影響者。亭林船山倶非程朱本來面目。至少亦受永康派「推倒一世有志事功」之影響。

(註二)明實錄因黨爭多失實。又有奄人小夫參筆其間。不可信。野史更多誣讕。

時風家勢如此。於是陽明及其弟子多被指摘。王派學者殊少完人。史館中明目張膽攻擊陽明以迎合上意者、爲大輿張烈、平湖陸隴其、孝感熊賜履等。張烈著王學質疑。詆斥王學。至比之何晏王弼。罪浮桀紂。懷山襄陵。未足爲喻。書中史法質疑讀史質疑居全書十之六七。皆對陽明列傳而發。其因學術門戶之見。而輕蔑史實。概可想見。其朱陸同異論有云。

「自陽明操戈樹幟。爲天下禍。於是魁傑黠猾之士。相助爲波瀾。而庸愚下士。盡從風而靡。五經四書。悉更面目。綱常名教。爲之掃地矣。」

讀史質疑三有云、

「宋史有道學傳。惟宋史宜有之。周程紹先聖之絕緒。朱子集諸儒之大成。以道學立傳宜也。餘則篤學如蔡西山父子。高明如陸子靜兄弟。純粹有用如眞西山。僅列之儒林。此爲宋史者有識也。元儒如許魯齋、劉靜脩、吳草廬、許白雲、金仁山、皆有功聖門。而許爲最。然終不敢比於程朱。故不立道學傳。此爲元史者有識也。若有明一代。堪立道學傳者誰乎。純正如曹月川薛文淸。不能過西山（按其實西山最好言佛老集中文可徵李穆堂紱會論之張氏不學未之思耳）許魯齋。而光明橫肆如陽明者。假孔孟以文禪宗。藉權謀以標道德。破壞程朱之規矩。蹂躪聖賢之門庭。嘉隆而下。講學者偏天下。人人各樹宗旨。卒之納降於佛老。流遁於雜霸。總以成其爭名利攘富貴之私。辱聖門甚焉。而溯其原始。陽明實爲首禍。如此而列之道學。恐天下後世稍知聖人之道者。必以史臣爲無識矣。愚故疑道學傳可不立也。」

詆斥陽明爲禍首爲罪魁。幾欲爲鈇鉞之討。從來無此妄人。夫宋元兩史之蕪劣。久成定論。而宋史別立道學傳最爲無識。亦夫人而知之。乃謂宋史立道學傳、以尊程朱。元史不立、均爲有識。其視程朱直同孔孟。久欲定爲一尊。其學識之浮淺可知。迹其所論、皆爲陽明一人而發。一若明史並非不欲立道學傳。乃因無如程朱其人。且亦並非無如程朱其人。因陽明之學與程朱異趨。而事功最高。學派之流衍又最廣。若立道學傳、非位置陽明不可。故不惜倒行逆施而肆口漫罵。且自詡有識。此眞蚍蜉細子、難與

言史者也。讀書質疑（二）有云、

「陽明宜立何傳。曰、功在社稷。子孫世封。列之功臣傳宜也。……弘治以前。天下謹守程朱之教。綱紀肅於上。廉隅厲於下。風俗號爲淳美。無敢言謗議者。至陽明始肆然與之爲難。明斥程朱之非。四書五經盡改面目。……夫弘正以前。尊程朱之教若彼。隆萬以下、毀程朱之禍若此。朱陸得失。關乎治亂。彰彰較著。而說者欲調停而兩存之。不亦謬乎。弘治己未、陽明成進士。其年六月、孔廟災。九日、建陽書坊災。蓋陽明之出、孔朱之厄也、天象明著。人不及知耳。」

孔廟災、書坊火、目爲陽明禍天下之徵兆。此眞鄙拘小儒淺妄不通之談。與儘力揄揚此書之陸隴其、以友人喪子、馳書慰唁、以爲詆排程朱之冥禍。勸其從速擺脫王學。皈依程朱。用爲懺悔。同爲天下第一怪論。其知見、直儕於數珠誦佛之村媪。以如是無識而有偏心之人脩史。其於史之四長何有一當乎。又云、

「我朝鼎新文教。始有倡明程朱之學者。而論者猶曲爲陽明諱。欲挽朱陸而一之。此不深究其本末。徒爲世俗瞻徇之態。非所語於學也。有識者將黜陽明之從祀。何道學傳之有。」

時史局中南士爲多。學派淵源皆與姚江爲近。梨洲既以史著付史局。而萬斯同又爲一時推重之人。史局中監脩總裁依爲從違。梨洲子百家、斯同從子言、朱彝尊、毛奇齡、等皆深被王學色彩者也。湯斌、徐乾學等、則持調停之論。故有曲爲陽明諱之語。然張烈陸隴其因迎合清帝。方且定程朱爲一尊。黜陽明於從祀。其言實足披靡一世。諸君子實不勝其硜硜也。

陸隴其得張烈書、視爲科律。謹敬刻行。序之跋之。囂囂不已。有云、「其脩明史、分纂孝武兩朝。如劉健、李東陽、王守仁、秦紘、李成梁、金鉉、史可法諸傳、皆先生手筆。嘗曰、吾此數傳、是非不爽銖兩。」是陽明傳出張氏手。以洪水猛獸之毒視陽明。傳之尙能得其實乎。明史陽明傳、實不衷於

理。論學語寥寥無幾。於事功亦多抹摋。以邵廷采王守仁傳對刊之可知蓋無識知之小人。往往奮其忮毒。訾及事功。並及其人之行藏。況明季野史之乖張、以陽明爲詆呵者、更有其不正當之史料。按弇洲史料所備述明實錄及野史詆訶王氏者實居多數如宋元人不悅王荆公、因新政延及相業並訾其學問行檢。此皆史界之汚點、而明史其尤焉者也。

凡大興朱筠、爲邵廷采墓表。有云、「孝感熊賜履、以闢王氏學爲己任。朝野之士、譁然從之。相與牽引詆訶。以文成爲異端。學者從事四子書。又以能毁王氏學爲有功章句集注。」熊賜履曾爲史局總裁。居史館首席。其說必披猖有力。

陽明傳原稿、視今明史必更多詆毁語。爲萬斯同輩所改纂。此可以臆想而得。故陸隴其敍其書、學張氏自言、「是非不爽銖兩。」若有矢焉之意。蓋清代文字獄、每與提倡程朱排抑王學相爲因果。即文字禁拑益甚。而程朱之說益昌。予嘗襲陳龍川風痺之說、以論宋學。蓋程朱、死學也。暮氣沈沈、作墟墓間呻吟狀。而王學則重事功、經史並研、心物一體、勃然有生氣。其在儒者。論鋒機括、亦可按圖而得。凡於宋而指永嘉爲雜霸、目溫舒爲巨奸大憝者。其人必爲巽懦無能之惡物、拾程朱之殘瀋、以自潤於羶惡民族之下者。其有血氣而慷慨有爲。欲施於事、以溫舒爲不失謀國之忠者、必其爲陸王者(註三)。此殆成爲明以來學派之一定規律。探討各家源流者。以此徵之。決無謬誤。張烈謂王學雜霸。亦襲前人論永嘉之餘唾。而當時之文字獄。又足以震疊之。此輩奴顏婢膝。寧能不從風而靡。故其所爲、若有所主執。其實皆一意迎合也。士君子操履一失。何事不可爲。對子詈父。與公併倨。都視作常事矣。其何

(註三) 陸子王荆公祠堂記推尊王氏。朱子據爲攻詆之資。清初顏李亦極推重王氏。顏李學說、程朱陸王、皆在所斥。然余謂顏李皆有血性。重實行。其植根必從陽明出。恕谷南學於浙。不無受其影響。

有於陽明。後王鴻緒輯史稿。張廷玉奉詔續纂。正朱學定於一尊之時。今欽定明史陽明傳論贊有云、「矜其倡獲。標異儒先。卒爲學者譏。守仁嘗謂胡世寧少講學。世寧曰、某恨公多講學耳。桂蕚之議、雖出於媢嫉之私。抑流弊實然。固不能以功多爲諱矣。」設淫詞而助之攻。令人憤然。至其門弟子各列傳。殆無一無貶詞。而儒林傳序尤謬論瞽說。詆排王氏。且王氏弟子、及後之王派學者、更多漏脫、以明儒學案徵之可見。夫以忮窄之心論世論人、尚不可。況以刻暴猜忌之私脩史哉。

四　脩史人物略評

順治二年、飭脩明史。其動機有二。一爲洪承疇輩之效順漢官。藉以獻媚清廷。而牢籠人望。一爲無廉恥而忍謑詬之降虜。以脩史而粉飾其醜惡。

錢牧齋謙益易節事清。以纂脩明史爲詞。又順治三年十二月、清兵總鎮李成棟、以精騎三百下廣州。舊輔何吾騶投誠。吾騶崇禎朝宰相與黃士俊同相永歷未久告歸家貲三百萬乞脩明史。門署纂脩明史扁額。粵人有吾騶脩史眞堪羞死之謠。見況周頤筆記。

清廷亦明知之而虛與委蛇。所攬人物、多勝國舊臣。以無學識而工心計之滿員伺察之。剛林祁充格等效未陳而弊先見。漢員之胠篋史料、冀目蓋藏者、繁有其徒。洪馮勝國巧宦。鼎革之際、關涉尤多。馮且爲逆案中人物。萊陽姜如農埰因周延儒欲起用馮氏而呈疏訐發。至下獄廷杖。謫戍宣城。故在館不數年而天啓四年實錄遂爲竊去（註一）。洪承疇雖不見竊竄事迹。其不忠於明史之脩輯。可決其必然。他如祁充格剛林等則皆伴食中書。了無術學。是當時下詔搜集之史料被竊者。或當不止此。故予謂以新朝而脩勝國史。降臣而脩前朝史。即爲史部之一厄。在歷史界有罪惡而無貢獻者也。

康熙十七年、議徵鴻博。列薦剡者、一百八十餘人。十八年在京考試、取中五十人。皆令入館脩明史。又右庶子盧君琦等十六人、亦加入。遺獻如四明萬季野斯同興化李映碧清萬貞一黃百家等、以布衣參史局。可謂極一時之選。然核其實。則召試鴻博、不過藉事粉飾、牢籠人心。而濫列薦剡。乘機幸進。亦復大有其人。又承大案屢起。積威約之之餘。各省薦舉遺逸。多非尊禮師儒之意。而被徵鴻博。亦多以小數自喜。碌碌無他表見者。況周頤餐櫻廡筆記云、

「相傳康熙己未科、取中五十人。受職後爲同僚所排詆。目爲野翰林。且譏以詩曰、自古文章推李杜。而今李杜亦希奇。葉公懞懂遭龍嚇。馮婦癡呆被虎欺。馮溥李霨杜立德葉芳藹皆試官宿構零斛衡玉賦。朱粘落韻省耕詩題爲璇璣玉衡賦省耕詩二十首若教此輩來脩史。勝國君臣也皺眉。」又云、「康熙舉行鴻博特科。一時俊彩星馳。得人稱盛。乃鄭寒村集云。時新任台省者、俱補牘續薦。內多勢要子弟。聞有鴻儒一名。價值二十四兩。遂作告求博學鴻儒二詩云、博學鴻儒本是名。寄身詞客莫營營。比周休得怨台省。門第還須怨父兄。補牘因何也動心。紛紛求薦竟如林。總然博爲虛名色。袖裏應持廿四金。按鄭寒村名梁。字禹湄。慈谿人。黃宗羲弟子。所著見黃集。爲梨洲已後作。有曉行詩最佳。人稱爲鄭曉行。」

據上所述、雖不免過甚其詞。然在當日抱故國之痛者、不免迫促頓摧。或因而絕迹塵世。而希榮求利者。包苴竿牘。都所不計。鄭爲黎洲弟子。梨洲固亦有人欲列之薦剡者。東南遺獻之被列上。或枉道

（註一）馮銓之惡、久著前八載記。馮銓竊天啓四年實錄即爲匿諱此項穢迹故牧齋初學集亦推迹此事可謂類證爲逆案中重要人物。貳臣傳、天啓四年、魏忠賢進香涿州。銓跪謁道左。泣訴父爲東林黨陷害。忠賢憐之。起故官。與涂文輔並稱忠賢腹心。入清、御史吳達、李森先、劾馮銓誤國。有明朝二百餘年國祚壞於宦官魏忠賢之手。而忠賢當日殺戮賢良、通賄謀逆、皆成於銓一人。至比之飛廉惡來。乃近人徐世昌輯幾輔書徵、有馮銓小傳將一切穢惡略去。且云因忤璫去職。不知何所見而云然。豈貳臣傳及明清兩朝之奏彈俱不足信耶。

求自試者。鄭氏親睹當日情形。故深致譏切焉。而諸徵士中之疏慵不學。亦可略瞻之也。又傳青主山霜紅龕集有云、

「輕薄子以如今兩起排勝之事作對。曰、博學鴻詞、清歌妙舞。」吾頗謂不然。「博學鴻詞、」焉敢與「清歌妙舞」者作偶。果有一班清揚繁華子。引商雜羽。落梁塵。驚鴻游龍。迴艷雪。眞足令人死而不悔。復安知所謂學文詞者。博殺宏殺、在渠肚裏。先令我看不得、聽不得。想要送半杯酒不能也。」

青主固倔強負氣。不肯就此者。故其譏切虐謔、不無過情。然輕薄子云云、亦見當時對於此舉。朝野均無好口碑。五十人中淹博通暢。諗熟掌故。不愧承明著作之選者。朱彝尊、毛奇齡、湯斌、吳任臣、施閏章、汪琬、倪燦、李因篤、潘耒、嚴繩孫、尤侗諸人而已。而眞具史學、能裁定稿草、核諸紀理者。則爲以布衣參史局之萬季野。次爲梨洲之子百家、季野從子一貞、及黃虞稷等。季野核定稿多至五百卷。不可謂非盛業。故明史最初期之成績。與謂由於五十鴻儒。無寧謂之由於季野及諸遺獻也。季野熟明掌故。又具極深之史學。而東南遺獻史著、又多經季野寓目。使假以資助、則雖季野一人、可成一極謹嚴詳核之明史。而五十人者、無關於得失也。使無季野、則最初期稿、爲明史藍本者。必不能成五百卷之多、卽成、亦無緣存今明史殘餘之雋永、此可斷言也。

又當時史局中、有外力侵逼。如清帝之提倡程朱。抑貶王學。及文字禁忌。次則爲黨派門戶之偏見。前之徐乾學王鴻緒後之張廷玉等皆朋黨宗彊貶斥異論 季野嘗曰、「衆手脩史、猶於市人而謀室中之事也。」必不能和衷濟事、得指臂之效。如毛奇齡與季野不相能。形之詞色。而朱王學派之爭。尤易牽及史事。致史局中人因之動搖其主張。如新城王士禎以其祖王之垣殺何心隱。謂可比誅少正卯華士。遂極力詆排王學。幾欲上其事於史

館。爲其祖脫免黨權濫殺善人之嫌。王氏在當日聲氣之士皆所走集。則此類謬論、不無影響史事。

徐乾學與高士奇、王鴻緒、陳元龍、王頊齡爲朋黨。長部時、薦其中表楊某爲順天正主考。開名單數十人。楊悉如其指。榜發、都下大譁。康熙定期親訊。徐使近臣面奏、國初以高官厚祿羈縻漢兒。猶拒而不受。今一舉人之微。乃至輸金錢。通關節、以求之。可見漢兒輩已歸心朝廷。天下從此太平矣。聖祖聞之解頤。寢其事、不究。見李蕚符春冰室野乘。徐氏貢諛清廷。委曲求全。言鄙而醜。壯夫不爲。而薦用姻戚。開單示意。亦壞掄才大典。徐有下士愛才名。爲時名宰佐。其所施爲如是。使居史館、亦馳逐聲氣好惡任情而已。何所論於史德。又何焯爲潘耒之子夤緣。見康熙諭旨顧亭林與潘耒書、時道其兄檉章事。且有隱諷潘耒語。可知耒已與時下人物同流合汚。又姜宸英因三十八年順天鄉試舞弊下獄死。高士奇王鴻緒則爲郭琇所劾。若李因篤、則因被逼而出、不久告歸。史局中眞能以事爲事。卓然殊乎流俗者。蓋亦無多。

又鴻緒不學無術。得萬稿。以私意更竄。假手門客。倉卒就正名流（註二）。雇鈔胥謄錄。板心書橫雲山人史稿以上。後之鄙薄王氏而病史稿者、以此。謂其失原稿義法。而明史之繼纂、不無受其影響。此則猶未爲盡知也。張廷玉爲張英之子。英爲清初漢臣班首。受豢於清。被恩已深。積威之下。無復英勃之氣。而廷玉更有帷薄之嫌。近人章太炎說且居漢黨之首。時朝臣滿漢分黨傾軋甚摯文字之獄又迭起。其於史蹟多方更易。湮眞而著誣。舍甚而去泰。更在人情物態之中。又廷玉所著澄懷堂。集應制之作。居十八九。自序稱通籍後、歷典機要。日不遑給。於文字之役，尤形荒散。故集中文字、大抵平庸淺促、雖居史局總裁名。一

（註二）王氏史稿成後、曾就正於李因篤。時李正脫去史局事而臥病京邸也。

任衆手之割裂分操而已。又當時同館中、殊少知名之士。僅武進楊農先椿稍具史識。然觀其所著孟隣堂集上明史館總裁諸書、則主其事者、徒有訶詆迫促之能。而無義法之開示。館員陳書建議。多不被採錄。十五年之內、幾經人事遷流。苟簡成事。又加暴力之橫壓。先民著述之菁英、半被瓠落。此明更因修史人物之二三其德。每況愈下。及政治勢力之日趨酷暴而受波動者也。

五　明史謬誤論糾(一)

明史於王派學者諸列傳、及別異於程朱學說諸人列傳、均多指摘。以學說偏私爲好尚。妄生是非。棼亂史實。最爲史部之厄。夫王學末流。佚爲任俠。如顏山農、何心隱輩、不免以講學爲標榜。或至貨利自活。然其棲棲不遑。以家國爲事。實未可厚非。而婾婜者忮毒之、謂爲奸惡。權相倖吏。藉口爲摧戮。不學文人更形諸篇什。以自詡衞道。當明之閹黨肆毒士林。生祠遍天下。廉恥道喪。非講學何以挽之。邊寇日亟。士習婾婜。非講學何以振之。然則明之晚年。講學者猶恨其少耳。胡清入關。江以南螳臂之抗。前仆後繼。爲萬一之希冀者。皆講學之效也。陽明之好講學、何負於明哉。使天下學人皆知「致良知」「心物一體」之說。張李奚自起。清人何自入關。此非一人之私言。史蹟具在。實可覆按。故於明史而以程朱陸王之見爲甲乙者。卽屬大謬。

儒林傳序、原本爲喬萊作。喬、寶應人。在史館分得儒林傳。與同館人撰長編。以震川入儒林。頗以爲深快。總裁大臣抑之文苑。同人咸以爲惜。夫震川之入儒林或文苑。不必計論。溯其學術、震川出

自魏校。校爲崇仁學案中人。而好象山之說。與程朱異趣。則震川之由儒林而黜入文苑。亦與學術之偏好有關。儒林傳序有云、

「宋史判道學儒林爲二。以明伊洛淵源。上承洙泗。儒宗統緒。莫正於是。所關於世道人心者甚鉅。是以載籍雖繁、莫可廢也。」

宋史列道學傳、開前史未有之新例。以尊周程張朱諸儒。論史者幾無不言其失。明史館開。黃梨洲、朱彝尊、全祖望、徐乾學、湯斌等或從史裁上言其不當別標道學明目以示異。或以學非程朱、卽不當立道學傳。以示尊崇朱學。最後萬氏原本其師梨洲之旨、以核定各稿。廢去道學名目。實最爲有識。蓋道學本不成爲一名字。況周程張朱亦不足以樹學術之的。今欽定明史儒林傳序、以宋史立道學傳爲正。宛同張烈陸隴其口吻。可知其決非萬斯同原定稿。且全稿更易而列入儒林者多被芟削。蓋明史稿竄削之最大創痕、在陽明傳及其弟子列傳儒林列傳諸篇也。不然、萬氏爲梨洲弟子。豈忍背其師說。在京與李恕谷塨交至契。恕谷學行精奐。敦尚實行。精神切近王學。薄科名、輕士宦、斷不襲程朱色貌。喬氏欲列震川於儒林。其指趣亦更不抑黜王學可知。大抵萬氏原稿於明一代師儒列傳必多本其師梨洲明儒學案。卽小有出入。亦斷不顯爲背離。此則於學派文獻、可證其必然者。乃今明史儒林所列。較之學案在十一於千百。王派之被刪落尤多。其存者亦瘢痏竟體。幾無完人。此類證佐。殆成信讞。起脩史諸人而令其對簿於前。雖百喙莫遁者也。又云、

「吳與弼以名儒被薦。天子脩幣聘之殊禮。前席延見。想望風采。而譽隆於實。詬誶叢滋。自是積重甲科。儒風少替。白沙而後。曠典缺如。原夫明初諸儒。皆朱子門人之支流餘裔。師承有自。矩矱秩然。曹端、胡居仁篤踐履。謹繩墨。守儒先之正傳。無敢改錯。學術之分。則自陳獻章、王守仁始。宗獻章者、曰江門之學。孤行獨詣。其傳不遠。宗守仁者、曰姚江之學。別立宗旨。顯與朱子背馳。門徒遍天下。流行逾百年。其教大行。其弊滋甚。嘉隆而後。篤信程朱。不遷異說者、無復幾人矣。要之有明諸儒。衍伊洛之緒言。探性

命之奧旨。錙銖或爽。遂啓歧趨。襲謬承訛。指歸彌遠。」

非朱即斥。是王即訶。豈傳儒林之旨乎。儒林重家法。不以家法之不同、而遂生低昂。此皆科目俗士、如熊賜履、張烈、陸隴其等、暗昧無術之徒所爲。陸氏從祀廟庭頗負盛名然其學術實迂腐不足道議論識解尤淺促即語宋學所得亦淺 其於辨章學術。實病未能。清帝揭櫫程朱。小夫即群譏王學。雖有一二矯然自異。欲持正論。亦已不勝淫威之震疊。俗士之囂動。而無如何。況史稿之審定。不出於一人。非成於一時。此其所以多歧而日即於陋乎。

陽明傳敍述事功。頗致微詞。如平宸濠諸同事有功者。唯吉安守伍文定至大官。當上賞。其他皆名爲遷而陰絀之。廢斥無存者。守仁憤甚。陽明自龍場遷謫後。久置存亡死生於度外。本其「心物一體」之旨。行其所當行。爲其所當爲。而無絲毫容心於其間。故當武宗親征。倖璫圍繞。悉與唯阿、不謹小節。致檻車於陪都。退就野寺靜坐。此豈有一毫功名之念存於胸臆、滓穢太清耶。而乃以「憤甚」形其淺量。此最爲不近人情。若謂其憤同事之未蒙上賞。急於酬勳。故不覺現於詞色。此亦非是。當忠泰肆於南昌。陽明僚佐。且有旦夕之危。寧能必其皆得析珪殿廷乎。此又屬揣測之論。不衷於理。

陽明傳最初之稿、爲尤悔菴侗撰。毛西河奇齡折客辨學文云、往在史館時。同官尤悔菴鬮得王文成傳。總裁惡其中多講學語。駁令刪去。同官張武承烈遂希意極詆陽明。西河面折之。武承大怒。即作訐陽明一書。並連具三箚。曰、「孝宗非令主。東林非君子。陽明非道學。」徐健菴乾學毀其箚而罷。是當時曾引起絕大爭執。按悔菴在史館、不久即南歸。且係華藻之士。不諳學術。所纂文成傳、未必諦當。既引起糾駁。稿當被屏。時史局中論議偏於詆排王學。後此之文成傳、必更有甚焉者。爲史局中萬斯同輩所刪改。至其後欽定本、又爲張廷玉輩所抑貶。而儒林、而王門弟子、皆無完辭。因學術以及事功。脩史之濫惡。無過於此。明史貶損王門學者。皆取資於明實錄及野史筆記。如弇州史料所述王門弟子、及其所錄國史記新建事功、肆力毀詆。皆有關涉。野史原非鴻著。而有時易爲不學而多忮心者所備資。如涑水紀聞之誣王荆公。碧雲騢之毀范仲淹。文人涉筆。固不宜輕下雌黃也。

明之末造。北裔交涉頻煩。難著直筆。欽定明史、成於文字禁忌至隆極盛時。稿成奏上。經清帝及諸阿諛順旨者剃削。故每遇與清人交涉。必提行另書大清字樣。至乾隆四十二年、學人著述。悉被四庫蒐竄。明末野史、亦多芟毀。乃更命者英劉墉等重定明史。明史之被淩割失實。已可概見。萬斯同晚年欲溫睿臨輯明末野史。著南疆佚史。紀閩粵間事。存明末掌故。卽已知史局中多禁忌、而未能直書。然此猶康熙時事也。若至乾隆時。刪存明末野史。此事在乾隆二十二年見前表 焚燬禁書。則稗野亦更無可依憑矣。今溫著佚史既佚。李瑤更定之繹史。一以明史爲主。失萬溫旨。此可以徵明史於明末史實之不能盡。甲申後、吳越閩粵間抗清運動及全髮起義。諸義民逸老、於其斷頭陷胸慷慨激烈之狀、均缺而不書。且有顚倒錯亂其事實者。故明史之在史部。雖不必有全部改作之必要。而明末三王南播二十年中、實有補輯之必要焉。

六　明史謬誤論糾(二)

言明史謬誤者、前此無多人。雖考史精核如趙翼錢大昕等亦諛詞多而糾論少。禮親王嘯亭雜錄備訾史稿。魏源李兆洛稍稍排摋之。然亦祇指摘事實。未論及大禮。按明史西域傳、別失八里。或曰焉耆。或曰龜茲。實爲大誤。考元史西北地附錄、至元十五年、授八失察理虎符。掌別失八里畏兀城子甲站事。十八年、從諸王阿只結諸。自太和嶺（在今山西大同）至別失里置新站。至三十二年立別失八里和州等處宣慰司。（見世祖本紀）和州即火州。元史地理志作合剌火者。阿朮傳作哈剌霍州。今土魯番地東六十里曰喀喇和卓。爲元火州治。其西二十里、即漢之交河城也。元時爲都護所居。屯田別失八里。置元帥府。憲宗紀元年、以訥懷塔、海厰叔忽等充別失八里等處行尚書省事。世祖紀十七年正月、命萬戶綦公直戍別失八里。十二月、置鎮北亭都護府於畏兀兒境。成宗紀元貞元年正月、立北庭都元帥府。皆同此一地也。其地當在今濟木薩。非焉耆與龜茲也。考明史所敍、皆在今烏魯木齊。不在焉耆龜茲。自是駁文、未足據以難元史。以上撮取魏源說。

趙翼二十二史箚記云。王鴻緒傳稿。不列延儒於奸臣傳。後來脩史者始改編。然但列之奸臣卷。而傳仍未改。故傳中不見其奸邪之迹也。延儒罪案、在招權納賄。用馮銓。起奄黨。用袁宏勛、張道濬爲腹心。擯錢象坤、劉宗周於草莽。傾陷正士。加之極刑。削言官以立威。挫直臣以怵衆。親知鄉里。遍列要津。此等事、皆延儒之奸也。入奸臣傳而傳中却又不載。史當以事實爲主。延儒果奸邪。不能因其不入邪臣傳而遂不著其劣迹。移置奸臣傳而未補史稿之缺。增訂其事、則更何以明其奸而入奸臣傳。明史之荒穢、史稿之故爲隱諱、皆所不取。蓋當時脩史諸人中家世閥閱。或有與宜興爲僚寀之雅者。故不欲極言其惡。且多爲粉飾。乃明史既貶之入奸臣傳。又不臚陳其實迹。則與奸臣之目不稱。二者均失之也。

又喬允升劉之鳳二傳末一段文字。一字不改。二傳一在第二百五十四卷。一在二百五十六卷。相隔只兩卷。不及訂正。可見張廷玉續纂以十五年成之。除順清帝意旨竄削史實以成一朝之私書外。實於明史有湮沒而無補益。

李兆洛云、東林黨人碑有陶朗先名。而明史不著。嘉興府志鄉賢傳載其事頗詳。朗先字元暉。其得禍同楊左諸公。其死以天啓五年十月。又李恕谷集書明劉戶部墓表後、萬季野脩明史邀予閱明南北混一諸人列傳。史載北人亦少。季野頗歎息焉。明宣宗曰、長材偉器、多出北方。而如吾蠡三百年。僅登一布政楊纘。舉廉賢。奏議增附生員。他如簽都御史張哲、平冤獄、有軍功。給事劉穆能直諫。副都御史劉瑀居官清嚴。御史韓春劾宦官李興。忤逆瑾。兵部右侍郎丁鳳、正德間定宣府兵亂、平山東江西流賊。撫治鄖陽王道平野王剛亂。參議和遜有清名。工部左侍郎馮蘭稱文學。戶部郎蔣範化殉城守。一時聲迹爛焉。而史冊悉亡其姓字。北之他郡邑可知矣。又季野定列傳目錄。示方望溪苞。方詫焉。曰、史者宇宙公器也。吳會間庸行多列傳。他省卓異者反缺焉。不遺後人以口實乎。按南士浮華。北人固陋。文行之傳、南多而北少。萬氏定稿多至五百卷。尚不免此病。至欽定明史、刪減儒林各傳。則更有略所不當略、而愈降愈簡陋矣。

晚明儒而俠者。多被刪削。如顏山農鈞何心隱或作梁汝元字夫山時時易名姓邵樗朽芳、呂光午輩。其平生作爲。皆卓卓可傳。明史皆不載。豈得爲秉筆之公。按明清間各家文集紀載。間有及此數人者。大抵任情褒貶。抑揚無準。而稱其謂王學末流之弊則幾於衆口一辭。蓋陽明之學。心物一體。有「民吾同胞物吾與也」之概。故講學不離事功。但明自中葉後。士夫拑口結舌。任一二權奸倖璫之支配。不能大鴻其學。蒿目世難。技無所施。遂不能不脫略小節。橫佚則爲恢恑憰怪之行。任俠狂禪。擇一以寓其才智。此王學之末流、亦世運有以迫之也。嘗考陽明江右之役。雖璫倖亦與委蛇。感之以誠。而不以道學面目傅會吏治。故能竟其大功。若守硜硜之節掉首而去。奸藩之勢、何如靖難。汀贛之寇豈待天崇。此陽明之苦心。亦吾國先哲經權相濟之善術也。小夫下士。好爲訾論。豈識夫道體之大。然末流橫佚。則亦因此。積此二因。明末任俠。鴟張勇動。自別爲風氣。有史識者於顏何輩、正宜裒錄以覘世運。司馬遷史記有游俠列傳。傳中人物無一足與顏何輩比。而史公不棄。可知此中、自有可傳者在。

(附註) 王臨川雖駁復讎篇、言任俠殺人報仇、皆因政散民流所致。後人乃以尋常繩尺拘檢之、左矣。

理學之儒。以何顏輩不循尋常矩範。以武犯禁。以文亂法。往往訾謷之。而清帝尤所忮毒。以其勇動之氣、既足爲反抗之學。而文字鼓吹、尤易起革命之蒸酵。故明代關於此類記載、既有學派門戶之見而詆排者多。清主又提倡程朱。以寂靜爲歸。而「王學流弊」「猖狂妄爲」之不良話頭、盈篇卷矣。其實何顏輩非有大不得已於中。何至冒死不違、如莊子所稱圖傲乎救世之士哉。脩史而遺此。其何以稱實錄、得史要。

王元美世貞史料稱顏山農楚人。讀經書不能句讀。亦不多識字。而好意見穿鑿文義爲奇邪之談。嘗以進士羅汝芳爲門人。因事坐罪。至戍。困囹圄。汝芳聞而輒救之。出獄。則大罵汝芳不已。可謂醜詆已極、天下恐無是怪人。明儒學案稱「羅汝芳嘉靖二十三年進士。遷刑部主事。稱寧國知府。以講會鄉學爲治。從山農得泰州山齋之傳。」山農果無學問。何以能爲汝芳師、令汝芳心服。學案載山農與汝芳論不動心。曰、子不觀孟子之論之四端乎。知皆擴而充之。若火之始然。泉之始達。如此體仁。何等直截。故子患當下日用而不知。勿妄疑天性生生之或息也。羅如大夢得醒。明日五鼓。即往納拜。稱弟子。盡受其學。又嘗語人曰、吾師非汝輩所能事也。是汝芳且以幸得師山農爲誇詡。山農之學、必有深得心齋之傳者。而乃以不多識字譏之。更竭意形容其猥鬼譎怪。不近人情之狀以爲詆諆。亦獨何心。夫明儒學案稿、必爲史局中重要史料。萬斯同參史局。豈忍不採師說。而爲元美史料所惑。今史稿、山農附見羅汝芳傳。稱其詭怪猖狂。至明史則竟删去。是王鴻緒不用學案說。張廷玉輩因史料誣譎之記載而肆於删削也。於萬氏原意殆無纖毫存矣。

學案稱何心隱原名梁汝元、字夫山。從學山農。與聞心齋立本之旨。任俠好奇計。所至士夫麕從。游公卿間。曾以術去分宜。張居正憚之。囑楚撫王之垣捕治之。瘐死獄中。夫以布衣而名動公卿間。天下士夫想望風彩。其意氣十倍朱郭。又有學術傳之。至計去嚴嵩。使權相憚忌。屬意撫臣、隱中之以法。不可謂非一時豪士今史稿附見梁汝元。而謂其猖狂放恣，明史不載。王元美朝野異聞錄載何心隱事、乖迕不近人情。王漁洋士禎居易錄錄王文而系以說辭云、「予少時於家故籍中見先曾王父大司徒公王之垣撫楚時所刋大奸何心隱卽梁夫山招案。惜不存矣。而萬曆疏抄、乃載南給事中趙崇善劾曾王父一疏。中以殺心隱爲罪。而曲護心隱。謂公欲媚江陵而枉殺之。其言比於狂吠。愚嘗痛心疾首於此。因讀弇州史料所記心隱惡蹟。與當時爰書脗合。遂手錄之。史館諸公自有公議。非崇善一人之私言可亂千古之白黑者也。」按心隱行徑、卽如元美史料所譏彈。亦決無死法、崇善之疏劾、可知純出於公道。不然、心隱既爲大奸人。而又不在上位。門生氣類、不足以動人。誰復爲之張目者。漁洋之祖、媚權臣。殺善人。孝子慈孫。百世不改。謾罵妄引何益。又云、「先祖父大司徒府君、昔撫楚誅何心隱一事。千古自有定論。前卷評其顚末矣。近觀馮文敏公琦北海集、有寄府君一帖云、南中縉紳。皆謂何心隱行兼三游。罪浮四凶。置之憲典。孰以爲非三尺之平。今中丞不辨其當罪。而以罪之者不在已。若將移事於台下者。蓋季孫行父逐莒僕。自以爲於舜之功二十之一也。意在搆怨。而適足歸功於台下。何病爲。」可見當時雖殺心隱。大吏不敢任咎。至相搆怨諉諉。之垣之受江陵嗾使。於此益可顯然矣。

周亮工書影載陳士業張謫宿書云、

「所刻何心隱集甚善。予嘗與諸友論有明異人。其在世廟之末者、心隱鄧豁渠兩人而已。豁渠固負豪氣。而祖死不葬。父喪不奔。見黜於名教。儒者不錄。心隱生平所爲皆忠孝大節。即其詭託箕巫。陰去分宜之相。不煩批鱗請劍。而大奸忽爾敗覺。其作用最奇。眞能以忠而成其俠者。非豁渠之所敢並也。心隱之文、盡於兄之所萃。其軼事見於雜記諸小說者頗多。兄能博採而彙集之。以盡心隱之奇、亦一快事。弟又聞心隱之門人有呂光午者。浙之大俠也。其人與文之奇、不減心隱。心隱嘗以金數千畀光午。使走四方。陰求天下奇士。光午攜蒯緱。衣短後之衣。挾健兒數輩。放浪湖海。窮九塞。歷郡邑。所至凡緇衣黃冠、與夫商賈駔儈、傭夫厮養、以至椎剽掘冢之流。備一節之用擅一得之長者。皆籍記而周旋之。以故心隱所識奇士、盡於海宇。心隱死、陳尸道旁。有二人犯相國之怒。仰天痛哭。收其遺骸爲之掩葬者。其一乃光午也。今其文不知頗有傳於其鄉否。天下承平無事。士之負奇而搞項黃馘以死。掩沒不傳者何限。其入在當時已不免姍笑於里巷。而見侮於褒衣博帶之儔。何況於後世。使後世無兄輩好奇爲之表章。雖其奇如心隱者、亦且奄忽與草木同腐。又何有於光午之輩乎。吁可慨也。」……

據陳書所述、心隱奔走天下士。斥產隱結豪俠。爲國鋤奸。忠於大節。雖死不悔。其才氣血性、古今鮮可比擬。而乃以詭怪斥之。姓名不存於史策、此豈知史法哉。呂光午輩殉其師說。犯奸相之怒而痛哭收尸。亦可陵戰代任俠而上之。寧可厚非。而一切不載。按漁洋欲爲其祖飾愆。不惜引史料謬說以爲證佐。而目趙崇善爲狂吠。誠如所云、天下自有公論。不能以一二人而窒塞天下人之口也。然王氏在康熙朝、方且以風雅領袖海內。其所抑揚皆視爲轉移，如此類文、於史局諸纂脩、必有爲其所動者。故於全史王派學者皆有微詞。或多刪削不傳。最可痛恨。

邵㯳朽事見錢牧齋書沈伯和逸事、

「沈應奎、字伯和。常州武進人也。少有絕力。重然諾。好急難。嶷然以豪傑自負。鄉里俠少年皆附之。伯和之妻、丹陽邵芳之女也。芳任俠、為江陵所殺。族人欺其子幼。欲殺之而分其產。聚而固守其廬。伯和集拳勇少年十餘人為乞丐裝。毒殺其犬。縋牆而入。篡奪其孤嫠以歸。芳以布衣入長安。傾動中貴人。起高新鄭拱於田間。所謂邵㯳朽者也。」

㯳朽以布衣易置宰相。聲勢傾動中貴人。其才知必有過人者。而元美史料徒多醜詆。幾非人類。亦可見當時之風氣矣。大抵明史之不登載此輩。厥有數因。（一）謂為王學末流之弊。（二）野史誣衊醜詆。（三）俠義之士、至清初猶有餘勢蘊蓄社會間。時時思反抗異族。非時主之所好。清初有誅京內大猾一事其聲勢能持大吏短長亦明末任俠之道（四）程朱學藉功令推行。被其毒者最惡跅弛之士。積此四因、明之史冊、遂不見此輩蹤蹟矣。

日知錄、成化中或言嘉祥之南武山有曾子墓。有漁者、陷入其穴。得石碣而封志之。疑周世未有石碣。科斗古文、亦非今人所識。錢大昕謂嘉祥漢任城縣地。南武山當因武氏所居得名。漁者所見殆即漢武氏石室。明史據守臣奏報。以為眞曾子之墓、見儒林曾質粹傳。

王鴻緒史稿、誤以金濂為山陰人。明史仍之。湯斌不誤。見其所著史稿二十卷中。湯斌為十八年列鴻詞科五十人之一。其所撰史稿為明史館最初期之稿。或經斯同所核定未可知。而王稿乃顯與之殊。改是成非。此雖小失。亦可見王稿之謬亂。張廷玉因之而成明史。其何能免濫惡漏略之咎哉。

七　明史料之穢雜及湮佚

明史館史料、以歷朝實錄為正。稗野為副。然明代文人、最工作偽。李恕谷說中葉而後尤盛。王士禎云萬曆間學士多撰偽書以欺世如天祿閣外史之類又黨派軋轢。妄生是非。纂脩實錄者多失其平。革除則以主威干涉。不使紀實。卽有補輯。亦多回護。奪門則以洛蜀起紛拏。瑺宦肆毒。則宮闈亦且攬筆。焦泌陽芳以逆瑾私人脩實錄。更無可憑。明末門戶之爭亦牽及朝掌國故（註一）。大抵實錄卽難據爲信史。而野史更不足信。如弇州史料等顚倒錯互。幾令人不欲卒讀。史館之所憑藉者、抉擇殊不易易。黃百家萬季野墓表有云、「嗟乎、脩史之事、至明時而愈難矣。革除之失實。泌陽之醜正。要典之逆言。思陵之墜簡。以至僞書流行。多不勝數。是非通知三百年首尾條貫於胸中者、未免爲公超之霧所染。東西易向。惡能爨諂魂、發潛德於筆下乎。」此史料之穢雜難於抉擇裁定者也。

師儒史者雖多。然可裒錄者、多在吳越之間。如顧亭林黃梨洲輩皆留心明代掌故。積稿盈篋笥。且皆極謹嚴之作。然自南潯史案之發。亭林史著及東南名貴之掌故記錄、多被銷燬。亭林與徐公肅書云、「所藏史錄奏狀一二千本、悉爲亡友借觀。中郎被收。琴書都盡。」亡友指潘吳二烈士。又與次耕書云，「吾昔年所蓄史事之書、並爲令兄取去。令兄亡後、書旣無存。吾亦不談此。」次耕、檉章弟耒也。時有書向亭林索史著。故亭林答以此書。潘吳二烈士、與南潯莊氏本不相謀。特以潘吳名盛。又皆好治明史。列名引重。遂被株連。潘吳在東南。少年擅史才。英發卓厲。聲聞之士、皆思仰望依附。於

（註一）淸聖祖諭旨云、明實錄、曾閱數過。見其間立言過當。記載失實者甚多。又云、明代實錄、宣德以前尙覺可觀。宣德後頗多訛謬。又革除之際、史宬被焚。太祖實錄三脩始定。建文事及其從死諸臣更無人敢道及。成祖實錄亦多掩飾不得其眞。武宗實錄、費宏楊廷和等爲之。宦官張佐、黃英等時時參筆其間。費楊與陽明多齟齬、江西之功、多被湮毀、且加蕪辭。奄宦更無識知。亦濫司載筆。決無可徵信。

此可見。二子旣遺外聲利。專以明史爲事。則東南遺獻史著必多走集其家。潘耒敍檉章國史考異云、「亡兄博極群書。長於考訂。……博訪有明一代之書以實錄爲綱領。若志乘、若文集、若墓銘家傳、凡有關史事者、一切鈔撮薈萃以類相從。」……（遂初堂集卷六）又序其松陵文獻曰、「七兄與吳先生炎草創明史。先作長編。聚一代之書而分劃之。」……（同上卷七）可見其取材之廣。排比之勤。史案發。潘吳被收。兩家史料悉被銷燬。又不止顧氏之一二千本也。又莊氏雖才不迨潘吳。而稛閱多資。所收購史料亦必不少。均被燬毀。是南潯史案之發。不惟東南遺獻爲之震慴、不敢再爲明末掌故之輯錄。而舊稿之芟夷蘊崇。付之泥牛。亦明代史料之一大厄運也。

季野卒於康熙四十一年。明史成於乾隆四年。中間史館廢弛已久。草卷長編多散佚。雍正初館中所有、惟累朝實錄及名人傳記。而傳記亦十不存一二。（楊椿說）蓋史局自四十年後、與脩者多以閒曹冷職視之。人事遷流。幾同傳舍。如馮銓之胠篋史料。王鴻緒之攘竊成稿。或恐不一其人。至張廷玉草草奏進。雖欲核定事實。亦苦無資藉可依據。此則館中史料、因脩史諸人之不德而漸次喪失者也。又乾隆二十二年、刪存明末野史。四十二年、更命儒臣更改明史本紀。則純以意好爲從違、而不復顧及史實矣。

附論明史之改造及補輯

改造明史、近人倡之。然其事甚難。明人遺著、十不存一。史料不易蒐羅。若徒變更體制。平反論定。史之形式雖殊。而眞際猶是。則百學待治之今日。安用此虛費日力也。又年久代遠。耳目之治旣窮。裁斷無從取準。晚明士習囂張。黨同伐異。野史各從所好。號稱難理。雍乾兩代文字之獄。焚燬刪割、百無一存。乾隆四年、明史告成。三十八年、四庫館開。四十二年、添脩明史本紀。史館史料及一切史著、散佚無存。今欲改造、借資何自。若循清末過激之論。存種族之隘見。以御史事。即不免矯枉過正之嫌。若過信稗野雜說。則近出痛史之類。半皆殘蠹之餘。書賈附益成之。廣著異聞。難徵情實。一意翻案。便成謗書。必不得已、祇儒林及王門學者、可斟酌明儒學案。平列朱王。彌縫其闕。舍此蓋徒自紛張。難勝於舊矣。

若云補輯、則頗復近理。自甲申三月後、南服播遷。義師蹶起。情實悉泯。二十年中、同於無史。昔戴子高望欲作續明史。成傳數篇。未竟其業。錢映江綺著南明史三十六卷。亦未行世。則後明史之補輯、有不容已者。但王船山夫之永曆實錄、即非完作。缺行空字甚多且有割裂而溫睿臨南疆佚史原本不存。李氏改編、婾陋無足取。欲考明清之際掌故。實覺書缺有間。無可徵信。

補輯之難、均略計之、有數端焉。(一)史稿奏上、史館中草卷長編、以及一切史料、多散佚。歲月沉淪。永不復覩。(二)雍乾間文字之獄。遺黎著述、引為禍胎。子孫焚棄不遑。即有賢者壁藏篋緘。行世無日。亦多蠹爛，數傳而後，即化灰燼。(三)各省疆吏、搜燬禁書、列之章奏。頒從宮廷。官吏不學。微嫌即摧。有關掌故書籍、悉無存遺。如全謝山祖望結埼亭內外集、已屬不可多得。然謝山書爲友人祕之枕中。最晚出。故未被禍。邵念魯廷采雖稱痛哭流涕述滄桑間事。然今思復堂文集殊多遜詞。不及謝山。蓋念魯有子服官。又史獄起於浙。清帝方且留意東南文人。不能不有所顧忌。(四)乾隆二十二年、刪存明末野史。既行世者、重遭割裂。無可憑信。(五)三十八年、開四庫全書館。網羅文獻。重加脩訂。名爲崇文。隱施拑遏。偶有違迕。卽加更竄。李申耆兆洛與徐星伯書「尊人鶴臯先生在館時蒙古諸王公表傳是其一手所成近以欽定本入四庫書手稿藏於家而四庫之本外間無刋布者意欲梓行而恐有違礙故於揚州文瀾閣中借庫本鈔出一校稍更易其例成私家之書」據此則四庫本與私家刋本多異此實一證（六）乾嘉文人以記錄時事爲戒。滿紙天王明聖。了無足取。清末坊賈所刋痛史等書。又皆郢書燕說。牽强附會。汪龍莊（輝祖）雙節堂庸訓勿記錄時事條云「昔有不解事人以耳食爲筆記謬妄觸忤禍及身家皆由不遵聖賢彝訓所致故日記劄記等項斷不宜摭拾時事」按汪景祺查嗣庭皆以隨筆日記等被戮有此六難。後明史之作、殊非易事。

晚明史著、言南服事者、當首推王船山永曆實錄。雖曾氏刋本多缺行空字。或非其全。而書爲晚出。顧忌較少。次則朱舜水遺書、朱流衍海外。了無禁忌。然浮海後、故國音問、多半隔礙。於明末事亦偏缺不全。又次則爲全謝山鮚埼亭集、慷慨言滄桑間事。多重要資料。餘人無可裒取。間有一二、亦須多方比核。始可採錄。又南服播遷。鼎沸蜩螗。卽無文網禁遏。亦覺書缺有間。故以今日而言補輯。欲取資於書卷。實戛乎其難哉。

原載國學論叢一卷四號

國史考異

潘檉章

高皇帝上

一

實錄：太祖高皇帝，姓朱氏，諱元璋，字國瑞。濠之鍾離東鄉人也。其先帝顓頊之後，周武王封其苗裔於邾。春秋時子孫去邑爲朱氏，世居沛國相縣。其後有徙居句容者，世爲大族，人號其里爲朱家巷。高祖、德祖、曾祖、懿祖、祖、熙祖，累世積善，隱約田里。宋季時，熙祖始徙家渡淮，居泗州。父仁祖，諱世珍。元世又徙居鍾離之東鄉。勤儉忠厚，人稱長者。母太后陳氏，生四子，上其季也。自德祖而上，世次旣莫能明，而三祖諱字亦無所表見。至嘉靖十年，行大禘禮，推帝者所自出，或謂宜禘德祖，或謂宜禘顓頊，上皆不從。曰：可稱皇初祖帝，神勿主名。論者咸服宸斷周詳。而惜當時禮官無能追發祥之自，以佐末議者。豈果不可考耶，抑記注者之疏略耶？翦勝野聞載太祖自敍世德碑云：本宗朱氏，出自金陵之句容，地名朱巷，在通德鄉。上世以來，服勤農業，五世祖仲八公，娶陳氏，生男三人。長六二公，次七二公，其季百六公，是爲高祖考。娶胡氏，生二子。長四五公，次即曾祖考四九公。娶侯氏，生子曰初一公，初二公，初五公，初十公，凡四人。初一公配王氏，是爲祖考妣，有子二人，長五一公，次即先考，諱世珍，元初籍淘金戶。金非土產，市於他方，先祖困于役，遂棄田廬攜二子遷泗州盱眙縣。先伯考五一公，十有二歲。先考纔八歲，先祖營家泗上，置田治產，及卒，家日消。繇是五一公遷濠州鍾離縣，其後因至鍾離居。先伯娶劉氏，生子四人，重一公、重二公、重三公生盱眙，重五公生鍾離。先考娶徐氏，（徐氏當爲陳氏傳寫之譌也）泗州人。長重四公生盱眙，次重六公，重七公生五河，某其季也。生遷鍾離後，戊辰年，先伯考有孫六人，兵興以來，相繼寖沒。先兄重四公，有子曰文正，今爲大都督。重六重七俱絕嗣。甲申歲父母長兄俱喪。次兄守業、又次兄出贅劉氏。某託跡緇流。至正十二年天下大亂，諸兄皆亡。淮兵大起，掠入行伍。龍鳳元年，帥師渡江，駐兵太平。爲念先考君嘗言：世爲朱巷人，宗族俱存，平日每有鄉土之念。即訪求故鄉宗族之所。遂調兵取句容，明年克金陵。而朱巷距城四十里。舉族父兄昆弟四十餘人至，始得與之敍長幼之禮，行親睦之道。但朱氏世次自仲八公之上，不可復考。今自仲八公高曾而下，皆起家江左，歷世墓在朱巷。唯先祖葬泗州，先考葬鍾離，此我朱氏之源流也。

按碑中所序統系昭然，自德祖而上，尚有仲八公一世，其墓皆在朱巷。而諸書俱未之及。特以太祖追崇之典僅及四代，故闕而不記耳，非果無可考也。一統肇基錄載：皇陵碑原文，較世德碑稍略，內言朕長兄諱

□□，生于津律鎭。仲兄諱□□，生于靈壁縣。三兄諱□□，生于虹縣。及皇考年五十，居鍾離東鄉而生朕，甫十歲，復遷鍾離之西鄉。長兄侍親，仲兄三兄皆出贅。而復遷太平之孤莊村。亦與前碑異。此卽洪武十一年御製碑所云：儒臣粉飾之文，不足爲後世子孫戒者也。解紳大明帝典謂：高皇帝系出顓頊周諸侯國于邾漢大司空浮之裔也。始居丹徒，後渡江。家于泗，仁祖曁陳氏習夢于休。天曆元年戊辰九月丁丑旦誕帝。夫世德碑明言仲八公之上，不復可考。而帝典遠祖司空浮何據，且以句容爲丹徒，尤爲乖舛。嘗讀承休端惠王統宗繩蟄錄云：九二一公姓朱氏，諱伯通，漢時山東兗州府仙源縣興賢鄉人。（漢末有此府縣名）傳十五輩，至南齊時有諱永昌者，拜官著作郎又傳二十五代，至宋初，因兵徙居建康句容縣，榨油爲生。家凡二百九十六口，重八公太祖之五世祖，世居句容之朱巷。通德鄉。子三：長六一公，次千十公，次伯六公，是爲德祖。子二：長四五公，次四九公，是爲懿祖。子四：長初一公，是爲熙祖。次初二公，次初五公，次初十公。熙祖子三：長五一公，是爲壽春王。子四：孫六、兵興相繼而沒。次五二公，次五四公，諱世珍，是爲仁祖。子四：長重四公，諱興隆，是爲豫章王，卽南昌王。次重六公，諱興盛，是爲盱眙王。重七公諱興祖，是爲臨淮王。太祖諱興宗，後諱□□，是書纂自藩府，必非無所徵信，而敢爲撫入者，其大略與世德碑相發明，獨所稱九二一公，世次荒遠，非聖祖闕疑愼微之意也。重八公卽仲八千，十公卽七二，傳寫異耳。然碑稱祖考妣子二，長五一公，次卽先考，無所謂五二公者。（天潢玉牒）亦云：熙祖二子，長壽春王，次仁祖淳皇帝，而（繩蟄錄）獨言熙祖子三，其敍熙祖攜仁祖及壽春王遷泗州，又不及五二公，亦不言其有子無子，或疑五二公幼而殤，庶幾近之。鄭端簡以壽春爲仁祖之弟誤也。（永樂七年二月遣官祭皇伯祖壽春王見實錄）周氏刻（天潢）世系，又以壽春安成蒙城與仁祖竝列而爲四，不知所本。夫安成之號未之前聞，蒙城則壽春子耳。豈可躋之兄弟之列耶。洪武元年正月，詔追封皇伯考爲壽春王，皇兄爲南昌王、爲盱眙王、爲臨淮王。皇從兄爲霍邱王、爲下蔡王、爲安豐王、爲蒙城王。皇姪爲山陽王、爲招信王。皇從姪爲寶應王、爲六安王、爲來安王、爲都梁王、爲英山王。今太廟兩廡侑享十五王是也。緬蟄錄載：壽春王四子，長重一公，是爲霍邱王。次重二公，是爲下蔡王。次重三公，是爲安豐王。次重五公，是爲蒙城王。霍邱二子長高沙王賽哥，次寶應王鐵哥。安豐四子，長六安王轉兒，次來安王記兒，次都梁王臊兒，次英山王潤兒。蒙城無嗣，按世德碑載：高沙王未祔享，追封之詔、亦不及。詔書獨遺高沙者蓋定侑享之後追削之耳故今言謂霍邱唯一子寶應王耳。高沙而下六王，即碑所云，兵興以來，相繼寖沒者也。而或祔或否，不得其說。又考緬蟄錄，南昌二子長山陽王聖保，次大都督文正，盱眙一子招信王旺兒，與碑稱先兄有子文正，及重六重七俱絕嗣者不合，豈山陽招信亦幼而殤者耶。實錄書法既略，而有司漸失其傳，天潢世系遂謂霍邱等王之出壽春，寶應之出霍邱，六安等王之出安豐，皆靡有確據，不亦疏乎。

二

實錄：壬辰春二月乙亥朔，定遠人郭子興孫德崖等起兵，自稱元帥。攻拔濠州，據其城守之。辛丑，亂兵焚皇覺寺，寺僧皆逃散，上亦出避兵。太祖紀夢云：壬辰二月二十七日陷濠城，而拒守之哨，掠四鄉，焚燒廬舍，則濠城之拔，即在辛丑，焚皇覺寺者，亦其兵也。俞本記事錄云：至正十二年正月，定遠富民郭姓者，燒香聚衆，稱濠州節制元帥。十一日起定遠，二月二十六日克濠州，三月初二日克曹縣。所紀克濠之日，較紀夢止先一日耳。當從御製集爲是。又實錄謂：太祖憂亂避兵，禱於伽藍神，固守旬月，而後有故人相招迫脅之事。以及子興留侍左右，尋命長九夫。皆用皇明本記原文。以皇陵碑紀夢及天潢玉牒參考，蓋先有相招迫脅之事，而後決於神。迨入濠被收，爲步卒。兩月餘纔爲親兵耳。史雖稍文其詞，然不若據實直書之可傳信。

三

實錄：壬辰九月，元兵復徐州，徐帥彭早住、趙均用率餘衆奔濠。癸巳冬，早住自稱魯淮王，均用自稱永義王，錢氏群雄事略云：滁陽王廟碑及皇明本紀記二姓僭稱，俱在壬辰，奔濠之時與實錄異。以高帝紀夢考之，則云：明年，元將賈魯死，城圍解，予歸鄉里，收殘民數百獻之上官，以我爲鎮撫。當年冬，彭趙僭稱，部下多凌辱人。所謂當年冬者，癸巳冬也。以時勢言之，二姓雖草草僭稱，亦當在元兵解圍之後，而不在自徐奔濠之日。當以實錄爲正。又元史順帝紀，辛卯八月，蕭縣李二及老彭趙君用攻陷徐州。老彭者，早住之父彭大也。芝麻李既敗，則彭大當與君用俱奔濠，實錄不書彭大，而書早住，又書甲午六月上取滁陽之後云。（實錄此條在癸巳六月非甲午）未踰月，彭趙遣人邀上守盱泗，上辭弗往。未幾二人自相吞幷，早住亦亡，惟君用專兵柄。按順帝紀又於丁酉歲書君用及彭大之子早住，同據淮安，趙僭稱永義王，彭僭稱魯淮王，則丁酉歲早住尙在，以理度之，癸巳之夏，與君用吞幷而亡者，乃彭大，非早住也。實錄於早住既亡之後，記上使人說君用，及賂其左右，以解子興。而廟碑及天潢玉牒俱云：彭趙東屯泗州，挾王以往，遣人賂彭趙，得縱歸，則又早住不死之明證也。龍鳳事蹟云：先是芝麻李故將趙均用彭早住據淮安，僭稱王。早住死，均用益自專，未幾奔山東，依毛貴，此早住死於淮安之明證也。二姓僭稱之事，在壬辰癸巳間者，諸書載之甚確。而順帝紀又載於丁酉歲者，蓋彭大既亡之後，早住與均用同陷盱泗，同據淮安，均用既僭稱永義，而早住襲其父之舊，仍稱魯淮。故元史又從而記之，稱彭大之子早住，其意甚明。修太祖實錄者，殆未考耳。此條援据極詳，但既以僭稱屬之彭大，斷在癸巳冬，而又以其夏幷吞而亡者，爲彭大，則所謂以矛陷盾，無一可矣。實錄於癸巳五月附書，是冬早住自稱魯淮王，均用稱永義王。又於六月終言未幾二人自相吞幷，早住亦亡，今謂亡者彭大，非早住，而其吞幷之期計亦不久，則是冬稱魯淮王者彭大邪？抑早住邪？余意彭趙本以窮蹙來奔，既脫鋒鏑之餘，坐擁專城之柄，志得氣張，遽萌僭擬稱王之舉，即在壬辰彭大奔濠之時，而不必在癸巳元兵解圍之後，此亦草竊常態無可疑者。惟以彭大稱王，斷在壬辰，則癸巳之歲，彭大先亡，而早住襲其遺號，陷盱泗，據淮安，至丁酉以後，始沒不見如此文，從事順，於理爲長。考平胡錄，均用稱王，在壬辰之十一月，則彭大亦以此時自王，明矣。

四

鄭氏今言云：滁陽王夫人張氏三子，長戰沒，次陷沒，幼以陰謀伏罪。次夫人張氏一女爲皇妃，生蜀王、豫王、如意王。（即谷庶人）又云：王長子郭大舍張夫人出戰沒，一女惠妃，生蜀、豫、如意三王。汝陽、永嘉二公主，次張夫人出。又次李夫人生郭老舍。洪武四年，旨云說：與郭老舍再三留你不住，實要回鄉守祀，你舊有二所莊田，我就賜與你耕種，教戶部官開除糧草。十一年，鄰人貴童兒註誤出走。十七年上諭張來儀撰王廟碑，遂云：王無後，令滁州衛千戶王傑等二十三人供祀事。二十八年，老舍還鄉，爲費謙所發，解黑窑場做工，上面諭放回，令一年一朝京師。南京太常寺志云二十八年太祖令旗手衛官李忠召老舍于黑窑廠于四川侯蜀王 老舍卒，諭葬立石。老舍生謙，謙生昇，昇生信，信生琥，皆一歲一朝。有籍於禮部鴻臚寺，繇前所記，則滁陽三子皆張夫人出，無所爲老舍者；繇後所記，則止有大舍老舍二子，而所謂陷沒與陰謀伏罪者，又何人也？按實錄：洪武三年二月，追封郭子興爲滁陽王，立廟滁州，仍繪三子從祀。南京太常寺志云王三子未娶俱亡 此王有三子之明證也。俞本記事錄云：夫人張氏生三子，長戰沒，次爲降人所陷，即郭元帥，幼與群小陰謀伏罪。滁陽王廟碑亦同。今以諸書參之，王長子戰死，當在濠州起事之初，實錄載王爲孫德崖所執，太祖與王二子圍孫氏，破械而出，皇明本記亦言以次夫人携二子往告早住。通紀又載：二子置酒謀毒太祖事，則此時長子已前卒，故名不傳耳。次子名天敍，記事錄云：乙未四月，郭元帥卒。衆奉其子天敍爲都元帥，張天祐次之，上又次之。十月，郭張二元帥督兵，繇城塘，經同山，進攻建康之東門。陳也先自板橋直抵建康，攻南門。自寅至午，城中堅守。也先邀郭元帥飲殺之，擒張元帥，獻於福壽，亦殺之。陳基撰福壽勳德詩序云：官軍與也先表裏合攻，遂生擒僞元帥郭張二人，實錄俱略不書，第云戰死，蓋所謂陷沒及爲降人所陷者，即天敍也。幼子名天爵（記事錄）云：丙申三月，亳都以故元帥郭天敍，弟天爵爲右丞，戊戌七月，右丞郭天爵謀叛誅之，所謂陰謀伏罪者，即天爵也。然則三子之始末甚明，而老舍之說，何自來乎？王氏二史考，以爲老舍必滁陽之族，年少長者若其幼子，則在洪武四年時當尚少，而何以曰老舍？使果滁陽王子，是不胙茅土之封，必罹金罌之賜矣！寧能晏然而已乎？此亦臆度之論，未及深究也。老舍事見于歷朝實錄者甚悉：如宣德元年正月己亥書，賜滁陽王之親郭昇等鈔，嘉其來朝也。正德八年七月壬辰書，革滁陽王墳奉祀郭琥職，王無後國，初以蜀王主祀，蜀王之國，掌滁之衞事者主焉。琥定遠人，弘治間自言爲王，後孝宗賜以冠帶，又援楊徐二王例，乞奉祀，亦許之。廟戶王璽等，數辨其妄，（今言云弘治癸丑琥奏得旨冠帶守祀壬戌奉旨與做奉祀正德癸酉琥又求印信王傑裔孫璽奏琥詐冒）至是琥復乞署印，下吏禮二部議，曰：王奉祀典禮，定于聖祖勅諭，非所敢更。其曰無後，見于所製碑，非可攀附，先帝假琥以祠職，繇覆議者失詳，今乃求請不已，宜奪其職。上是之，曰：王祀禮悉遵皇祖所定，琥仍如先帝初命，以冠帶榮其身。如再奏擾，當重治之。嘉靖十五年七月書，高皇帝時，滁州人郭老舍以里閈布衣被眷厚，或曰：老舍滁陽王第四子，弘治中，老舍四世孫郭琥，遂以冠帶奉滁陽王祀，後爲宥世傑奏革，世傑始祖日興者，滁陽王廟戶也。其子仁卿，洪武時，與同戶濮僧奴等犯法，仁卿被誅，僧奴等充雲南大理軍，郭琥憾宥氏之奏革其奉祀也，因奏宥氏抵大理軍，以相報復。至是琥子厚與宥孟貞者，各奏訐，下有司覈實，兵部覆議，郭老舍爲滁陽王子無據，宥氏異姓，不應抵軍，詔行雲南，除孟貞軍，厚以奏事不實論罪。（今言云正德辛巳琥復奏吏部議送法司問罪嘉靖元年奉旨郭琥准與原授職銜以榮終身不許干預祀事俱誤）繇此觀之，乃知老舍爲滁陽王親，非其幼子。宣德時去王未遠，故所記最覈。郭琥詐冒成案昭然，鄭氏未見國史，故姑爲存疑之詞耳。乃翦勝野聞又載太祖微時，爲郭氏五男所惡，嘗以事幽之空室中，其語尤爲無稽，不足置辨。

五

實錄：丙申七月，上取臺城，諸將奉上爲吳國公。通紀諸書竝同，嘗疑太祖，以乙未三月，始承宋檄爲副元帥，位在第三，及攻集慶，郭天敍、張天祐皆死之，然後太祖專制軍事，朞年之間，僅得太平、建康、鎭江、廣德三四州郡耳，一時諸將皆故等夷特以事權相下，安有偃然建號，而中外推戴，無異詞哉，及考俞本記事錄：是月，亳都陞上爲樞密院同僉，尋陞上爲江南等處行中書省平章，己亥十二月克處州，亳都陞上爲丞相同僉，辛丑正月，亳都陞上爲吳國公，所記封爵次第甚詳，是吳公之建號在辛丑，而非丙申明矣。劉辰國初事蹟紀太祖克婺州之年五月，太祖爲儀同三司江南等處行中書省左丞相，卽己亥之五月也，與記事錄合，但繫月不同耳。趙汸撰汪同傳云：丁酉七月，鄧院判請往金陵，遂見相國。此時未置相國，蓋指太祖爲平章而言也。錢氏辯證謂：辛丑十一月，葉子奇上孫炎書有曰：丞相以雄傑之才，紹開中興之運，（按靜齋文集此書在己亥十一月孫炎總制處州之時非辛丑也錢氏誤引耳）而壬寅冬航海之使，猶齎行省平章宣命，則丙申之未開吳國，斷可知矣。漢高未王巴蜀，不改沛公之稱；光武初徇昆陽，但循太常之號。帝王之興，豈以區區封爵早晚，爲重輕哉。史臣于是爲無識矣。余謂俞本所稱：亳都者宋也，史臣于龍鳳間事，多所避諱。故凡除拜位號之制，俱削不載。至以吳公之封，爲出諸將尊奉，不幾誣乎。太祖自序世德碑云：龍鳳九年三月十四日，內降制書，曾祖考，爲江南等處行中書省右丞上護軍司空吳國公，祖考爲江南等處行中書省平章政事上柱國司徒吳國公，先考爲開府儀同三司錄軍國重事平章右丞相吳國公，妣皆吳國夫人。蓋當時宋制如此，此在救安豐之後，太祖尚不以稟命爲嫌，而史臣遂欲盡沒其實何耶？宋濂誌王愷墓云：丙申春，從王師下建業，又下京口，上爲中書平章政事，建江南行中書省，于建業陞公左右司都事，朱升作鄧愈勳德頌在丁酉秋，亦稱江南行省平章。朱公不聞其稱吳公也。非特此也，實錄許瑗本傳，上取婺州，瑗謁上，但稱閣下，此非卽爲平章時乎？辛丑七月，宋思顏言事，始稱上爲主公。十一月劉基勸伐漢，亦稱主公，則知是年已開吳國矣。自甲辰以後，省臣移書，及王禕許存仁等進對，皆稱太祖爲主上，然則自公而進王，卽稱號之間，約略可見，孰謂文獻不足徵哉？

六

實錄：丙申七月，徐達攻常州，張士誠遣其弟張九六來援，遇伏馬蹶，爲先鋒刁國寶王虎子所獲，幷禽其將張湯二將軍，九六卽士德，太祖御製徐武寧神道碑，亦首載其事。按碑後有朱善劉三吾跋語意必屬二臣視草非盡御筆也而宋文憲撰趙德勝神道碑云：丁酉七月丙子，攻常熟，張士德出挑戰，公麾兵而進，士德就縛，士德士誠之弟也。天潢御牒亦云：丁酉六月，取江陰州，攻常熟，獲張士誠弟士德以歸。按取江陰在六月攻常熟在七月此牽連書之耳皇明本紀則云：破其兵于宜興湖橋，擒其弟張九六，並獲其戰船馬匹。湖橋在常熟虞山西北，通福山港，爲舟師入江要地。故士德被擒于此，其曰宜興，傳聞之誤也。以諸書覈之，則知士德之擒，當於丁酉常熟之役，而不於丙申常州之戰矣。實錄：丁酉七月丁丑，徐達兵徇宜興取常熟，擊張士誠兵，敗之。宋文憲撰碑則系之丙子先一日，固知德勝本從大將軍縛士德，而實錄脫之耳。臨海陳基有望虞山弔張楚公詩，錢氏辯證引之，以訂實錄之誤。其略曰：實錄是年十月，士誠以其弟被擒，遣孫君壽請和，願歲輸糧二十萬石，黃金五百兩，白金三百斤，劉辰國初事蹟，以爲士德母痛其子故也。然士誠既以失弟而聳懼，又以母命而請和，其遺書何以了不置喙。高帝之復書則曰攻圍常州，生擒張湯二將，尙以禮待，未忍加誅，爾所獲詹李，乃吾偏裨，無益成敗，張湯二將，爾左右手也，爾宜三思。我師旣擒士德，獲其謀主，又何以匿而不言，但及張湯二將耶？其誤一也。元史丙申七月，士誠兵陷杭州，楊完者擊敗之，陶九成輟耕錄紀杭州之役：士德與王與敬偕往，以諸書互考，則士德陷杭在七月，其敗歸平江當在八月，輟耕錄士德入杭在八月安得有常州被擒之事？其誤二也。元史張士誠請降詔，以士誠爲太尉，士德爲淮南行省平章政事，時士德已爲大明兵所擒，此丁酉八月事也。若士德丙申七月就禽，則去士誠納款已一載餘矣，安得有平章政事之授耶？其誤三也。士德以好賢下士，創造伯業，如王逢楊維楨楊基者，頌慕之辭，久而不替，不獨陳基輩也。假令以二月入吳，七月就縛，居吳不及半載，又提兵往來三郡，無須臾之暇，士德雖有過人之略，何以能深得士心若此？其誤四也。王逢梧溪集云：今太尉開藩之三月，令部將王左丞晟書，使踵海上招至吳中，以予避地無錫，說晟勸張楚公歸元，（元追封士德爲楚國公）擢淮省都事予辭不就，士誠之歸元，其謀皆出于士德，逢以元之遺老，與有謀焉。令丙申之秋，士德已爲俘虜，逢雖欲緩頰，何以自效？其誤五也。元史紀：丁酉歲，士誠屢爲楊完者所敗，然後乞降。士德被擒在七月，而元之招諭在八月，則士德被擒時，歸款之事已定矣。實錄謂我欲留士德以誘士誠，士德間遺書士誠，俾歸元以謀我，乃誅之。國史既誤記士德被擒于前，而不欲泯其主謀降元之事，故曲爲之辭，非事實也。其誤六也。然此事所以傳譌者，蓋亦有故。丙申七月，既擒張湯二將軍，十一月又擒其梟將張德，用兵之際，羽書交馳，奏報錯互，流傳既久，即聖祖製碑之日，亦止據一時功狀，書之未及是正耳。余謂此論最覈。但國史全用劉辰事蹟，原文失之不考故也。輟耕錄云：長興陷常州，又陷士德，戰敗被擒，縛致集慶，俾其作書勸士誠歸附，士德以身殉之，終無降意。豈所云間遺書士誠，俾降元者，緣此事傅會耶。常州被圍，至丁酉三月始下，則士德斷以其年被擒，（平吳錄）載士德援常州被擒，即在丁酉三月，蓋皆誤以常熟州爲常州也。高岱鴻猷錄謂：戊戌十月，廖永安擊士誠於太湖，戰敗，士誠囚之。上欲以所獲將士三人，易永安，士誠不從。士誠母念士德，欲以永安易士德，上不許。此又與劉辰母痛其子之說相似。然士德既爲謀主，上必欲留以誘士誠，未肯遽取而甘心也。如岱所記，則士德至戊戌冬猶存，安得直書伏誅于被擒之後耶？更考之。

七

實錄：丁酉七月，丙申，元帥胡大海克休甯，進攻婺源。元將楊完者，率兵十萬，欲復徽州，大海還師，與戰於城下，大敗之。殺其鎮撫李才完者，遁去。九月癸酉朔，元婺源州元帥汪同與守將鐵木兒不花不協，以總管王起宗等，詣雄峯翼降，上命皆仍其官。（錢氏辯證云：徽州城下之戰，甯河神道碑）記：甯河與越國同事，而實錄本傳從之。胡越國新廟碑記：此戰專屬越國，而實錄從之。按是時甯河守徽州，越國進取婺源，完者兵寇徽州，甯河以守將禦寇，而越國還兵合擊之，則此戰兩公共事無疑也。碑載：是戰在十月，實錄在七月，考程國勝神道碑：國勝以是年十月從衛公戰敗，苗軍則當以十月為正奏報，偶異史家之參錯多矣。又國勝神道碑載：汪同與國勝等偕降，徽州城下之戰，國勝已在行間，則較實錄所載，蓋大相矛盾矣。考甯河神道碑，城下之戰，在是年十月；惟戰在十月，故國勝既降，遂得奉甯河調遣。如戰在七月，而同等降在九月，則絕不相蒙矣。按徽州之戰，諸書所載互異。皇明通紀云：丁酉七月，命鄧愈胡大海將兵取徽州，拔其城，元帥汪同率所部來降，九月元苗帥左丞楊完者，自杭州率兵數萬，欲復徽州，時胡大海攻婺源未回，城中守兵甚少，大海聞之，自婺源還師兼程而進，與鄧愈奮兵出戰，十一月朔大破苗軍於城下，斬其鎮撫呂才，擒其部將胡辛等，完者遁去。夫汪同之降，實錄謂在九月，皇明本紀亦同，而通紀以爲七月，蓋據趙汸所撰汪同傳耳。同傳云：丁酉七月，鄧院判繇宣來取徽，踰三日，同日夜往攻之，有備弗克。而元帥帖木兒朶黏，繇婺源攻其後，李克魯本以進士爲帥府都事，與同甚相得，時留鄧軍中，以書告曰：元帥前後受敵，計將安出？幸至中途論，心不必疑也。同過黃墩，則壯士百數騎突出，克魯曰：主將請元帥相見，同抽刀欲自刺，克魯抱止之，即馳馬偕至郡。鄧院判請往金陵，遂見相國，俾平婺源寅坑口營柵還，居郡城，然則汪同至徽郡在七月，而見相國在九月，即實錄所云，上命仍其官之日也。程國勝神道碑云：歲丁酉，天兵下徽州，衞國公發同與公等詣京師，上大悅，命同還守婺源，而以公等從征伐。十月，苗軍楊完者部兵十萬，薄徽州，公率百餘人，横戈鼓譟衝之，衆皆辟易，自相枕籍。而統軍胡大海之兵適至，因覆其營，生擒其將胡辛等二百人。楊完者，僅以身免。觀此，則鄧愈之功，即國勝之功耳。元史丁酉八月，以楊完者爲江浙行省左丞。先是完者守嘉興，與張士誠相拒，未遑遠略。士誠既降，元完者以功晉左丞，乃始泰然無後顧之憂。盛兵入犯，覆于堅城之下，其事在十月十一月之交明甚。然而國史所以錯互者，蓋謂汪同以婺源元帥，降於九月；而越國新廟碑載其攻婺源還師破敵，故疑爲同未降，時事不知汪同先以都元帥鎭休甯，既降，而帖木兒等尙據婺源。至明年正月，鄧愈遣王弼孫虎與同等率兵拔之，遂以同鎭婺源。則越國之攻婺源，爲帖木兒等耳。于同何與錢氏能辨城下之戰在十月，而不能辨汪同之降在七月。甚矣，考覈之難也。

八

實錄：庚子七月乙丑，陳友諒守浮梁，院判于光左丞余椿與饒州辛同知有隙，出兵攻之。辛同知走，光等遂遣人以浮梁來降，命光等仍守其地。既而友諒遣其參政侯邦佐復攻陷浮梁，于光等敗走。辛丑八月甲申，鄧愈克浮梁，侯邦佐棄城走。戊申，陳友諒平章吳宏以饒州降，命仍其官守饒州。十一月己未，命吳宏等率兵取撫州。宋濂誌于光墓云：歲乙未，徐兵破鄱陽，徐聞君名，急搜訪獲之命，爲江東宣慰元帥，鎮鄱陽。庚子，徐之柄臣陳友諒殺徐而自立，君乃泣曰：我與陳皆徐君之臣，陳不道乃爾，我可北面事之耶？是時皇上定鼎建業，君遣使者奉幣以浮梁降，上悅而受之。據此則光爲徐氏鎮鄱陽，而未嘗爲陳氏守浮梁，然又言以浮梁降，與實錄合何也？鄧愈本傳則云：庚子，守饒州，饒城濱鄱陽湖，而陳友諒據江州，數遣舟師來攻城，愈督兵拒之，屢敗其衆。辛丑，拜江西行省參政，總制各翼軍馬。是時，饒之境內崛强者，尙懷疑阻，愈示以恩信，衆皆請降。（神道碑云左丞吳宏等皆請降）實錄不書鄧愈守饒州事，而本傳特詳之，考太祖諭朱夢炎有曰：愈歷鎮八州，有功無過。謂廣德宣徽嚴饒撫南昌襄陽也，則愈之鎮饒無可疑者。程國勝神道碑云：庚子，七月，鄱陽院判于光，左丞余椿擊走僞漢守將辛甲而據之，衛公使公往說二人，二人遂以饒州來附。鄧愈神道碑因之，蓋陳友諒自立之後，以辛甲守鄱陽，而移于光守浮梁，故光怒而攻甲，遂來附耳。實錄乃以饒州之降，歸之吳宏，誤矣。考開國功臣錄：吳宏餘干州人，仕，友諒爲江西行省參政，守餘干。上取江州，遂全城請降。壬寅，上至龍興，宏率衆來見，遂改鄧愈江西參政，宏代守饒州。通紀亦書餘干守將吳宏請降。餘干新志又云：至正庚子，鄱陽院判于光取饒州，鄧愈撫之，遂通款。太祖討友諒，舟次康山，幸吳宏營，升堂拜母，盡歡而罷。遂以宏代愈守饒州。以諸書參之，乃知吳宏自以餘干降耳，非饒州也。實錄：壬寅正月戊辰，吳宏率衆來見，而鄧愈神道碑載：江西參政之命，則正月四日，宏之代守饒州，當在是春，而實錄幷記于辛丑八月，可謂錯互之極矣。又實錄：癸卯二月，都昌盜江爵等陷饒州，先是守將于光與吳宏吳毅等不協，爵因乘釁誘陳友諒將張定邊蔣必勝入寇，光等倉卒無備，皆出走。國初事蹟云：饒州平章吳宏，調守撫州。太祖命于光爲江西參政，特遣楊憲齎印信，令光開設分省于饒州。吳宏原部下吳三尉，（疑即吳毅）不服糾合，王思義謀叛，據城，光遁走浮梁，宏之守撫，光之守饒，事關疆場，史皆不載，何以傳信。

九

實錄：辛丑三月丁丑，改樞密院爲大都督府。命樞密院同僉朱文正爲大都督，節制中外諸軍事。（國初事蹟云太祖改樞密院爲都督府以朱文正爲左都督又云命親姪文正爲大都督府左都督節制中外諸軍事往鎮江西按此時未置左右都督文正鎮江西在壬寅五月）時樞密院雖改爲大都督府，而先任官在外者，尙仍其舊。十月戊寅朔，增置大都督府左右都督，同知副使僉事各一人。甲辰三月戊辰，定大都督府官制，大都督從一品，左右都督正二品，同知都督從二品，副都督正三品，僉都督從三品。吳元年十一月乙酉，定大都督府官制：左右都督正一品，同知都督從一品，副都督正二品，僉都督從二品。按太祖以辛丑春爲吳國公，諸子尙弱，獨兄子文正壯勇，故特設大都督，以重其事權。維時官制草創，府僚未備，而樞密之官尙襲舊名，亦間以授人。如趙德勝以壬寅四月超授僉江南行樞密院事，見于神道碑。此非樞密院未改都督府之明驗歟？官制之定，蓋自甲辰三月始也。是歲，太祖已爲吳王矣。正月，置中書省官。三月，置大都督府官。文武竝建，規模已具。然大都督之職，自文正而後，未有繼者，猶宗人府之不備官耳。至吳元年，更定品秩，遂以左右都督爲長官矣。都督專掌戎機，非親信之臣不授國，初任斯職者，馮勝、康茂才等二三人而已。馮勝之入都府，自丁未以前，史皆不載。考勝本傳：癸卯從伐陳友諒，大戰於鄱陽湖，勝功居多。甲辰陞同知樞密院事，乙巳從左相國徐達伐張士誠，丙午取湖州轉大都督府同知，洪武元年正月，加都督府右都督兼太子右詹事，所載功次官爵，亦多疏略。鄭曉異姓諸侯傳云：癸卯士誠圍安豐，從上奮擊敗敵，陞同知樞密院，調擊廬州，與本傳不合。然考鄱陽之役，勝以從行舟覆，遣還建康，安得謂勝功居多，則勝自以安豐功陞，非以鄱陽功也。事在甲辰三月，未定官制以前，故仍樞密之號耳。實錄：乙巳十月辛丑書，同知樞密院馮國勝等率師取淮東，至丙午三月，諭徐達等，則稱副使馮國勝，蓋以高郵之敗，貶一官也。不稱樞密者，時已定官制，其改都督副使明矣。後十一月，徐達遣國勝，徇下湖州，遂有同知都督之轉。異姓諸侯傳云：丁未，召還治軍府事，參知政事。張昶陰事覺，勝鞫誅。昶以平吳功陞右都督，國初事蹟云：昶心懷舊主，以國事通獲其書，太祖令馮國勝楊憲鞫之，處以極刑。實錄：于吳元年六月書參知政事，張昶謀叛，上令大都督府按問，則知是時治都府事者勝也。吳元年九月，又書平吳師還，論功行賞，召都督馮宗異康茂才（國勝宗異即馮勝別名時勝與茂才俱同知都督稱都督者省文耳）都督副使張興祖梅思祖等于戟門，賜綵段表裏。諭曰：從軍在外，與經營布置在內者，任雖不同，其勞則一。宗異留守京城，軍府之事，獨任其勞，亦宜受賞。而封宋公鐵券文亦云：居京師則除肘腋之患，歷征戰則建爪牙之功。蓋按問張昶一事，有以深結主知若此矣。洪武改元之正月，以即位推恩，例加右都督，仍同知都督府事。是夏，勝以本職從大將軍，取陝，爲征虜右副將軍，尋命留守汴梁，實錄或稱同知，或稱都督，互舉之文耳。（自洪武元年四月戊午以後俱書都督同知二年七月辛亥又書都督十二月辛巳仍書都督同知）王氏二史考，以爲勝以平吳功進右都督，至北征，復稱都督同知，意者，初改樞密院爲大都督府，其左右都督，俱從一品，後進一品，而同知爲從一品。宋公因從品改官耶，將有別故鐫秩耶？夫更定品秩，在吳元年十一月，而勝之加右都督，則在明年正月。前後既不相蒙，且初定官制，右都督僅正二品，後進二品，則同知爲從一品，安得謂從品改官也。若謂別故鐫秩，則勝當時寵任方隆，無纖介之嫌，即二年平涼之役，擅引兵還，上猶以勳舊置之，而他何論焉。是未知元年之進右都督，祇爲加授，至三年正月，命都督馮勝爲右副將軍，征沙漠以後，俱稱都督，則此時始論北征功，實授右都督耳。勝在都府最專且久，國史既多錯誤，而諸書因之紛紛傳訛，皆不考官制之故，故備論之。

十

元史至正二十一年五月癸丑，四川明玉珍陷嘉定等路，李思齊遣兵擊敗之。實錄明玉珍本傳：戊戌二月，玉珍破嘉定，盡有巴蜀之地，則在至正十八年先三年矣。元史至正二十三年三月甲寅，明玉珍破雲南，五月辛未，稱隴蜀王。二十三年正月壬寅朔，稱帝，平胡錄諸書並同，而實錄紀庚子夏，陳友諒弑徐壽輝自立爲帝，玉珍不與相通，遂自稱隴蜀王，則至正二十年事也。壬寅三月己酉，稱帝於重慶，癸卯十二月，遣司馬萬勝等，率兵攻雲南。甲辰三月鄒勝入雲南，四月引還重慶。是雲南之破，在玉珍稱帝之後二年，錢氏辯證：以爲元史修于洪武，元二隴蜀未入職方之時，而實錄則平夏之後，本其載記而存之，斷以實錄爲正是也。黃標平夏錄，自王稱帝年月，並同實錄。惟破雲南，在癸卯二月八日，引還重慶，即在其年四月。滇志：至正二十二年，明玉珍遣李芝麻帥兵三萬，繇八番分陷雲南。二十三年，梁王遣大理宣慰使段功敗玉珍兵于關灘，追至回蹬關，大破之。考之實錄，乙巳十月，上聞明玉珍取雲南失利，遺書戒之，則關灘之敗，當在甲辰，非癸卯也。滇載記又云：癸卯，明玉珍自將紅巾三萬攻雲南，此尤紕繆不足辨。

十一

實錄：辛丑八月丙午，蘄黃廣濟降。九月壬子，以左右司員外郎陶安爲黃州府知府。乙巳正月甲戌，調黃州府知府陶安知饒州府。徐紘集傳云：癸卯黃州平上思得重臣以鎮之，遂命知黃州，改桐城令，尋移知饒州，（實錄本傳無癸卯及改桐城令二語）謝理太平人物志亦然，與實錄不合。然集傳謂黃州平以重臣出鎮，而蘄黃之降，則在辛丑，不應至三年後，始簡守臣，實錄所書，殆不妄也。錢氏辯證云：陶學士詩集，自龍鳳元年乙未，至九年癸卯，安皆在金陵。壬寅歲有憶別之作云：七年同在省東廳，則辛丑歲安未嘗出守，可知也。癸卯秋，從征鄱陽。甲辰，守黃州。有「今年春二月，璽書命守土，兩旬抵黃州，又值連月雨」之句，則安以甲辰守黃州，在平陳理之時，當以徐紘集傳爲正。陶學士事蹟載，令旨付陶安者凡二，俱稱皇帝聖旨。吳王令旨其授黃州府知府，則龍鳳十年二月，授鄱陽府知府，則龍鳳十年十二月，則安之守黃移饒，皆在甲辰年，無疑也。惟徐紘謝理所紀，改桐城令，他無可考。而學士集：甲辰十月七日，舟發樅陽，詩自注云，時遷往桐城舊縣。又記：龍鳳甲辰秋九月千秋節，亦在桐城。至聞除代者及召還之命，則云「年殘動歸思，客至報除書，海內招文學，淮南起謫居。」又有臘八日發桐城詩，則知安守黃未幾謫爲桐城令。至臘月召守饒州，乃發桐城也。箚付所載，授鄱陽年月與詩悉合，乃知二傳之有據，而實錄與本傳咸有脫誤矣。兪本記事錄：至正二十三年十二月，中書省郎中李君瑞陶主敬，都事王用和，檢校酆永眞陳養吾，博士夏允中等，俱令家人私通敵境，于四沙易鹽，提至軍前，俱剝衣鎖項，置小船中，置于黃鶴樓下大浪中，凡三日沉江而死。惟李君瑞兩腿扨一千下，安置桐城縣。按陶學士文集，甲辰歲，守黃未幾，謫爲桐城令，安之被謫，必以癸卯從征，令家人易鹽之事也。兪本所記當不謬。其云俱置黃鶴樓下，沉江而死，則當有誤。蓋主敬但謫桐城，而王用和以壬寅二月，死于金華也。余按錢氏謂安守黃州，在平陳理時，亦未盡然。考學士集有悼故妻喻氏詩，自注壬寅，卒于官舍。其詩云：「江南開大閫，幕下叨備員。石城奏雄捷，銜命使淮堧。慈親念行子，加飧勞氣纏。煢煢奉湯藥，深夜更羮饘。愼終禮必誠，淺土封亦堅。庶冀艮人歸，中心無悔愆。移家指鳳臺，華省初依蓮。忽我病二載，將謂難久延。何意壬寅冬，瞑目在我先。是時領公務，夜宿北郭田。」此篇自述履歷甚詳，壬寅冬安已官黃州，而謂甲辰始出守可耶？詩中奉使淮堧慈親淺土之事，皆本傳所不載。又有癸卯閏三月十九日，奉旨代祠實公詩，則離黃還省以後作也。以諸書反覆考之，乃知安凡再守黃州，一在辛丑之秋，一在甲辰之春。蘄黃初附，卽輟省臣以坐鎭之。越二年，召還從征鄱陽，未幾復典故郡耳。然箚付必至甲辰始給者，時上始爲吳王，得承制除拜，前此猶以省郎領郡事故也。果如所言，甲辰守黃，未久卽謫桐城，則本傳何以稱其寬租省徭諸惠政哉？列朝詩集謂：安歷左司郎中出知黃州，降桐城令，移知饒州，仍改知黃州，蓋錢氏亦自覺其辨證之誤矣。然安再守黃州，皆在謫桐城之前，而謂知饒州後，仍改黃州，又何據耶？實錄吳元年五月巳亥召知饒州府陶安爲學士諸書並同家人易鹽之事，主敬賢者決不肯爲，考其集中甲辰書事詩，首云：「離家仲冬望，泝江至鄂渚，」即癸卯從征時也。中云：「可怪近日來，船兵忽暴傑，快槳躪洪濤，刼貨殺物主。登岸拆郵亭，伏莽襲商賈。」則所云令家人私通敵境者，意亦船兵所誣耶。癸卯十二月，提至軍前，甲辰二月，何以復有守黃之命也？豈此事之發，在武昌既平後耶？國初事蹟謂夏煜犯法取到湖廣，投于江，與記事錄合。按陶學士集有洪武元年送夏允中總制浙東僉巡撫詩，則元年允中尚在，安得云沉江而死？以此觀之，俞本所紀，未足信也。

十二

實錄：壬寅七月丙辰，平章邵榮參政趙繼祖謀反伏誅。上閱兵三山門外，榮與繼祖伏兵門內，欲為變，會大風卒發，吹旗觸上衣，異之，易服從他道還。榮等不得發，遂為宋國興所告。按西寧侯宋晟本傳云：太祖起兵濠梁，晟父朝用與兄國興，隸行伍，俱積功至元帥，則國興者，晟之兄也。然不載告變事，楊士奇撰西寧侯神道碑則云：歲壬辰，公隨父朝用，兄國興來歸，明年從克濠州，父兄並以功授萬戶。甲午從張天祐克五河泗州盱眙，又並進總管。乙未從上克和州，渡江，下采石太平，總管邵榮等潛有異謀，國興察知以聞，榮等伏誅。從克溧陽，進攻南臺，國興戰沒，命公襲兄職。據此則邵榮之異謀，發于乙未下太平之時，而不在壬寅平處州之後。時地相去遠甚，而其官止總管，非平章也。然國史所列邵榮戰功，如於杭湖州之役，不一而足，皆在取臺城後，又豈盡贅誤耶？以事勢推之，初渡江，郭元帥張天祐尚主軍事，太祖未正位號，榮亦何所嫌忌，而欲為不利乎？實錄既指宋國興為證，而碑稱國與戰沒于臺城下，距壬寅已七年，安得復有首告之事。考宋晟本傳：晟自以戰功累授千戶，非襲兄職，則國興之戰沒爲虛，戰沒爲虛，則其首告之事，在壬寅秋信矣。楊公身典國史，所勒豐碑之文，必按貼黃及家狀，而前後乖互若此，不可曉也。國初事蹟云：邵榮與參政趙某，謀爲不軌，元帥宋某，以某事首告，楊榮撰宋朝用墓碑云國興以功授總管沒于王事與此不合太祖命壯士執邵榮趙某連鎖置酒待之，榮不飲酒，止是追悔而泣，太祖亦淚下。趙某呼榮曰：若早爲之，不見今日，獵狗在牀下死，事已如此，泣何益？惟痛飲。太祖命縊殺之，籍其家。榮本麤悍武夫，恃功觖望或有之，其爲之謀主者，繼祖耳。然觀其呼榮數語，深咎爲之不早，則所云伏兵三山門者，蓋亦國與上變之詞，未必盡實。不然太祖何以心憐之，而欲錮之終身哉。

十三

實錄：癸卯三月辛丑朔，上率右丞徐達，參政常遇春等擊安豐，時呂珍殺劉福通而據其城，聞大軍至，極力拒守。廬州左君弼出兵來助珍，遇春擊破之。珍與君弼皆遁走，上乃還。國初事蹟云：癸卯三月。張士誠圍安豐，福通請救，太祖親援之，先遣常遇春至安豐，士誠遂解圍。福通奉林兒棄安豐，遁于滁州居之。士誠兵復入安豐，守之。丙午三月，太祖取安豐。史乘考誤引此條作丙午三月太祖取林兒安置按諸本皆無安置之語此考誤之誤也俞本記事錄云：安豐被張氏圍困，城中人相食，小明王在城中號，安陽奕劉太保等饑餓無措，遣人求救。上親率大兵援之，大敗張氏。邀請小明王及母妹，并臣劉太保悉領五奕，官軍，棄城詣廬州營中，上設鑾駕傘扇，迎駐滁州，創造宮殿居之。易其左右宦寺，奉之甚厚。據實錄則太祖救安豐時呂珍已殺劉福通，據其城。以諸書考之，則安豐尚未破，福通尚未死，上親總大軍解其危困，小明王以創殘餓羸之餘，猶得擁虛器于滁，久而無恙者，誰之功也？史臣于龍鳳事，委曲避諱，既不著小明王之終，故于安豐之役，直言劉福通爲呂珍所殺，而小明王之亡，隱然言外矣。然考太祖卽位告祭文，歷擧戡定之地，以廬州左君弼，安豐劉福通竝稱，則福通蓋非死于珍者也。福通不死，則其主可知，且太祖所以拒劉基之諫，而赴安豐之急者，爲小明王在焉故也。誠令安豐已沒于張氏，則太祖必不親行矣。高岱鴻猷錄云：上至安豐，擊呂珍破之，珍棄城走。上遂以宋主韓林兒還金陵，諸將議于中書省設御座奉林兒，劉基曰：彼牧豎耳，奉之何爲？密陳天命所在，上意悟。會陳友諒入寇，遂議征討不果。奉夫牧豎之說，本黃伯生所爲，劉基行狀，原無宋主還金陵一語。其云中書省設御座，將以正月朔旦行慶賀禮者，意如今郡國，歲時設龍亭拜賀之儀，未必宋主親至金陵也。岱既誤認，又以行狀在庚子年，于事勢不合，故移于癸卯安豐迎歸之後，影響牽合，失之愈遠矣。

十四

實錄：癸卯七月戊子，指揮韓成元帥宋廣陳兆先戰死，友諒驍將張定邊奮前欲犯上舟，舟適膠淺，我軍格鬬，定邊不能近，常遇春從旁射中定邊，定邊始卻。俞通海來援，舟驟進，水湧上舟始脫。是上舟膠淺在韓成戰死之後，而開國功臣錄云：上舟被圍，韓成進曰：臣聞古之人有殺身以成仁者，臣不敢辭，遂賜成龍袍冠冕，對賊投水中，賊稍止，諸將亦來援，得脫。（實錄韓觀本傳亦不載其父成代死事）諸書豔稱之。比于紀信之誑楚，然余竊疑焉。兩軍相持，勝負未有所分，而其主將猝然自投于水，耳目瞀亂，衆心必解，而敵且乘其後，安肯反自退沮，以待諸將之援，此與滎陽被圍時形勢絕不類，殆好事者爲之耳。及考朱善撰程國勝神道碑云：張定邊奮前直犯御舟，舟適膠淺，公仗劍叱之，急與帳前左副指揮使韓成，水軍元帥陳兆，先駕舸左右，奮擊，會鄂國公從旁射中定邊，虢國公疾櫂來援，舟進水湧，御舟遂脫。而公等反遶敵艦之後，援兵不接，力戰死，書法最爲詳明。然則成等致命之時，御舟已脫，安有代死誑漢事耶？以此知功臣錄固出附會，而實錄亦未爲盡覈也。功臣錄又言：上念成效死，祀諸臣于康山。以成爲首，凡三十六人，程國勝與焉。按實錄中書省列進康山忠臣三十五人，首丁普郎，次張志雄，又次成大明，會典亦同。則成曷嘗首祀康山哉？成若代死，則必首祀；成不首祀，則不代死，此最易辨者。獨程國勝之死，實錄紀于癸卯四月洪都被圍之初，與神道碑不合。錢氏辯證，以爲國勝與牛海龍夜刼陳友諒營，牛中流矢死，程泅水得脫，逕達金陵，從太祖親征，死于鄱陽湖南昌城中不知也。次年甲辰，追錄諸臣南昌報程與牛俱死，得與祀，贈侯饒州。又以國勝死康山事來上，又得與祀贈伯，當時事宂不暇兩相參訂也。實錄載：國勝與牛海龍俱戰死，蓋據南昌所上國勝死事狀也。甲辰立廟，國勝兩得與祀，而實錄則于兩廟皆佚其名，後遂有建議祀典重複者，遂罷程豫章之祀，厥後有司又幷罷康山之祀，修會典者亦因之沿襲至今，國勝遂不復預兩廟之祀矣。據此，則康山廟祀，當幷國勝爲三十六人。按實錄于甲辰兩廟之祀，俱不及國勝，而癸卯四月，則書國勝與牛海龍俱戰死，後俱配享洪都功臣廟，所謂洪都廟者，卽南昌廟也。然國勝不與海龍同死，而與韓成同死，則祀于康山爲宜釐祀典者，削彼存此可矣。（名山藏載宋國興衣上白袍代死事絕類韓成皆妄也）

十五

實錄：甲辰九月，書下中興路及峽州歸州，而不書取天臨路于邱廣。本傳則載克潭州，按元史是月大明兵取中興及歸峽潭衡等路，潭州元之天臨路也。通鑑博論亦書甲辰歲，廬州中興歸峽潭衡等路，悉皆歸附大明，今從之。又實錄：乙巳正月，取寶慶路。洪武元年二月乙卯，又書取寶慶路，其中必有再陷之事，而記者失之耳。考元史乙巳六月辛丑，湖廣行省左丞周文貴復寶慶路，而實錄不載。但于七月庚申，紀辰州周文貴既走湖南，其黨欲復其城，率衆寇辰溪，殺縣丞高文貴，奪印掠居民。又于八月，紀周文貴復攻辰州。千戶何德使別將與戰西門之外，自將輕騎直抵其寨，攻破之，文貴退保麻陽，德追擊之，文貴遁去。以日月先後考之，乃知文貴是時舉兵寶慶，進窺辰州，而其黨即攻辰溪，以應之也。實錄洪武元年正月，周文貴自全州引兵援永州，左丞周德興等擊之，文貴敗走。蓋文貴自辰州敗後，復屯寶慶，與元兵合，至是爲周德興所破，而楊璟遂乘勝窮追，復取其城耳，當依元史補入。

十六

續綱目書：丙午十二月，韓林兒卒。平胡錄亦書：龍鳳十二年冬十二月，宋主殂。皆不言其卒于何地，而鴻猷錄謂丙午，宋主殂于金陵，謬也。庚申外史云：先是小明王駐安豐，爲張士誠攻圍，乘黑夜疾風暴雨而出，居于滁州，至是朱鎮撫具舟楫迎歸建康。小明王與劉太保至瓜州，遇風浪掀舟沒，劉太保小明王俱亡。則是宋主未至金陵而沒于風浪，有天意焉。通鑑博論則于至正二十六年書：廖永忠沉韓林兒于瓜步，大明惡廖永忠之不義，後賜死。夫永忠卒于洪武八年三月，賻遺甚厚，以其子權襲爵，國史略無貶詞，何緣定爲賜死？而野記云：永忠侍宴，醉後忤旨，立擊死。國初事蹟云：永忠以僭用龍鳳不法等事處死。王氏二史考引永樂中紀綱獄詞：有廖永忠開國功臣，僭犯被誅之語，乃知永忠固非令終者。而博論爲洪武末寧獻王奉勅編進之書，其言又非無徵也。錢氏辯證謂：永忠以小人之腹，爲君子之慮，一旦沉林兒以逢上指，論功之日，使所善儒生窺瞰上意，可謂果于誣上而巧于要君矣。聖祖對廷臣訟言之，以逆折其邪心，厥後卒以不義賜死。聖祖之心事，百世而下，昭然如日月之中天，永忠有掩面于地下而已，豈不愚而可憐哉！然則聖祖之誅永忠也，何以不明正厥辟，而以僭犯爲詞？曰：念其兄也，念其功也。正其辟則弗可以襲矣，殺其罪以存其嗣，忠厚之道也。斯言也，誠辨矣。抑考庚午詔書云：楊憲居中書，心謀不軌，廖永忠黨比其中人各伏誅，方孝孺撰詹鼎傳亦云：憲敗凡爲憲用者，皆受誅。則永忠之誅，蓋因黨比楊憲耳，非以沉韓林兒故也。瓜步之事，情狀曖昧，若謂太祖心惡其不義，而隱忍數年，信任不衰，卒以他事誅之，將使天下後世，反有義帝江南之疑，豈若風浪掀舟之說，彰彰可信哉。故論小明王事者，斷以庚申外史爲正。

十七

宋濂撰章溢神道碑云：上召問征閩諸將何如？對曰：御史大夫湯和、繇海道進、平章政事胡廷瑞，自江西入，此固必勝，然閩中尤服浙江平章李文忠之威信，若令文忠從浦城取建寧，此萬全計也。即日詔文忠出師如公策。觀此則文忠出師，在丁未冬，繼湯廖之後，而實錄紀于洪武元年二月，福建既平之時，章溢本傳，又與碑同，考之野史載：文忠取建寧，屯浦城，以候舟師，蓋文忠以偏師先趨建寧，摧其門戶，爲大軍聲援，初未深入也。平閩之後，金子隆等殘寇未殄，更命文忠率兵討之。岐陽王神道碑與國史專紀元年之役，罣漏甚矣。按封曹國公誥詞有再入甌閩，剗平餘寇之語，蓋指此耳。然則六王戰功見遺于史者多矣，況其他乎。

國史考異卷第一終

高皇帝中

一

實錄：洪武二年正月乙巳，立功臣廟於鷄籠山。六月丙寅功臣廟成。論次諸臣之功，以徐達爲首，次常遇春、李文忠、鄧愈、湯和、沐英、胡大海、馮國用、趙德勝、耿再成、華高、丁德興、俞通海、張德勝、吳良、吳禎、曹良臣、康茂才、吳復、茅成，孫興祖，凡二十有一人。命死者塑像祀之，仍虛生者之位。六年九月，重建鷄籠山功臣廟成。七年六月乙卯，命書功臣廟祔祭功臣姓名于籍。每歲遇祭，則製神主，行三獻禮。都督府官祭之堂上，各衛指揮祭之兩廡，永爲定式。十七年改作功臣廟，是廟也重建於六年，改作於十七年，而位次悉以二年爲定，無所損益，此可疑也。王氏二史考云：國初之封，六公韓魏鄭曹宋衛也。立廟之時，韓宋猶未受封，何以前知，其不令終而黜之，黔寗是時，官不過指揮，何以知其必樹大勳，而驟登之，此記事者之誤也。然則云何？曰：塑像虛位誠有之，其後如韓宋者，則弗克與享也。今之位次，據永樂初年見在者，而書之也。錢氏功臣廟考，則謂二年之勑云：塑死者之像。九年之諭云：報死者之功。其辭意甚明。令果有生者虛位之事，則立廟之日，寧不以此明諭省臣，而獨諄復于死者耶？羅鶴記云：鷄鳴山廟祀定於洪武十一年，斯又與二年何異？一統志云：南京功臣廟，建於洪武二十年。嘉靖中科臣禮官駁郭威襄配享之議，皆援以爲證。且謂黔寧東甌此時尚在，以實生者虛位之說，雖然宋潁涼三公與長興武定二侯，皆無恙也。如宋潁涼三公者，將先虛位而後黜之耶？長興武定或先虛位，而後不及補耶？王景撰黔寧神道碑云：王薨之明年，塑像功臣廟。勅太常祀以太牢，令二十年位次已定，則黔甯之塑像，何以待其薨之明年耶？故生者虛位之說，吾斷以爲無之。然則二十一人之祀，其定於何時乎？曰：吾未有徵也。其殆當聖祖末年，胡藍二黨底定，諸公侯之以罪誅者，以嫌死者芟夷既盡，而後二十一人之論次始定乎？國初文臣，則平章，武臣則都督指揮，皆得祔祭。〔洪武圖志〕云：功臣廟在鷄鳴山南，凡本朝開國元勳，功在社稷，澤及生民者，則祀于此。志刻于洪武二十八年，豈聖祖末年，嘗汰除祔祭文武諸臣，而獨擧元勳之祀耶？考之會典正祭中山以下六人，配以郢國以下十五人，兩廡各立一牌，總書故指揮千百戶衞所鎭撫之靈。蓋擧汰除祔祭諸臣而合祀之也。又云：以位次考之，其載在會典者，東序則馮郢國以下七人，西序則胡越國以下八人，與今廟中位次相合。吳江國在西序，吳海國在東序，皆居第五。躋海國于江國之上，斯爲越祀矣。實錄則云：次胡大海，次馮國用，皆西先于東，江國兄弟適當其次，而華高丁德興序，于俞虢國張蔡國之上，則以配享太廟之元勳，抑而居下，又未可謂之順祀也。繇此推之，二十一人位次，實錄會典，彼此錯互，已不可考。正一統志之所載，未知何所援據，又豈可遽信哉！余按國史書法錯綜不一，或先事以見意，或後事以綴詞。故追書二十一人于功臣廟成之下，與追書十二位于新太廟成之下，其例一也。然考是年十月庚辰，命圖徐達常遇春等攻戰之蹟于鷄籠山功臣廟，所謂論次諸臣之功者，豈卽以是爲據耶？南京太常寺志載：故功臣廟畫廊紀事正室立牌，則中山等六王，左則馮國用等七人，右則胡大海等八人，與今位次適合，是其證也。志稱初建廟時，高皇帝聖駕日臨，命工繕繪，以故廊壁堅，緻繪事精飾百數十年如新，昔西漢定元功十八人位次，東漢雲臺三十二人，唐凌煙閣二十四人，皆寓褒揚于位貌，聖祖斯舉，亦其遺意。而國史因之，附會牽合，又恐人以生死不同爲疑，故有塑像虛位之說。錢氏旣力駁之，謂論次之定，當在胡藍二黨底定之後，然不能決於何年也。考實錄祔祭文武諸臣，亦有正祀附祀之辨。二年十二月指揮于光被害後，命配享功臣廟。六年六月祔祭新戰沒定遼衞指揮高茂等三十八人，八年正月，增祀故淮安侯華雲龍平章李思齊等一百八人。九年正月，以福建都指揮僉事余隆等百三十一人祔，是年又祔祭何文輝及有功者一百八人。十二年七月，以海國公吳禎等百九十三人祔，十三年正月，以濟甯侯顧時以下二百八十人，祔祭，如華雲龍吳禎顧時，皆與于正祀者也。雲龍時則先祔而後黜，惟禎以功大罪隱，故不黜。其他于光之徒，不過侑享其中，書名于籍，遇祭則製神主，與塑像者不同。嗣後設廟廡二扁類祀，都督以下則概舉之矣。洪武圖志所稱，元勳者似指殿中正位諸臣而言，未可以爲汰除祔祭之據也。然考湯和神道碑云：二十八年十一月、詔肖像于功臣祠，配饗于太廟。實錄本傳亦同。則知功臣廟位次，與太廟配享，皆定於二十八年。圖志之成，正値其時。蓋至是六王畢，二黨熄，諸公侯先後坐法者，旣不得祀，而長興武定二侯，又以生不獲與，故止於二十一人也。然太廟止黜鄖國，而此則並黜永義，按逆臣錄諸招徽先伯嘗預藍玉之謀，永義之不終祀，殆以徽先爲之累乎？乃太廟之祀，又何以不黜，是終未有定論也。非特此也，死事諸臣，自梁國五公而外，又有濟國安國東海燕山四人。而初封二十八侯，僅祀其五。繼封十二侯，僅祀其一。以褒節義則可矣，以旌功伐則未也。意聖祖末年，倦勤大禮，大政悉令皇太孫參決，繼遭革除之事，必有缺不及補，訛不及訂者。而國史會典，承襲疑舛無所釐正，此豈獨有司之責乎。

二

實錄：洪武二年正月丁未，享太廟以功臣。廖永安、俞通海、張德勝、桑世傑、耿再成、胡大海、趙德勝，配享，設青布幃六閒于太廟庭中，內設配享功臣位。三年三月壬辰，太廟陪享增常遇春一位。八月定功臣配享儀，常遇春以下凡八位于廟西廡，各設牌位東向。九年十月己未，新太廟成，以功臣開平忠武王等一十二位侑于西廡。按三年配享，惟開平王與廖永安等七人，共八位。而此增爲十二，不著爵氏，其閒增損之詳，漫無可稽。大明會典：洪武二十六年初定儀，功臣配享十二壇，中山王、開平王、岐陽王、甯河王、東甌王、黔寧王、虢國公、蔡國公、越國公、梁國公、泗國公，永義侯，意實錄所紀，一十二位即此。然九年中山等五王尚存，而黔甯之封侯，東甌之進公，皆在十年，何以逆知？其當爲元功而虛位以待也。若云五王之外，別有侑食者，而後或中革，則吾未聞九年以前，功臣有能繼開平而祭于大烝者也。至廖永安等七人，二年同命配享，六年同賜諡號，不知何時汰而爲六也。即實錄所列，二年配享者七人，永安居首，而下復云設青布幃六閒，問其人則七，問其位則六，此非記事者之自相背戾耶？鄭氏今言謂九年罷永安祀亦誤，蓋是年加贈，十三年改封鄖國，聖祖之追念永安，未嘗少替也。錢氏謂太廟之黜鄖國，未必出聖祖意，如以德慶之獲罪，足以累其兄，則郢國獨無宋國之弟，而虢國獨無南安，爲之弟乎？斯言近之，然而十二位次當定于何時？按諸司職掌修于二十六年三月，會典所書配位，本其舊文，則爲二十六年以後，次第論定必矣。實錄洪武三十五年十月，禮部侍郎宋禮，言功臣自有廟，請罷太廟配享。但於本廟祭之上曰：先帝所定配享，不可罷。可見太廟配享，爲太祖所親定也。而實錄追書于新太廟成之下，又不著其人，將令後之學者，習其讀而問其傳耳。今言又云：侑廟功臣位次皆序封爵：首王、次公、次侯、靖難功臣，各自爲序。嘉靖丁酉進誠意伯六王之下，羣公之上，以爲不倫。及鶯國公郭英進祀，並兩朝功臣序爵，于是鶯國公列永義侯之上，誠意伯列甯國公之下矣。今會典位次，與此不符。俟詳考。

三

實錄：洪武二年二月己巳，占城國王阿答阿者，遣其臣虎都蠻貢虎象方物。辛未遣吳用等賜占城國王書亦云：今年二月四日，虎都蠻奉虎象至，而九月丙午占城國王復遣其臣蒲旦麻都等貢方物。是一年再貢，他若安南以六月，高麗以八月入貢，皆在占城之後，而十二月朔賜安南詔，言海外諸國入貢者，安南最先，高麗次之，占城又次之，皆能奉表稱臣，合于古制。御祭安南國王文亦曰：諸邦未至，惟爾先庭。然則占城二月之貢非耶？考是年正月乙卯，始以卽位詔日本占城西洋瓜哇諸國，距二月己巳不過旬日閒耳。虎都蠻之來度，詔使尙未渡海，夫安知中國有聖人繼天立極，而遂稽首歸命乎？且安南貢在六月，卽封陳日煃爲安南王。高麗貢在八月，卽封王顓爲高麗王。而阿答阿者，獨以十二月封占城王。則其奉表稱臣，斷在九月明甚。然而二月之貢何爲者？曰此必尙循故事，通貢于元，非爲我來也。請以何眞之事明之，何眞爲元右丞，遣使繇海道奉表于元，遇湯和兵，遂改其表請降，而朝廷未嘗逆其詐，因而許之。何則招攜懷遠之道，當如是也。占城僻處海嶠，未知正朔，故假道獻越通貢于元，其事正與眞同。而太祖方弘撫納，因賜以書，嘉其誠意，誘接不疑。及其貢使復奉表而來，然後錫之冊命，俾世守外藩，卽此可以識與王駕馭之微權矣。觀冊占城王璽書有云：朕今混一四海，撫馭萬方。欲率土之咸寧，嘗馳書以徥報。而爾能畏天命，尊中國，卽遣使臣來貢方物。則實錄書法贅誤不辨自明。今本紀止書九月占城來貢，而不及二月，以此。

四

廣東行中書省實錄，不載初置。考張以甯文集，有送廣東參政周禎序云：二年三月肇建山西陝西福建廣東西中書行省五，而實錄置北平廣西二行省，在三月癸丑，陝西山西二行省在四月戊辰，福建行省在五月癸丑，不皆在三月也。惟廣東行省史失其文。而四月戊辰之下云：遷治書侍御史周禎，爲廣東行省參政，禎卽以甯作序送之者，與陝西參政汪廣洋，山西參政楊憲，同日拜命。則廣東之置，亦當與陝西山西同日無疑。然以甯言肇建行省五，並廣東言之，而實錄則闕廣東，增北平。蓋北平之眞定諸府，向割隸山東河南者，至是始復其舊。故以甯略而不擧耳。紀職方者其日月先後，仍以實錄爲定。而廣東行省，則據張序補入可也。又考國初州郡，並析不當，如實錄所書淇武初直隸十七府，合嘉興湖州與廣興三府計之耳。後四年降廣興府爲廣德州。十四年十一月復以直隸嘉興湖州二府，隸浙江。黃暐蓬軒類記亦云：國初浙江布政司領府九，洪武十五年割直隸嘉興、湖州二府益之。而一統志諸書皆不之及，則版籍漫漶沿革之不可考者多矣，爲之三歎。

五

實錄洪武二年九月，召山西參政楊憲爲中書省右丞。三年七月，以憲爲左丞，尋以罪伏誅。庚午詔書則云：洪武四年，李善長去相位，而居公位。命楊憲居中書以代之，不踰年而威福竝作，心謀不軌。廖永忠黨比其中，人各伏誅。吳氏炎以爲四年正月，李善長致仕汪廣洋始爲右丞相，則代李者汪也。而詔書以爲楊憲代之，且憲誅在三年，而詔書則在四年，且踰年以後也，豈所謂尋伏誅者，亦疑詞耶？余考汪廣洋本傳：三年丞相李善長病上，以中書無官，召廣洋爲左丞，時楊憲以山西參政，先被召入爲右丞，廣洋至，憲惡其位軋己，每事多專決不讓，威福恣行。廣洋畏之，嘗容默依違不與較，憲猶不以爲慊，欲逐去之。嗾侍御史劉炳等奏廣洋奉母不如禮，以爲不孝。上初未之知，因以勅切責令還高郵。憲恐其復入，又教炳奏遷之海南，上覺憲姦，乃復召廣洋還，憲坐是誅。當是時李善長徒擁虛號，老病不事事，中書之權，盡歸次相。憲久在左右，怙寵用事。卽如三年六月書：李文忠送所獲故元諸孫至京師，省臣楊憲等請以買的里八剌獻俘于廟，夫獻俘重事也，實錄首舉憲而不及善長，則善長之杜門委政久矣。廣洋自陝西參政，再入中書，實錄不載。而二年十一月庚申書：楊思義爲陝西參政，廣洋必以此時被代而還，實錄本傳第云：三年召爲左丞，而六月庚辰書罷中書右丞相，汪廣洋退居高郵，誤也。然廣洋旋于十一月封忠勤伯，則憲之坐誅當在其前，而詔書列之四年以後，此因聖製一時記憶失眞故耳。其言憲居中書以代善長，蓋代其行事，非代其位，讀者不以辭害意可也。又考楊憲本傳：憲嗾劉炳劾奏廣洋，又教炳誣奏刑部侍郎左安善入人罪，上下炳于獄：太史令劉基盡發憲姦狀，及諸陰事。令群臣按問伏誅，是劾奏憲者基也，而開國功臣錄則以為李善長。國初事蹟云：楊憲為御史中丞，按憲本傳自參政中書省改河南行省參政洪武二年調山西不言曾為中丞而實錄元年十一月改御史中丞二年四月為山西參政與事蹟合太祖嘗曰：楊憲可居相位，數言李善長無大才。胡惟庸謂善長曰：楊憲為相，我等淮人不得為大官矣。憲因劾汪廣洋不公不法，李善長奏排陷大臣放肆為姦等事，太祖以極刑處之，與功臣錄合。錢氏辨證云：國初太祖用勳舊相李善長，胡惟庸以鄉曲相依附，而楊憲輩新進，喜事，專務搏擊，善長等皆畏之。憲等數言善長無相才，居然有蔡澤欲代應侯之意。故善長乘其排陷廣洋，激上之怒，而亟翦之，善長非欲援廣洋也，以自救也。劉誠意則因凌說之彈善長，為善長解于上前，且又嘗言憲不宜相耳。行狀云：公與憲素厚，亦不載發憲姦狀之事。實錄誠意本傳云：憲等欲誣陷基，未及發，而伏誅。故知盡發憲姦狀，及諸陰事者善長也，非誠意也。余觀實錄：永樂九年十二月，上諭御史王會等曰：洪武初懿文太子召中書左丞楊憲，不即至，皇考聞之震怒，未幾竟坐極刑。則憲之姦狀，實自東宮發之。無論誠意爾時無舉劾之權，彼善長老而避事，亦惡敢翦憲以援廣洋哉。憲誅之後，乃拜廣洋右丞相，而胡惟庸以參政進左丞。于是陰執國命，漸起邪謀。史稱自楊憲誅，惟庸總中書之政。御製逆臣錄序亦云：楊憲首作威福，胡陳繼踵陰謀，當時次相之有權如此。

六

實錄：洪武三年十一月，封鄭遇春為滎陽侯。六年三月，命滎陽侯鄭遇春仍守朔州。十年五月，番酋也速脫火赤等寇涼州，指揮鄭遇春擊卻之。十三年七月，復封鄭遇春為滎陽侯，而謫降之故，則闕不書。錢氏辨證，以為遇春與陸仲亨唐勝宗俱以多起驛馬，降充指揮。發山西捕四達子，此洪武八九年閒事，見于庚午詔書，及姦黨錄諸招者。也考之諸招仲亨三侯，俱以八年責降，九年復爵。詔書亦云：期年取囘復爵，而遇春家人楊保兒招亦云：九年囘京。實錄書遇春之復爵，乃在十三年，何也？九年復爵！則十年又何以書指揮也？豈實錄前後錯互，其不書于八年九年者，爲脫略，而書于十年十三年者，爲贅誤耶？余按遇春與仲亨等同坐事，貶于八年，自不待言。但取囘復爵，各有先後。庚午詔書云：勝宗仲亨二人降發代縣捕寇，期年不獲，責禁久之，復爵而不及遇春，蓋三人同發山西，九年復二人爵，而遇春僅得囘京，復移守涼州。俟其創艾日久，且有卻虜之功，然後復封耳。未可以實錄不書謫降，而遂疑十年十三年之文，盡爲贅誤也。鄭氏異姓諸侯傳云：坐累奪爵，踰年復侯，亦臆度之說，不足盡信。又實錄九年十二月甲戌，命復延安侯吉安侯所食公田歲祿。初勝宗仲亨嘗有過，上命停其田祿，至是復給焉。國初凡列侯奪爵者。必收其公田。二人之給田祿，則復爵以後事也。史臣不暇究責降始末，但見其同時復祿，以爲嘗有過停祿云爾。然二人復給，而遇春不與，亦可爲不同復爵之一證。

七

實錄：洪武四年十二月，追贈汪興祖爲東勝侯，本傳亦同。開國功臣錄云：洪武三年，封東勝侯，人有言其過者，上弗與誥券令，仍以都督職從征自效。四年，死于蜀，命省部議封贈，授以原封鐵券。鄭氏異姓諸侯傳則云：四年封東勝侯，餘同功臣錄。錢氏辨證，以爲合國史前後觀之，則興祖之侯，出于追贈，無可疑者。然公侯鐵券式所載，封興祖制詞，首尾完備，確然可據，又不得以功臣錄爲誣也。考洪武二十三年，詔書條列所在隨軍征討，累有戰將之功，未有總兵之名；而論舊封者十九人，東勝侯汪興祖居第十，詔書所條列，凡追贈者，皆不與焉，此三年先封之明證也。況又有鐵券可據耶。昭示姦黨第二錄載張德勝男張宣云：東勝侯已前那裏不曾厮殺，洪武二年投北來降的人，被別人殺了，卻將東勝侯貶上海南去，不是因四川厮殺，那裏肯取他回來。以此招推之，則所謂封侯，後人有言其過者，言其殺降之過也。封侯而不與券，謫居海南，亦如薛顯之例，次年乃以征蜀召還，令從征自效也。顯於五年正月，以征和林召還。則興祖之召還，又先于顯也。興祖封侯之後，以有過而奪券，及其從征死事，則盡復原封，以授其子。實錄獨書追贈，又稍節約其誥文，盡沒三年封侯之實，斯可謂脫誤之極矣。然則以鐵券覈之，三年封侯當爲二十九人，併永城爲三十人，不當云二十八人也。不然，則或以十二月與永城竝封而同貶，不當併其封而削之也。今幸有詔書券文可以考證，不然未有不據國史而刋別錄者矣。國史之不足徵如此。又皇明記事錄：洪武三年，大封功臣第二十二人，開國輔運推誠柱國晋王府左相東勝侯汪興祖，俞本所載與功臣鐵券式合，可以證實錄之闕。余按興祖本傳，敍其歷官甚略。自爲都督同知，從平中原，留守大同，僅兼晋王武傳，又不支祿，當時同列繼踵封拜，而興祖獨守舊官，歷年不遷，聖明在上，有此論功之法乎？鄭氏異姓諸侯傳云：三年冬，封公六人，侯二十八人。是年又封伯二人，侯一人。四年又封侯一人。今以其時考之，四年正月，出師伐蜀，興祖之封侯，與有罪從征，不在三年之十二月，則必在其年之正月。海南之謫，蓋未至而召還，令征蜀，圖實封，錄其前功，而責其後效，此聖王使過之微權也。本傳云：人有告其罪者，上宥而弗問，俾征蜀以自效。則殺降之罪，固曲貸之矣。視薛顯之例，蓋少異云。

八

實錄：洪武五年十二月壬寅，黜靖海侯吳禎爲定遼衞指揮使。七年正月，詔以靖海侯吳禎爲總兵官，率舟師出捕海寇，旣不著被黜之事，又不言得復之繇。然七年正月，旣以侯爲總兵，則其復爵當在六年，而惜乎其無徵也。劉嵩撰神道碑云：五年壬子，詔大發兵，東戍定遼。命公總舟師數萬，繇登州轉運以餉之，調度有方，兵食充羨，折衝風濤，如履四達。尋召還。七年甲寅，海上警聞，公復領沿海兵出捕，初不及定遼之黜，豈有所隱耶？按禎以五年督餉定遼，因完城練卒，盡收遼東未附之地。及還，賞格不行，而反有指揮之降，豈因是冬納哈出寇遼，焚倉糧十萬餘石，沒軍士五千，而追論與事者之失耶？又按江陰侯神道碑云：公弟禎亦以勳封靖海侯，追封海國公，先公三年薨。實錄因之附書江陰之後，而不爲立傳，考庚午詔書，禎亦名列胡黨。所謂已死，不知其反之繇者，則禎之闕傳，國史之義例也。然詔書列通胡謀逆者，公侯二十二人，其子皆不得嗣，而禎之子忠則襲封如故。即功臣廟東序之祀，至于今不廢。非以其兄弟功大，罪狀未彰，且連姻湘邸故，終始保全耶。史言六安永城南安三侯，皆常附胡陳，事發爲有司所論以死不之究，則靖海之事可知。嗚呼！孰謂聖祖待功臣少恩哉。

九

實錄：洪武十年十一月己卯，皇第三孫允炆生皇太子，次子也。十一年十一月戊寅，皇第五孫允熥生皇太子，第三子也。庚寅，皇太子妃常氏薨。按史不言惠宗所自出，而諸書皆以爲呂太后子。是時常妃猶存，則呂氏不過嬪御之流耳。朱國禎史概云：太子妃常氏，生子雄英。宮人呂氏，生子未名。常妃薨，呂得爲次妃。雄英又薨，子爲次嫡，賜名允炆，生已六年矣。呂氏以宮人爲次妃，他無可考。考太常司卿呂本小傳云：本無子，其女皇太子妃，使呂氏名位素微，作史者，何敢儼然以皇太子妃稱之耶？革朝志云：懿文皇太子始娶開平王常遇春女，洪武中薨，是爲懿敬皇太子妃，繼選呂氏，册爲皇太子妃，是生帝。帝之生在懿敬未薨前一年，而謂繼選呂氏所生，亦誤也。且太祖終身不立繼后，而孝康安得遽册繼妃，吾知其必不然矣。又永樂實錄，爲吳王允熥立傳云：母妃常氏，開平忠武王女。是允熥雖幼，乃次嫡也。何以不得繼雄英而立，而大統獨歸于呂氏之子，豈聖祖立長之意，顧重于立嫡乎？然靖難師起，卒不聞一言指摘，則惠宗之于倫序，固無可議也。嘗考太祖既册王保，保妹爲秦王妃矣，復册寧河王鄧愈女爲次妃，初無竝立之嫌。蓋本支未廣，急爲嗣續計耳。況儲副之重，寧拘常制乎？故知呂氏之册爲次妃，蓋如鄧氏之例，而史諱其文耳。然寧河以元勳，呂本以舊恩，其女得敵體冢嫡，皆非過也。史概不解次妃之義，妄謂惠宗賜名在六年後，與實錄異，不可不辨。

十

實錄：洪武十二年二月丙寅，命信國公湯和，率吉安侯陸仲亨江夏侯周德興宜春侯黃彬等，往臨清練兵。錢氏辨證曰：彬不知其所終，考實錄不書卒之例，知其非令終也。考庚午詔書及姦黨錄，知其坐胡黨也。開國功臣錄云：十二年練兵臨清，召還。後數年卒。鄭曉異姓諸侯傳云：練兵臨清，後坐胡黨。上念其未嘗失朝廷禮，宥之，數年卒。鄭氏不見庚午詔書，全文誤以彬等之坐黨在十三年，故傳會以爲上曲宥之，不知彬等黨事皆發于二十三年，詔書所謂朝廷于禮無欠者，謂朝廷待彬未嘗失禮，豈謂彬未嘗失朝廷禮哉？鄭氏之誤解，近于郢書燕說，而大書特書，標于史傳，疑誤後人，豈非大謬哉。王世貞功臣表書十七年薨，亦未足據也。余按高皇帝御製集載諭信國公勅云：今年春，命爾率騎步駐臨清，以備北塞。所將列侯有七。今令人持符詣軍中提三侯還京。所提者吉安侯陸仲亨，江夏侯周德興，宜春侯黃彬，其有管領馬匹軍士，均調與南安鞏昌河南永嘉管領操練。實錄亦載此勅，但改提還爲召還，則失實矣。庚午詔書于彬及河南侯陸聚，皆云爲胡陳所誘，朝廷于禮無欠，而實錄不載二人所終。鄭氏既誤解下句，以爲宥彬之詞矣，復妄引上句于陸聚傳？云坐胡黨上念其爲姦臣所誘，宥之，尋卒，然則彼二十二人者，孰非爲姦臣所誘者哉。割裂文義，穿鑿事情，亦幾于不知而作者矣。

十一

實錄：洪武十二年十二月，右丞相汪廣洋坐事貶海南，死于道。御史中丞涂節言，前誠意伯劉基遇毒死，廣洋宜知狀。上問廣洋，廣洋對以無是事。乃責廣洋欺罔，不能效忠爲國，坐視廢興。遂貶居海南，舟次太平，復遣使敕之。廣洋得所賜書，益慚懼，遂自縊卒。按廢丞相汪廣洋勅、見高皇帝御製集，實錄，本傳亦載之，但稍文其辭耳。敕云：差人追斬其首，特賜敕以刑之。而實錄云死於道，又云慙懼自縊，則知凡實錄所書自縊賜死，皆史臣粉飾之語，非其質也，錢氏辨證：以爲此時涂節已上變告惟庸，惟庸等當亦下吏，其獄成伏誅，則在十三年之正月耳。據昭示姦黨錄，諸招：廣洋實與惟庸合謀爲逆，而上但以坐視廢興誅之，蓋此時胡黨初發，其同謀諸人，尚未一一著明也。國初諱誅爲廢，曰廢丞相汪廣洋者，蓋誅之也。余考正月癸卯詔云：丞相汪廣洋，御史大夫陳寧，晝夜淫昏，酣歌肆樂，各不率職，坐視廢興。以致胡惟庸私構群小，夤緣爲姦。因是發露，人各伏誅。以廣洋與陳寧竝稱。則太祖之罪狀廣洋者，至深切矣。而手敕但摘其佐朱文正楊憲已往之過，絕不及惟庸事，豈獄詞未具，不欲訟言耶？國初事蹟云：汪廣洋罷，太祖遣近侍人就舟中賜死，廣洋妾從死。太祖訪得此婦，係沒官陳知縣之女。太祖曰：凡沒官婦人女子，止配功臣爲奴，不曾與文官，因勅法司取勘出胡惟庸等，幷六部官擅自分給，皆處以重罪。是惟庸等專擅之罪，又因廣洋既死，而發露無遺也。然上既誅廣洋，而隱其事。及庚午詔書所條列前後坐胡黨者，又不及焉。則其情罪，亦有殊科者哉。

十二

實錄：太僕寺丞李存義者，善長之弟，惟庸之壻父也。以親故往來惟庸家，惟庸令存義陰說善長同起，善長驚悸曰：爾言何爲者，若爾九族皆滅。存義懼而去，往告惟庸，惟庸知善長素貪，可以利動。後十餘日，又令存義，以告善長，且言事若成，當以淮西地封公爲王。善長雖有才能，然本文吏，計深巧，雖佯驚不許，然心頗以爲然。又見以淮西之地王己，終不失富貴。且欲居中觀望，爲子孫後計，乃歎息起曰：吾老矣，繇爾等所爲！存義還告，惟庸喜，因過善長。善長延入，惟庸西面坐，善長東面坐。屏左右，款語良久，人不得聞，但遙見頷首而已。惟庸欣然就辭出。錢氏辨證云：實錄所載與上手詔及善長存義等招，大略相同。手詔之罪善長曰：李四以變事密告，善長中坐，默然而不荅。又十日弟仍告之，方乃有言皆小吏之機，狐疑其事，以致胡陳知其意，首臣既如此，所以肆謀姦宄。善長自招一云：尋思難荅應，一云這事九族皆滅，一云我老了，你每等我死時，自去做，皆徘徊顧望，一無堅決之語。其所云這件事若舉，恐累家裏人口，這事急切也做不成，以此含糊不舉，此則其本情也。惟庸反謀已久，欲善長爲己用，兄弟子姪，賓客朋舊，下及僮僕厮養，舉皆入其彀中。善長婚姻誼重，家門慮深。目瞪口呿，宛轉受其籠絡，而不能自拔，卒委身以殉之。以霍子孟之忠，明知顯之，邪謀，欲自發舉不忍，猶與以釀身後之禍，而況可責之於善長乎，坐此族滅，豈爲不幸哉。庚午詔書條列善長罪狀，所據者，善長與存義仲仁四招而已。其他家奴婦女一切招詞，牽連錯互，雖臚列之，以示天下，而手詔皆不及焉。蓋聖祖之意，亦未必盡以爲允也。按昭示姦黨錄：善長諸招，蓋洪武十年九月，惟庸以逆謀告李存義，使陰說善長，未得其要領。乃使其舊人楊文裕許以淮西地封王。是年十一月，惟庸親往說善長，卽國史所記：惟庸西面坐，善長東面坐者是也。然此時善長未許，至十二年八月，存義再三往說善長，始有我老了，你每自做之語。今乃盡削去，前後曲折謂，惟庸使存義說善長，善長不爲動，更令以淮西地啖之，卽歎息而起，遂自往面訂逆謀。譬如賦詩，取義斷章，豈可以爲折獄定罪之法乎？惟庸過善長密語，據善長自招則云：知道了。據火者不花之招則云：善長怒罵李四，惟庸卽去，正聖祖所謂小吏之心，狐疑其事也。今乃云良久人不得聞，遙見頷首。國史叙事，蓋用太史公淮陰諸傳之法，可謂妙於揣摩矣。以言乎實錄，則猶有閒也。余按昭示姦黨凡三錄，冠以手詔數千言，乃二十三年命刑部播告天下者。而實錄不載所述善長往來情詞，約略諸招，不免脫誤。卽解學士訟寃疏草，亦似未究。爰書者非錢氏鉤考而參訂之，千載而下，有不以善長之死，爲疑獄者哉！

十三

實錄：胡惟庸使指揮林賢下海，招倭軍約期來會。又遣元臣封績致書稱臣於元，請兵爲外應。按林賢招倭，此惟庸逆謀之大者，而史不詳其始末。皇明祖訓云：日本國雖朝實詐，暗通姦臣胡惟庸謀爲不軌，故絕之。大誥三編云：前明州衞指揮林賢出海防倭，接至日本使者，歸廷用（實錄廷用九年三月作圭來貢馬及方物）入貢方物。林賢移文赴都府，都府轉奏，朕命以禮送至京。廷用王事旣畢，朕厚賞令歸。仍命林賢送出東海，歸本國。不期林賢當在京隨駕之時，已與胡惟庸交通，結成黨弊。及歸廷用歸，惟庸遣宣使陳得中密與設計，令林指揮將廷用進貢船隻，假作倭寇船隻失錯打了，分用朝廷賞賜。卻乃移文中書，申稟，惟庸佯奏林指揮過，朕責林賢就貶日本，居三年。惟庸暗差廬州人充中書宣使李旺者，私往日本取回，就借日本國王兵，假作進貢來朝，意在作亂。其來者正使如瑤藏主，左副使左門尉，右副使右門尉，率精兵倭人，帶甲者四百餘名，倭僧在外。比至，胡惟庸已被誅僇。其日本精兵，就發雲南守禦。洪武十九年，朕將本人命法司問出造反情繇，族誅了當。嗚呼！人臣不忠者如此！林賢年將六旬，輔人爲亂，致黥黎之不寧，豈不得罪於天人者乎？遂於十九年冬十月二十五日，將賢於京師大中橋，及男子出幼者，皆誅之，妻妾婢之。是林賢之獄，成於十九年，距歸廷用之貢，已十年。距胡惟庸之死，亦六年矣。大明會典載：日本國頻年爲寇，令中書省移文詰責，自後屢卻其貢，幷安置所遣僧於川陝番寺。十四年從其請，遣還。考之實錄：洪武十三年五月，日本遣其臣慶有僧等來貢馬及硫黃刀扇等物，無表，上以其不誠卻之。八月遣僧明悟法助等來貢方物，無表，止持其征夷將軍源義滿奉丞相書，辭意倨慢，上命卻其貢。尋遣使詔諭。十四年六月，遣僧如瑤等貢方物及馬，上命卻其貢，仍命禮部移書，責其國王及征夷將軍。（二書見高皇帝御製集題曰設禮部問日本國王及將軍今直以爲禮部騰告之文亦謬）十九年十一月，日本遣僧宗嗣亮，上表貢方物，卻之。鄭氏四夷考則云：十二年來，貢無表文，安置使人於陝西番寺。十三年，遣使招諭，艮懷遣僧如瑤貢馬，令禮部移書責王數掠我海，上復卻之。諸僧皆安置川陝番寺。十四年遣僧入貢，乞還，安置諸僧使。上曰：日本旣謝罪，還其使，召至京，宴遣歸。十五年歸廷用又來貢，於是有林賢之獄。十七年如瑤又來貢，坐通惟庸，發雲南守禦。鄭氏所紀歲月，多有參差。其云十四年遣僧入貢，卽如瑤也。實錄無遣還僧使之說，然以會典覈之，則亦有不誣者。其他實錄所書卻貢，蓋皆安置川陝與守禦雲南耳。未嘗令還也。觀高帝設禮部問征夷將軍書有云：十二年將軍奉書肆侮，（當作十三年）今年秋，僧如瑤藏主來陳情，飾非我朝將軍，奏必貪商者，將欲盡誅之，我至尊弗允，則如瑤之來，惟庸交通之跡，尚未著明。故從其請，遣還，安置諸使。迨十五年歸廷用再至，而本謀始露。又二年，如瑤復至，而左證益明。所以林賢之獄，遲久而後決也。觀大誥之條列，祖訓之昭垂，不啻嚴於鈇鉞。嗣後閉關絕使，築城置戍，所以防之者甚周，而實錄略引其端，未竟其事。若欲爲國體諱者，然非聖祖意也。

十四

通紀云：胡惟庸謀逆，誑言所居幷湧醴泉，邀上往觀。惟庸居第近西華門，守門內使雲奇知其謀，乘輿將西出，奇走衝蹕道，勒馬銜言狀，氣方勃，舌駃不能達意。上怒其不敬，左右撾捶亂下，奇垂斃，右臂將折，尙指賊臣第弗爲縮。上方悟，登城眺察，則見彼第內裹甲伏屛帷間數匝。上亟反，遣兵圍其第。罪人一一就縛。上召雲奇，死矣。深悼之，追封右少監，賜葬鍾山。命有司春秋致祭，仍給灑掃戶六人。（墓碑云賜葬太平門北中山王墓之左）王氏舊丞相府志云：雲奇發惟庸逆謀，功甚大，而史逸之。又以府第醴泉，溢爲里第，石筍發井，湧起數尺，何牴牾若此？第上既登城樓，覩伏甲，掩捕之，得反狀矣，而又何假于涂節之告變也？豈節以事發始首，故不免于死耶？然既謂之丞相府，則惟庸妻子皆居之，不應在西華門內。而堂室之爲層者三，又軒敞無可藏蔽，凡皇城直徼者一覽而當悉之。亦不待雲奇之告，上之登而後見也。甲士入西華門，門者豈不之覺察，將無丞相府私第，始猶在故西華門外，後拓西華而廣之，並其第錄入故耶。錢氏辨證云：南京城西華門內，有大門北嚮，其高與諸宮殿等。後堂甍棟具在，曰舊丞相府，卽胡惟庸故第。前有眢井，卽所謂醴泉，出邀上臨幸者也。雲奇之事，國史野史一無可考。嘉靖中朝廷因中人之請而加贈，何孟春據中人之言而立碑，王世貞據國史以駁之，其辨甚正。第亦疑惟庸私第不當在禁中，而未有以覈其實也。考姦黨第二錄載盧仲謙招云：洪武九年秋，太師令金火者，引仲謙同儀仗戶耿子忠等往見丞相，前去細柳坊胡府門首。又汝南侯火者壽童招云：胡丞相在細柳坊住，與我官人住近，嘗與丞相往來飲酒。則惟庸私第在細柳坊明矣。按洪武京城圖志：廣藝街在上元縣西，舊名細柳坊；一名武勝坊。又考街市圖：廣藝街在內橋之北，與舊內相近，此惟庸私第不在禁中之明證也。世貞云：高皇帝初下金陵，以元御史臺爲中書省，後爲吳王，徙居舊內，而別立中書省。按實錄：丙申七月，諸將奉上爲吳國公，以元御史臺爲公府，置江南行中書省，上兼總省事。丙午八月，拓建康城，初舊內在建康舊城中，因元南臺爲宮稍庳隘，上乃命劉基卜地，定新宮于鍾山之陽。戊申正月，自舊內遷新宮。一統志云：舊內城在京城中，元爲南臺地。本朝既取建康，首宮于此。比皇城大內宮殿成，此稱爲舊內。然則舊內，卽元御史臺也。世貞謂上爲吳王徙居舊內，誤也。又云：省中丞相以下，至六尙書侍郎，當各有臺閣。按洪武元年，命置六部，固云國家之事，總之者中書，分理者六部。不聞六部皆屬中書省，爲省中僚屬也。世貞疑五部五府，卽故中書省大都督府之遺址。而又云上下金陵，卽有此省府及臺，自當與舊內相近。其後始卜大內，居都城左，偏一隅，不應預建省府及臺于宮之兩傍。夫上爲吳王，居舊內，則省府當近舊內。及既卽大位，改築新宮，則省府當近大內，此不待辨而明者。洪武京城官署圖：宗人府五部在承天門外御街之東，五府太常寺在承天門外御街之西。志刻于洪武二十八年，上詔禮曹繪圖鋟梓。以今之五部五府推之，則昔之省府，其不與大內相遠亦明矣。第未知卽此地否耶。余按丞相府卽中書省，後爲三公府。今西華門內，門北嚮，而堂南嚮者，是已左右丞相參政以下公署，皆在焉。特稱丞相者統于所尊也，非以胡惟庸故名也。王氏既疑惟庸私第不在禁中，而又謂非中書省何耶？初太祖爲中書平章，卽元南臺地。開行省後，封吳公，進位吳王，皆居之。既爲吳王，別立中書省，今其地不可考，要之在舊內之傍者近是。丙午丁未兩築新宮，則中書省自在大內之左，非五部地也。誠知丞相府之爲中書省，而胥井醴泉之妄，不攻自破矣。雲奇事起于中官高隆等，相傳爲藍玉時事，而何孟春從而附和之，以爲玉未嘗爲丞相，故又移之。胡惟庸鑿空說鬼，有識者所不道。然考之史，惟平章邵榮，嘗伏兵三山門內，欲爲變，上從他道還，不得發。與墓碑所稱相類。三山門在都城西南，與舊內相近。上登城眺察　難悉睹也。豈雲奇本守三山門，訛而爲西華耶？或雲奇以衝蹕死，而宋國興之告變踵至耶？事有無不可知，史之闕文，其爲是歟？

十五

實錄：洪武十三年正月戊戌，群臣奏胡惟庸等罪狀，請誅之，又請誅善長陸仲亨等。上曰：朕初起兵時，善長來謁軍門，曰：有天有日矣！是時朕年二十七，善長年四十一，所言多合吾意。遂命掌簿書，贊計畫，功成爵以上公，以女與其子。陸仲亨年十七，父母兄弟俱亡，恐爲亂兵所掠，持一升麥藏于草間。朕見之呼曰：來！遂從朕。長育成就，以功封侯，此皆吾初起時腹心股肱，吾不忍罪之，其勿問。通紀諸書竝同。庚午詔書則云：嗚呼！善長當群雄鼎沸之時，挈家草莽，奔走顧命之不暇，雖欲往而無方。及朕所在，善長挈家詣軍門，俯伏于前。其詞曰：有天有日矣！朕與語，見其聰敏。時善長年四十，朕年二十七。語言相契，朕復慮其反，與之誓詞。本人能謹固自守相從，至於成帝業。吉安侯自十七歲被亂兵所掠，衣食不給，潛于草莽，父母兄弟俱無，手持帕一幅，裹窖藏臭麥僅一升。朕曰：來，從行乎！曰：從。自從至今，三十九年。前二十一年無事，自洪武六年至二十三年反已十八年，非家奴所覺，朕略無所知。蓋以罪狀，二人明其負恩忘舊，而實錄及諸書謬以爲上對群臣曲赦之詞，且追書于十三年正月何也？錢氏辨證云：竊疑善長以元勳國戚，結黨謀叛，罪不容于死，業已更訊得實，群臣劾奏請誅，其義甚正。而上以勳舊曲赦之，十年之內，寵寄不衰，有是理乎？縱上厚待之，善長獨不愧于心，引嫌求退乎！吉安平涼皆驍勇武夫，置之勿問猶可也，事露之後，上獨無纖芥之嫌，而出鎮專征，委以重寄，不一而足乎？仲亨之謀逆，以初起時股肱見貸，當時公侯，誰非豐沛故人，亦欲爲仲亨所爲，其孰能禁之乎？涂節等之上變，已經更訊，後十年，再命廷讞始致辟焉，將初辭猶未盡，而後獄乃致詳乎？抑前之更訊者，無左驗；而後之具伏者，乃定案乎？緩之十年，發之一日，劾奏者攘臂于先，而舉首者接踵于後，天下後世，不能不致疑于斯獄，也可知已矣！今以昭示姦黨錄考之，庚午五月之詔，與善長等之招詞，臚列備載。乃知惟庸之謀逆，發于十三年，善長弟姪之從逆，發于十八年。而善長與吉安平涼諸公侯之反狀，直至二十三年四月始先後發覺也。國史所記其先實于是乎，不可掩矣。上手詔云：三十九年已被瞞過，三十八年。善長招云：十三年姦黨事發，僥倖不曾發露。十八年弟李四，被毛驤糖說其胡黨免死，發崇明安置，不曾推問善長情節。則善長之反狀，二十三年以前，未曾發覺，曉然無可疑者。惟其如是，故十年之中，韓公之恩禮彌隆，列侯之任使如故，一朝發覺，而逮問相錯，誅夷殆盡，此事理之可信不誣者也。不知永樂初，史局諸臣何不細究，爰書而誤于紀載若此。竊其大指，不過欲以保全勳舊，揄颺高皇帝之潑仁厚德，而不顧當時之事實，抑沒顛倒反貽千古不決之疑，豈不謬哉。余惟胡黨之獄，成于十年之後，蔓引既衆，羅織更密，史臣不能不慮後人之指摘也。故略舉善長及仲亨等罪狀，繫于惟庸謀反之下，以爲異日事敗張本，而又設爲優容不問之說，以甚諸臣之罪，然豈聖祖意哉。十八年李四安置崇明事，實錄不載。庚午手詔云：胡陳敗後，一向無知小吏之心，先因其弟通胡謀逆，罪當族誅，善長亦當淩遲。朕於當時念其相從之久，不忍合族之誅，亦不忍辱其身，本人略不以爲重罪，率眷屬待罪以謝，朕亦不治之以法。洪武二十三年，善長于京民合遷之內，言辭款軟，朝給長姊楊阿李，暮給次姊王阿李，明日又給親人丁斌。朕謂曰：前日兄弟姊壻，皆同謀反朕宥爾置之不問，爾亦不謝。今既姦潑理，提伊親弟姪審問，爾之胸懷曾無知謀逆否？蓋善長之禍，萌于十八年，其弟事覺當族，上不忍誅，而善長不闔門待罪，何以釋明主之猜乎？一旦發怒于丁斌之請，衆口一辭，指爲戎首，死已晚矣。

錢氏謂：二十三年以前未曾發覺，似亦少覈。

十六

實錄：洪武十三年九月庚寅，永嘉侯朱亮祖卒，亮祖鎮廣東，所爲多不法。番禺知縣道同上言，亮祖數十事皆實。上以亮祖功臣，不下吏，但罷職，令居江甯縣之安德鄉，未幾以病卒。御製壙誌，仍以侯禮賜葬于所居之鄉。其子暹，任府軍衞指揮使，先亮祖卒，功臣錄諸書並同。及考御製壙志則云：十二年胡惟庸不法，使鎮嶺南，作爲擅專，貪取尤重，歸責不服，已非一時。朕怒而鞭之，不期父子俱亡，就葬已責之地，侯禮葬焉。則亮祖之死于杖下明矣。錢氏辨證云：亮祖父子之死，高皇帝未嘗諱也。實錄云：上親製壙志，仍以侯禮賜葬。後有讀御製文集者，則可考而知之矣。亦所謂諱而不沒其實者歟？亮祖在鎮不法，上雖怒之，亦但知其爲胡惟庸所使，擅專貪取而已。二十三年正月，其次子昱，始以胡黨事提問，則知亮祖之坐胡黨，亦發于二十三年也。鄭曉異姓諸侯傳云：罷職居江甯，又坐胡黨，十三年卒。影響附會，似是而實非，不可以不正。太祖于朱文正云：鞭後而故。于朱亮祖亦云：朕怒而鞭之，父子俱亡。蓋皆斃于杖下也。太祖不諱，而國史槪從諱詞何哉？按亮祖罷職，在胡惟庸伏誅之後。此時黨論尙寬，故雖身死鞭撻，而哀恤之典不廢焉。庚午詔書云：亮祖本粗鹵之徒，爲胡所惑，令與之反耳。其繇不知。則亮祖生前逆謀，未曾發覺之明證也。亮祖有二子，次子昱，以二十三年提問，則所謂父子俱亡者，非暹而誰？實錄謂暹先亮祖卒，要亦非考終也。

十七

實錄：洪武十四年八月癸丑朔，上諭在廷文武諸臣曰：今元之遺孽，把匝剌瓦爾密等，自恃險遠，桀驁梗化，遣使詔諭，輒爲所害，負罪隱慝，在所必討。十五年詔諭烏撒等處曰：雲南梁王尤肆，陸梁誘我逋逃，擾我疆埸。二月詔雲南諸夷曰：惟爾西南諸夷，密邇聲教，恃險弗庭，納逋逃匿有罪，肆侮中華，（機務抄黃載此詔有坐受四川之任一語）是以特興問罪之師。繇前之諭觀之，則重在害詔使；繇後二詔觀之，則重在誘逋逃。厥罪惟均，而其執言則異也。夫王褘吳雲之死，事在數年之前，聖度無所不容，而一旦赫然震怒，風馳電掃，此必非追既往之咎，興無名之師者矣。考張紞雲南機務抄黃載：十五年二月，詔書有云：雲南普定，被大軍征伐者，爲隱藏向倉官龍小厮，及招誘逃軍，所以受問罪之師，則雲南用兵實因煽誘吏卒而起，不獨以其賊殺詔使也。又載：是年十一月聖旨云：當初我這裏用兵，可爲普定安贊，招咱每的軍，藏了有罪的人，去拏安贊，安贊已拏了，取雲南的緣故，爲雲南梁王使人來俺跟前，打細通了流官及火者，每爲這般征雲南，雲南既定，梁王自死，家小都來，俺行了，那各處土兵，不曉事，叛甚麽。二十一年四月聖旨又云：梁王不知天時人事，恣爲不道，容納逋逃，數爲邊寇，虐害生民，原聖祖所以再三宣諭者，蓋以雲南普定，諸夷雖連兵拒命，而茍不納逋逃爲邊患，則猶可緩旦夕之誅耳。而國史概削其事，使廟謨不傳，余甚病焉。或曰褘雲之死當滇南初附時，中朝知而未審，故詔書不及云。

十八

實錄：洪武十五年三月，命濟甯侯顧時子敬襲爵，不載敬所終。錢氏辨證云：按昭示姦黨錄，老濟甯侯妻舅李賽兒招云：姊夫領大舍顧敬時，常到丞相家商議。十九年五月小濟甯侯以給親具奏，今因事發提問，則二十三年敬以胡黨連坐明矣。推國史不書卒之例，則敬之伏法可知。鄭曉異姓諸侯傳云：先是坐黨，上特釋時，以故子得嗣侯，後竟除時沒時，黨事未發，故身得贈謚，子得嗣侯，安有黨事已敗，而獨釋時之理乎？鄭氏之傳妄矣。然庚午詔書，獨列顧時，而不及其子敬者何也？蓋當時諸小侯從胡謀逆者，若顧時之子敬，陳德之子鏞，楊璟之子通，皆其父謀逆而其子亦與謀，故詔書列其父而不及其子，擧其重而書之也。至如申國公鄧鎮，小淮安侯華中，則其父不與逆，而其子自爲之也。故獨列其子之名，以著其爲首惡也。詔書之書法簡嚴，眞不減于春秋矣。謹按太祖祭顧時文，有朝野無議之褒，則黨事未發可知。庚午詔書亦云：顧時已死，不知其反之繇錢說是也。逆臣錄載普定侯陳桓招，具言胡丞相、李太師、懷遠、會甯、安慶、濟甯、雄武、江夏、滎陽、宣甯八侯來家謀逆事，則老濟甯侯之通胡甚明，故詔書條列謀逆不臣，先發露者濟甯侯顧時等十五人，名在延安吉安之前，敬不幸不能自拔，又妄欲奏免所親，其事在十九年，而發于二十三年，略與李韓國同，嗚呼！亦可哀已。

十九

實錄：洪武十七年三月，曹國公李文忠薨。十六年十二月，文忠有疾。是年春，疾轉亟。詔皇太子臨視，上復親幸其第，撫慰良久，至是薨。董倫撰神道碑云上撫悼良久翼日而薨王氏二史考曰：偶見一野史云，文忠多招納士人門下，上聞而弗善也。一日勸上內臣太多，宜裁省，上大怒，謂若欲弱吾羽翼何意？此必其門客教之，因盡殺其客。文忠驚悸得疾，暴卒。上發悲怒，殺諸醫及文忠侍者百人。余以爲不根之論。及考嗣公景隆誥云：前朕姊子李文忠，朕命居群將之列，功至公位，嗚呼！非智非謙，幾累社稷，身不免而自終。又云：爾其戒前人之失，戒愼之，毋汎言，毋徇勢。與魏國公徐允恭申國公鄧鎭誥絕異。然此誥在十九年，而十七年曹公贈王之誥，又云：小心勤愼，始終如一。其于甥舅之親，君臣之義，能兼之矣。豈以親故有所諱耶？抑既封之後，始有所聞耶？切責及殺門客疑有之，史蓋曲爲諱也。錢氏辨證引俞本記事錄云：文忠病，淮安侯華中侍疾，進藥，上疑其有毒致斃，貶淮安侯，放家屬于建昌。衞醫士全家被誅，淮安進藥之事，與劉誠意之死狀略同。胡惟庸之毒劉誠意也，奉上命挾醫而往，淮安之侍藥，豈亦傳上命耶？惟庸之于誠意，淮安之于曹國，與夫德慶之于龍鳳卒，皆用以致辟，豈其事亦有相類者耶？若曹國得罪之故，史家闕如，無可徵考，吾不得而知之矣。余按草木子餘錄云：先是上欲征高麗，保保曰：去年始征雲南，請且緩師。上不聽，已而師果無功。又諫宦者太盛，非天子不近刑人之義。上大怒曰：非汝所能知，必儒者敎之，遂殺其館客，及歸已橫屍館下矣。保保益懼，遂疾篤。令醫視疾，不愈而卒。遂殺侍醫族誅城內外大小醫家及保保婢妾六十餘人，幷戮內監將千人，又幷殺後宮妃嬪近千人。（保保文忠小字）此與王氏所見野史頗相類。然考太祖時無征高麗事，宦官卽稍任用，亦何至太盛。如文忠所諫，且因其卒而戮內監，幷殺後宮妃嬪又何爲者。其說謬悠難信，但謂族誅侍醫，則諸書不謀同辭。淮安之貶，上蓋懲劉誠意事也。庚午詔書云：華中已死，不知其反之繇，豈華中竟以此死于貶所耶。景隆誥有智非智、機非機、謙非泛愛，數者俱無，爲人所窺之語。蓋中之進藥必有主使者，而非上意也。又考國史文忠守嚴州，郞中楊憲言其不法，上召文忠至，移守揚州。高皇后諫，上悟，仍令守嚴州，卒成克杭之功。劉辰國初事蹟則云：文忠守嚴州，取妓韓留宿，太祖怒而誅之。召文忠問罪，以中宮言得解回鎮。儒士趙伯宗來汝章。說文忠，密通使于杭州，張四平章通好，既得報，與郎中侯原善椽史聞遵道謀約降，會上以手札召之，文忠猝至京，上大喜，撫之甚切，賜良馬金幣，文忠歸，而尤原善等曰：我幾負主上，即事泄，何以見之，乃謀餞張使及伯宗汝章于大浪灘，使潑舍醉而縛投于水。劉辰嘗受文忠之辟，掌簿書，則通使杭州事，乃其所目擊，安得盡誣。然上既用中宮言，令文忠回鎮矣，亦復何所疑懼，而有貳心。脫有之，平吳之後，踪跡寧不宣泄耶？豈文忠之始終信任，恃以高后調護之力，高后既喪婦寺菁不悅文忠者，因其招納士人，遂乘閒媒孽之耶。然文忠卒，而嗣封不替，則其得罪，必非以嚴州之事明矣。

二十

實錄：洪武十七年四月壬午，論雲南功，進封潁川侯傅友德為潁國公，永昌侯藍玉、安慶侯仇成、定遠侯王弼等先為有功，身受侯封，今功著南征，當爵及子孫，食祿二千五百石，仍各賜鐵券。錢氏辨證云：洪武十二年，封仇成等十二侯，惟成以舊勳，餘皆以征西有功也。食祿皆二千石，子孫世襲指揮使。至十七年四月，論征雲南功，進封實錄，但舉永昌安慶定遠三侯，而不及其他，然其他多世襲，如安陸侯之子傑、宣德侯之子鎮，則皆以十九年四月襲封矣。鳳翔侯之孫綱，宣德十年猶乞襲封矣。蓋十二侯皆于十七年論功加世爵，而實錄記之，從省文耳。安陸宣德皆先卒其功，自當與十二侯並論。考襲封底簿自明，余按十二年冬，封十二侯，自永昌等三侯而外，則永平、鳳翔、安陸、宣德、懷遠、靖甯、景川、會甯、雄武也。錢氏謂十二侯皆于十七年論功加世爵，是以十二侯皆從征雲南有功也。綜其實乃有不盡然者，考之史，十四年十二月，景川侯曹震、定遠侯王弼、宣德侯金朝興率兵分道進取臨安諸路，十五年六月遣使諭安陸、平涼二侯，會兵攻擊砦柵，安陸總兵，平涼副之。十六年五月，命六安侯王志、安慶侯仇成、鳳翔侯張龍，督兵往雲南品甸，繕城池、立屯堡、置郵傳，安輯其民人，此則景川、宣德、安陸、鳳翔諸侯皆功著南征，爵及子孫無可疑者。其他若懷遠侯往山西理軍務，在十五年十二月。永平侯謝成發粟賑蔚朔二州饑民，在十六年三月。而雄武侯周武與永平侯從大將軍巡撫北邊，訓練士卒，召還亦在十六年十月雲南班師之前，是三侯者皆宣力北方，與征南之功邈不相及，又何從得邀延世之賞乎？鄭氏異姓諸侯傳：于王弼金朝興仇成皆云以雲南功，與世劵加祿五百石，而張龍則云十二年封鳳翔侯，食祿二千五百石，與世劵，考十二年封典皆食祿二千石，世襲指揮使，龍安得獨異哉。通紀載：十七年春，仇成張龍王弼世襲加祿，吳復金朝興先卒，亦授世襲鐵劵加祿，以諸書覈之，則十七年進流為世者，自實錄所紀，三侯而外，惟景川、宣德、安陸、鳳翔灼然可據，餘無考者，闕之可也。

二十一

實錄：洪武十八年五月，冊前軍都督府僉事於顯女為潭王梓妃。二十三年四月，潭王妃於氏家坐事，王不自安。上遣使慰諭，且召之。王不喩旨，卽與妃自焚死，無子國除。王氏二史考云：（近峰聞略）引王文恪公言，高帝克陳友諒，納其妻闍氏，未幾生子，友諒遺腹也。封潭王國于長沙，將之國，闍氏語之曰：他日當為父復此讐也。故事諸王來朝者，皆止于宮中，潭王來覲入止宮不以禮，自檢歸國，發兵反。高皇遣太傅徐達之子討之，潭王堅閉城門，舉火闔宮盡焚，攜其子投隍塹而死。高皇大怒，因假妖星亂宮爲辭，盡戮宮人，皇后脫簪珥待罪僅免，餘悉殲除焉。按潭王之母達定妃，與齊王同胞，非閣氏也。王生于洪武二年，距陳友諒之亡將十載，而云遺腹，孝慈之崩在十五年，距潭王自焚且七載，而云后脫簪珥待罪僅免，王之焚以妃家坐罪，不自安遣使召入朝，疑懼與妃自焚，而云發兵反，王文恪久典國史，而孟浪乃爾，又何怪于皇甫陳氏之傳訛也。余考俞本記事錄，亦有納友諒次姬爲妃之說，而無閣氏生子事。王氏駁之甚正，然猶未悉妃家坐事之實也。今讀庚午詔書，乃知潭王之死，亦爲胡黨所累耳。詔書所列都督五人，毛驤、於顯、陳方亮、耿忠、於琥，琥顯男先在寧夏，任指揮時，聽胡陳分付將囚軍，封績遞送出京，往草地裏，通知消息後,大軍克破胡營,獲績究問二人反情，繇是發覺。於顯即王妃之父，於琥即王妃兄弟也。姦黨錄載封績招云：績係常州府武進縣人，幼係神童，大軍破常州時，被百戶擄作小斷,拾柴使喚。及長,有千戶，見績聰明，招爲女壻。後與妻家不和，被告發，遷往海南住坐，因見胡陳擅權，實封言其非爲，時中書省凡有實封到京，必先開視，其有言及己非者即匿不發，仍誣罪其人。胡丞相見績所言，有關於己，匿不以聞，詐傳聖旨，提績赴京、送刑部鞫問，坐死。胡丞相著人問說，你今當死，若去北邊走一遭，便饒了你。績應允，胡丞相差宣使送往寧夏耿指揮居指揮於指揮王指揮等處，耿指揮差千戶張林鎭撫張虎李用轉送亦集乃地面，行至中路遇達，達人愛族保哥等，就與馬騎，引至火林，見唐兀不花丞相，令兒子莊家送至哈剌章蠻子處，將胡丞相消息備細說與著，發兵擾邊，我奏了，將京城軍馬發出去，我裏面好做事。實錄則云：封績河南人，故元臣來歸命之官，不受遣，還鄉又不去，謫戍于邊，故惟庸等遺書遣之，所紀爵里與招辭無一合者，又不明言於妃家坐事之狀，可謂疎誤之極矣。嗚呼！呂產薦女，竟殺其王。韋堅絕婚，幸全太子。從古已然，當時大獄初起，人情危懼，於氏父子，皆身爲戎首。王年少倉卒自殺，用婦人，忘宗廟，無足道者，而黨禍之憯，中于骨肉之閒致，貽千古不決之疑，不亦悲夫。

國史考異卷二終

高皇帝下

一

實錄：洪武二十三年五月，監察御史劾奏太師韓國公李善長罪狀，刑官請逮問，詔勿問。庚子，監察御史復請按問善長罪，並其從子佑伸，上不得已，下佑伸獄。會善長家奴盧仲謙等，亦發善長素與惟庸往來狀，而吉安侯陸亨家奴封帖木等，亦告亨及延安平涼南雄侯等，皆與惟庸善長結爲黨比，嘗謀約日爲變，事皆未發。上曰：太師輩果有是耶？命廷臣訊之，具得其實。群臣奏善長等當誅，上又不許。復令諸司官讞之，亨等皆具伏。乙卯，太師李善長自殺。善長事敗，上詔慰諭之，復召詣奉天門，與語開創艱難之際，爲之流涕，復至右順門，上謂群臣曰：吾欲有李佑等死，以慰太師。太師年老旦暮，無以爲懷，群臣復奏善長反狀甚明，敢以死奉法。上曰：法如是，爲之奈何？善長大慙曰：臣誠負罪，無面目見百官矣。乃撫遣歸第，賜佑及陸亨等死。善長遂自經，上命以禮葬之厚，邺其家，子祺爲駙馬都尉，後卒于江浦。孫茂今爲指揮僉事。錢氏辨證曰：按太祖手詔云，敕錦衣詣置所提到親弟姪，令九衙門共審，發覺知情緣繇，則逮問者善長之弟存義，存義之長男伸，與李存賢之子仁也。已而命刑部備條亂臣情辭，則首列善長招，而次及存義與其子伸，善長倘終不下獄，即訊則法司何所援據，而有一名李善長之招乎？又營陽侯家人小馬招云：今年閏四月內，聞知李太師拏下，蓋指二十三年之閏四月也，此非善長下獄之明證乎？兪本記事錄云：國老太師李善長爲逆黨事伏誅，妻女子弟並家人七十餘只悉斬之。然則善長之不下獄，與歸家自經，蓋亦史臣有隱之辭，非事實也。又云：上不得已，下佑伸于獄，佑即惟庸之壻也。李存義招云：十八年次男李佑被人告發，欽蒙免死，發崇明安置，存義與伸俱免死安置，則佑之不免死明矣。刑部但列存義伸仁三招，而不及佑，二十三年必無佑尚在之理，此必國史之誤也。實錄所載獄詞，大抵援據各招，約略相合。第據詔書及善長等招，善長雖與惟庸結姻，初未知惟庸反謀。十年十月惟庸使楊文裕說善長，許以割淮西地王之，善長方心動。至十二年八月李存義來言，猶再三堅拒，而仲謙之招，以爲善長遣往從惟庸，乃在九年之秋，果爾則惟庸之反狀，善長已明知之，且使其家人儀仗戶雜然往助惟庸、又何以惟恐善長之不就已，而使其故人子姪，宛轉遊說耶？又云：洪武八年十月內太師嘗云：胡丞相家商議，太師云：若謀反必要幾個大公侯同謀。如此則衆公侯之從惟庸，皆善長主謀使之也。乃其身顧重，自猶豫不肯決然同事耶。仲謙又招云：洪武九年太師使伴當耿子忠，請吉安、淮安、臨江、營陽、平涼、永嘉六侯喫茶，太師云：我請你到胡丞相家商量謀反事務，善長文吏姦深，何至矢口狂誖，如病易喪心者所爲，豈仲謙諸招，與夫雜出于家奴婦女之口者，亦有不足盡信者耶？或謂善長巧僞舞文，掩匿其通謀之狀，而以狐疑觀望，曲自抵諱，冀上憐而貫之。然以太祖之聖明，豈不能洞見其隱，而但據其抵讕之辭，以播告天下哉。覈善長之罪狀者，當以庚午詔書，及善長存義四招爲正。如國史捃拾仲謙諸招，以傳爰書，則情事舛駁，疑信錯互，千載而下，回翔繙閱，必有反抉擿其罅漏，爲善長訟寃者矣。案封績招詞甚詳，絕不及善長私書，則善長事發，非爲有人首沙漠之故可知也。通胡手跡，此善長大逆不道第一公案。聖明不以列手詔，刑部不以入爰書，而國史羅縷書之，獨何所援據哉？考善長自招云：今年不合將應遷逆民數內給付姐姐，及將親人丁斌妄奏，致蒙詮問，供出李四緣繇。蒙提李四到官，供出善長前項緣繇，則善長之事，繇丁斌發覺明矣。詔書云：於京民合遷之內，朝給長姊楊阿李，暮給次姊王阿李，明日又給親人丁斌。實錄云：善長受姦民贓，奏請數給其親。九朝野記則云：京民爲逆，僇其半，遷其半于化外，善長復請免其黨數人，案善長二姐家及丁斌，皆惟庸黨，合遷化外者，善長奏請免之，致將丁斌提問。若云以合遷京民奏給其姊及丁斌，恐無此理。當以野記爲是。因詔書出自聖製，文義奧古，故實錄誤解耳。檉章案實錄書，李善長罪狀凡三變其說，前後各不相蒙。其一爲封績事，則言官風聞之彈文也，或失之誣。其一，爲盧仲謙等所告，則家人上變之口供也，或失之雜。而最後則有請給姦民等事，蓋善長所自輸于上前者也。其情漸眞，而其事漸悉，善長之罪狀，於是乎不可解矣。實錄載封績事謂：藍玉敗元兵於捕魚兒海獲績，善長匿不以奏，至是有告之者，捕之下獄，訊得反狀，及善長私書。蓋善長之罪，止在匿封績不奏，所云私書，不過平日交關之詞，豈眞有通胡手跡哉。錢氏以爲善長第一公案，亦誤也。實錄又云：先是善長有過，詔累宥之，善長益恃恩。時京民通胡惟庸作亂者，法當徙邊，善長受姦民贓，數奏請給其親。考昭示姦黨錄丁斌招詞，蓋李四父子之反謀，因丁斌而發覺，善長之逆情，又因李四父子而供吐，初不爲封績事及盧仲謙等所首告也。案丁斌者，揚州高郵人。西安護衛百戶周祥之義男也。周祥有膽勇，係張氏同僉歸附，出入胡丞相門下，參預謀議，得陞本衛千戶。祥在京師，嘗以其女原奴許配丞相之子。洪武八年，祥沒于西安，斌與祥之子昇，食貧無以爲生，因太師從子神舍吉安侯，妻舅石敏，與其壻黃質引見丞相，丞相訊知祥已死，爲之歎惜，遂命昇襲職，除杭州衞，留斌出入門下，如祥在時。一曰斌與李神舍往候丞相，丞相與太師弟李四在西軒閒坐。丞相謂李四曰：周千戶在時，曾以女許配吾子，今吾子俱有婦矣，汝姪神舍尚未娶，吾爲主婚，以周氏女娶神舍何如？李四遂命神舍拜謝。七月，斌義姊遂歸神舍。神舍者，李存賢之次子，仁之親弟，而太師之從子也。斌自此與李四叔姪侍丞相飲酒，丞相每告戒，令齊心擧事，事成富貴不小，斌等心識之，不敢洩。十三年胡黨事敗，斌懼禍，逃杭州，往依周昇。二十三年二月，李神舍先爲事處決，斌復來神舍家，聞石敏黃質等事發，欲逃歸未果，爲法司逮問。詔書所云：善長請給親人丁斌者，卽此也。至善長下獄始末，國史雖不明言，然亦有不沒其實者。當李仲等下獄之後，盧仲謙等復發其與惟庸往來狀，上曰：太師輩果有是耶？命廷臣訊之，蓋訊善長等也。旣得其實，復令諸司讞之，蓋覆訊也。言亨等具伏，而不及善長者，善長老吏柔奸，未肯遽服，故諸司但按亨等，而善長則上親詰問，卽今法司隔別聽質之法也。實錄載：左丞相胡惟庸等謀反，命廷臣審錄，上時自臨問之。逆臣錄載魯威招云：涼國公謀反，他家裏埋伏馬軍，上位知道拏住了他兒子，都廢了，只有涼國公，上位自問他。以胡藍之獄觀之，則善長之招，其出于親鞫明矣。其言召詣奉天門，復至右順門，撫遣歸第，蓋古者公卿參聽王三宥，然後致刑之意，特國史書法稍爲微婉耳。又善長子祺，尙太祖長女臨安公主，開國功臣，錄云永樂元年，卒于江浦。史翼云：洪武中以善長罪囚于家。建文初赦出守江浦，北兵入，投水自溺。考永樂閒所纂大明主壻謂，祺卒于洪武二十二年己巳，則諸書皆妄也。錢氏辨證云：案姦黨錄載，李太師家教學貢穎之招云：洪武十六年，穎之見黨事不絕，仍投李太師家教李駙馬舍人讀書，二十一年跟李駙馬往鳳陽定遠縣住，則知祺以二十一年還定遠，次年卒，亦當在定遠，不在江浦也。使二十三年祺尙在，亦必不免。太祖大義滅親，豈不能以歐陽倫之法處之耶。其論核矣。然國史謂祺後卒于江浦，不知何據。或疑祺還定遠之後，復來京師，卒于江浦，然不當云後善長卒也。更考之。

二

祝允明九朝野記云：洪武三年，大封功臣，凡二十四人。十七年，又定功臣次第，與前稍異。後于二十三年五月初二日，以肅淸逆黨，命刑部尙書楊靖備條亂臣情詞，播告天下。上口詔幾四千言。梅純備忘錄亦同。錢氏辨證云：庚午詔書載于九朝野記者，首尾闕落，僅存其半。鄭曉異姓諸侯傳，多援據此詔，第未見全文，概有舛錯，其序云：十七年定功臣次第，二十三年肅淸逆黨，此大繆也。功臣次第，即定于肅淸逆黨之榜，豈有兩詔乎。如曰功臣次第爲十七年所定，則藍玉之進封涼國在二十一年十二月，此詔何以不稱永昌，而先稱涼國耶？舳艫航海以二十年封，開國全甯西涼以二十一年封，又何以備列耶？鄭氏之失考甚矣。開國功臣錄云：二十三年春，榜列勳臣五十七人，李善長猶居首，不知此詔在二十三年之五月，正善長等夷之日，其榜列勳臣所謂刑人于市與衆棄之者也，豈以是優異善長等耶？昭示姦黨第三錄載，營陽侯楊璟火者招云：洪武二十三年五月，內舍人楊達讀錄榜文，想伊父五次賣陣，我兄弟又有大罪，本年六月欽差官來察理旨意。觀此，則肅淸逆黨之詔，其榜列在二十三年五月明矣。姦黨諸錄則次第刋布，未必在一時也。又延安、吉安、平涼、南雄四侯，皆吉安家奴封帖木所告，與胡惟庸等同謀者也。實錄于五月乙卯，但記賜善長從子佑及陸亨等死，而不詳其事。延安等三侯旣不爲立傳，亦不載其所終。開國功臣錄于四侯，皆云二十六年卒。王世貞功臣表皆書二十六年卒。追論姦黨國除，仲亨之賜死，國史既大書其事，無可疑者。然延安三侯，皆與惟庸等約日爲變，厥罪惟均，既賜亨死，則勝宗聚庸安得同罪而異罰耶？實錄云：亨等皆具伏，又云賜亨等死。曰亨等則其非一人可知，以書法推之，蓋包括勝宗聚庸而爲之辭，其必以同時賜死無疑也。昭示姦黨第二錄載延安侯招云：今蒙提問胡黨情節，從實開招于後。又載平涼侯全招，則勝宗聚與亨等俱下獄，卽訊明矣，又延安家人汪成招云：洪武二十三年正月，延安侯往黃平公幹，差成往蘇州。閏四月，成到黃平回話回還，彼時胡黨事正發，恐本官家被人招出，藏匿江甯縣舊識人呂二家，本人同高里長赴官首告，送問案實錄，二十三年正月，勝宗討平貴州，平越苗蠻，卽命同鳳翔侯往黃平等處屯田練兵，與汪成招相合。汪成自黃平還，卽恐胡黨事發，藏匿人家，旋被首告，則勝宗之逮問，亦必以是年閏四月也。實錄自二十三年五月後延安四侯皆不復見，其以五月被誅可知。二十三年六月載從勝宗之請，給雲南諸衞耕牛，蓋勝宗在，黃平請之也。實錄云：先是勝宗請給，至是詔給與之，則是年六月，勝宗不在，黃平又可推矣。黃金于功臣之誅，皆從諱詞，概云二十六年薨，殊爲失實。世貞曾見國史，而于延安諸侯，悉因黃金舊文，不可曉也。余謂功臣次第，吾學編以爲定于十七年也，踵野記之謬也。通紀以爲列于二十三年正月也，踵功臣錄之謬也。皆不見庚午詔書，全文故也。詔書列前後所犯公侯都督二十七人，而于南雄侯趙庸，則言本人之兄先爲陷城賜死，朝廷于本人竝無疑責，一體論功封侯。後爲差往沂州操練，回家聽信胡陳說誘，故不復命，發刑部監收一日，卽令太師李善長傳命往宥之，本人反歸恩于李善長，而怨朝廷，遂與通胡謀逆。此趙庸與善長結黨情節，野記諸書所不載者，故附錄之。

三

實錄：洪武二十四年三月，命故誠意伯劉基孫廌襲爵，增祿二百五十石，共食祿五百石，子孫世襲，鄭氏異姓諸侯傳云：廌二十四年嗣伯，加祿五百石，明年卒。列朝詩集云：廌字士端，洪武二十三年十月襲封，明年以其叔閤門使事有連，上赦之，貶秩歸里，築室于里第西雞山之下，命曰盤谷。洪武丁丑謫戍甘肅，越三月，太祖上賓赦還，建文及太宗皆欲用之，以奉親守墓力辭。永樂某年卒于家。公侯伯襲封底簿，據兵部貼，黃廌以洪武二十三年十月襲爵，次年九月卒。考廌所著盤谷集，及括蒼陳谷閒閒先生傳，乃知廌罷官謫戍本末。且永樂中尚無恙，貼黃載廌以襲封，次年卒諸家，因之皆誤也。余案廌襲爵及卒，諸書所紀，年月互異。實錄載二十三年十月辛巳，賜誠意伯劉基孫廌，及基次子仲璟金織文綺襲衣鞍馬靴韈，仍令廌還鄉省墓。乙酉置閤門使依宋制，秩正六品，以仲璟爲之，而貼黃謂廌以二十三年十月襲爵，考劉仲璟遇恩錄則云，洪武二十三年，爲冒名提取軍事，十二月二十二日見奏聞，欽奉聖旨：這是劉伯溫的兒子，你那裏是軍罷？再見欽奉聖旨：你記得父親的誥麽？你帶得來麽？回奏：帶得來。聖旨：便取得來，取誥進，欽奉聖旨：如今把爾襲了老子爵，與他五百擔俸。回奏：臣出力氣事，盡死向前報本，欲在襲封伯爵的事，哥有兒子在。欽奉聖旨：他終是秀才人家孩兒，知理，熟大功爵，讓與哥的兒子，好阿！當宣劉廌進見襲爵。二十三日具服謝恩，欽蒙各賜金繡衣服一套，全鑾鞍馬一匹，撥賜南門內房屋一處，二十五日欽奉聖旨：我考宋制，除爾做閤門使，夜來翰林院考了，這衙門正似如今儀禮司一般，不著你管儀禮司事，只要跟著駕，但是我在處！爾便在著。傳旨意發放事，阿我如今著你叔姪兩個都回家去走一遭，把你老子祭一祭，祖公都祭一祭便來。二十六日謝恩，二十七日吏部官引奏，授正六品。欽奉聖旨與實授三十日，辭回鄉祭祖。二十四年二月回京。據此則鷹襲封後，乃有章服鞍馬之賜，而仲璟以讓爵之義，故特設閤門使以寵之。迨次年二月祭祖回京，方授世襲誥文，實錄誤以賜誥之月爲襲封之月耳，但貼黃在二十三年十月，而遇恩錄以爲十二月則傳寫之訛也。實錄不書鷹卒，貼黃以爲卒于二十四年九月，而鄭氏則在其後一年，皆不足據。考方孝孺集，有送劉士端歸括蒼詩云：「青田宰木三十年，高皇僊馭亦賓天，國初故老尚誰在，幾人事業圖凌煙？忽見聞孫三歎息，秀目疎髯遺像逼。擬樹豐碑墓道邊，欲請天朝重褒錫。至尊含笑問近臣，先帝功臣今有孫。胡爲拂衣入山去，旰食未敢忘君恩。海內只今無盜賊，幽州興兵惱邦國。廟堂謀議豈無人，我懷中丞淚沾臆！」蓋建文中鷹嘗以墓碑爲請，旋即告歸。所云幽州興兵，則指斥靖難之辭也。鷹之卒于永樂時，何疑焉。

四

實錄：洪武二十四年七月，東川侯胡海卒，海歸老于家，至是瘡發背而卒。子斌從征雲南，戰沒。贈都督同知，次觀尚南康公主，二十六年七月乙丑，復賜故東川侯胡海田。初海嘗有罪，收其祿田，至是，其子觀尚公主，詔復給之。錢氏辨證云：海之卒也，史爲立傳記，上輟朝致祭，劉三吾又爲撰墓志，其獲考死無疑矣。然贈謚恩恤，概未有聞焉。實錄云：海嘗有罪，收其公田，藍玉對胡玉云：你家也是爲事的，則知海雖死牖下，其實亦伏罪而沒也。是時藍黨未發，其亦以胡黨牽連者。與黃金錄云：當時黨論一興，元功宿將，惴惴焉朝不謀夕，海獨擺脫衆中，一辭莫逮，卒荷寵靈考，終牖下，其亦以託肺腑之故，幸而免哉。東川三子：長斌以從征死，次玉坐藍黨，次觀尙主卒。其子忠，授孝陵指揮，觀之子得不坐藍黨者，或以南康之故，而東川之有罪與其得免，則史既不書，他亦無可考也。余謂海之得罪，史無明文，考逆臣錄載：東川侯次男胡玉招云：二十六年二月初三日，欽蒙宣玉赴京，就到涼國公宅內探問，本官說我在四川對你說的話，近日上位果然疑我必是不肯留的意思如今多有頭目，隨順了也。只在這早晚要下手，你回去有的人都準備下接應。又都督茆鼎招亦云：本年二月內，鼎去涼國公家內，本官說東川侯家裏也有好些人，你就去和胡二說，這意思不怕他不從，以藍玉之言觀之，則知海自歸老之後，諸子驕縱，蓄養亡命，海不能禁，既收祿田，恐罹重譴，遂以憂死耳。未必果以胡黨牽連也。海之卒，祭葬如制，而贈謚不及者，則以子玉坐黨爲之累也。不然使其父子名隸兩黨，得逭門誅，已爲厚幸，又肯于身沒之後，復其祿田哉？觀尙公主在二十一年四月，而實錄于二十六年七月，書復賜故東川侯田以爲子觀尙公主之故，則海之有罪收祿田，必在二十一年以前，胡黨未發之時也。海長子斌戰沒無嗣，玉以次嫡伏法，永樂中。觀之子忠，欲援長公主恩，爲繼襲之地，故諱言玉事，而實錄因之，豈稱信史？

五

實錄：洪武二十四年八月乙卯朔，召秦王樉還京師。乙丑命皇太子巡撫陝西。上諭曰：天下山川，惟秦中號爲險固，嚮命汝弟分封其地，已十數年。汝可一游，以省觀風俗，慰勞秦民。于是擇文武之臣邑從，皆給道里費，仍命經過府縣以宿頓聞。九月癸巳，皇太子至西安。百官及耆民郊迎，皇太子慰勞之，賜秦民白金及鈔。十一月庚戌，皇太子還自陝西。二十五年四月丙子，皇太子薨。七月，秦王樉還國。鄭曉今言云：國朝定鼎金陵，本興王之地，然江南形勢，終不能控制西北，故高皇時，有都汴都關中之意。方希古懿文太子輓詩曰：「相宅圖方獻，還京疾遽侵。關中諸父老，猶望翠華臨！」蓋有都關中之議，以東宮薨而中止也。姚福青溪暇筆亦云：國初欲都關中，嘗命文懿太子，往相其地，不果遷也。考實錄洪武九年六月，監察御史胡子祺請都關中，上覽奏稱善。則聖心之欲遷長安，非一日矣，顧時未可耳。逆臣錄載鶴慶侯招云：二十四年九月初九日，各處公侯都到陝西朝東宮殿下，涼國公使寧夏衛徐指揮到翼下處密說，如今殿下領著京城軍馬，並各公侯盡數在這裏，且不敢商量著。觀此，則一時文武將士，威儀導從之盛可知。朱國禎大政記謂：太祖將徙都關中，秦王聞之，有怨言，召入京錮之。命太子巡撫父老懽迎曰：山河百二，復見漢宮威儀矣！太子悅，還奏，上亦甚喜。計定，赦秦王，將改封，僅五閱月，太子薨。實錄不載秦王得罪之詳，然考王還國後，不給護衛，至二十六年乃復給之，而賜愍王諡冊，有不良于德，竟殞厥身之語，豈尚以前過耶？太祖末年，大政大議，悉付太子，暨太孫參決，國史概削不紀，即遷都之議，亦幾于湮沒，可歎也！

六

實錄：洪武二十五年八月己未，江夏侯周德興，以帷薄不修伏誅，命收其公田。錢氏辨證云：王世貞開國功臣表大書于德興之下曰：十八年坐亂，宮死。考庚午詔書條列臨川侯胡美罪狀，蓋如世貞所書，而德興則以帷薄不修伏誅，見于國史，未可以美之罪坐之也。豈世貞所見庚午詔書載，在九朝野記者，首尾脫落，不及深考，而誤繫于德興之下耶？或如逆臣錄所載，王誠之招，則德興之子，驥實犯禁，而並坐德興耶？抑國史所記帷薄不修，亦史官之微辭耶？余於諸招自臨川侯外，如李善長之二子，及費聚之子，越楊璟之子，通達德興之子，驥皆削而不載，後之取徵者，考姦黨逆臣二錄全招，則知之矣。又云：胡美實錄不載所終。開國功臣錄異姓諸侯傳俱云：二十六年卒，王世貞功臣表云：二十六年坐藍黨論死，國除。今按高皇帝手詔，則美于洪武十七年，以犯禁伏誅，而據吳也先之招，原係臨川侯火者，十七年本官為事撥李太師家，其證佐甚明。是知諸書皆誤，而功臣表藍黨之說尤為無稽。異姓諸侯傳云：十三年董建潭王府，從坐黨事，二十六年卒。美於十七年伏誅，而胡黨之發露，則在二十三年，相去已七年矣。鄭所記甚繆，余按錢氏於臨川侯及周驥招詞，俱削不載，蓋為國體諱也。然庚午詔書，及姦黨逆臣二錄，已條布之矣。詔書言胡美長女入宮，貴居妃位，本人二次入亂宮禁，已將其小壻並二子宮中暗行二年餘。洪武十七年事覺，子壻刑死，本人賜以自盡，殺身亡家，姓字俱沒。都督王誠招云：洪武十六年間，有男王庸，同朱都督男江夏侯男周驥，糾合入宮為非，是誠彼時明知此事不行禁戒，故縱犯法，雖是上位恩宥免問，為見在後各官節次事發被誅，心中懼怕不安，今被涼國公糾合謀逆，據此則周驥入宮，在十六年，其後事發被誅，就以故縱之罪，並誅德興耳。否則王誠何為心懼不安耶？曰：帷薄不修者，亦諱之也。若功臣表所書，則德興當辛酉征蠻之役，年已老矣。安得復有犯禁之事耶？此二家罪狀，竝在黨事之外，略存之，以補實錄之闕。

七

實錄：洪武二十五年八月丙子，靖寧侯葉昇坐交通胡惟庸事覺，伏誅。二十六年二月乙酉，涼國公藍玉謀反，伏誅。初玉以開平王常遇春妻弟，屢從征伐有功。胡陳之反，玉嘗與其謀。上以開平之功，及親親之故，宥而不問，後諸老將多沒，乃擢爲大將，總兵征伐，所向克捷，甚稱上意。然玉素不學，性復狠愎，見上待之厚，又自恃功伐，專恣暴橫。嘗見上命坐，或侍宴飲，玉動止敖悖，無人臣禮。又總兵在外，擅陞降將校，黥刺軍士，甚至違詔出師，恣作威福，以脅制其下。至是征西還，意覬陞爵，命爲太傅（按二十五年十二月以玉兼太子太傅此省稱太傅耳）玉怒攘袂大言曰：吾此回當爲太師，乃以我爲太傅，及時奏事，上惡其無禮，不從。玉退語所親曰：上疑我矣，乃謀反。通紀諸書竝同。按實錄所述，藍玉狠愎專擅之狀，皆本御製逆臣錄序，而於謀反始末，不過數語，殊爲疏略。逆臣錄乃二十六年五月，勅翰林輯錄逆黨情詞刋布中外者，史臣豈未詳究耶？錄中無藍玉招，而有其兄榮及男悶兒等四招，以丁僧兒史敬德所供。按之：則知玉以二月八日入朝，被收九日，下錦衣衞，十日伏誅，未及具獄，而雜取家屬口語，以證成之耳，藍榮招云：藍玉對說前日靖寧侯爲事，必是他招內有我名字。我這幾時見上位，好生疑我，我奏幾件事，都不從。只怕早晚也容我不過，不如趁早下手做一場，蓋靖寧既誅，玉以姻家疑懼謀變，則其本情也，而實錄絕不之及。又指揮僉事田珍招云：二十四年十一月，靖甯侯密與陳指揮說：有我舊識，蒙鎮撫爲事提下了，我怕他指著我的名字，我這一回好生憂慮。在後本官果爲胡黨事發典刑了。然則靖寧之通胡，因蒙鎮撫而發，涼國之謀逆，又因靖寧而成，以此知藍黨者，卽胡黨之流禍也。立齋閒錄云：藍玉於靖寧侯爲姻家，靖寧旣坐胡黨誅滅，玉內懷憂懼。二十五年征建昌，囘見上，覺上有疑之之心。每謂其所親曰：上位取我囘來，著我做太師，如今又教別人做了。先前胡黨事發壞了，多少官人想不如先下手好。遂與景川侯曹震等約，以二十六年二月十五日伺上出勸農時舉事，事覺坐誅。此書約略，諸招頗稱覈實。史載：是年二月庚寅，躬耕藉田，卽上出勸農之期也。逆臣錄：載府軍前衞百戶李成招云：二月初一日涼國公對說，我想二月十五日，上位出正陽門外勸農時，是一個好機會。我計算你一衞裏有五千在上人馬，我和景川侯兩家收拾伴當家人有二三百貼身好漢，早晚又有幾個頭目來，將帶些伴當，都是能斷殺的人也，有二三百都通這些人馬，儘勾用了。你衆官人，好生在意，休要走透了消息，定在這一日下手，此藍玉逆節之最著者，而史略之何也。

八

實錄：鶴慶侯張翼，普定侯陳桓，景川侯曹震，舳艫侯朱壽，東莞伯何榮，都督黃輅，吏部尙書詹徽，侍郎傅友文，及諸武臣嘗爲藍玉部將者，玉乃密遣親信召之。晨夜會私第，謀收集士卒，及諸家奴伏甲爲變。約束已定，爲錦衣衞指揮蔣瓛所告。命群臣訊狀具實，皆伏誅。按御製逆臣錄序言：藍玉同曹震、朱壽、祝哲、汪信等合謀陰誘無知指揮莊成孫讓等，設計伏兵，謀爲不軌。錄中無曹震招，而有震男炳招，列於藍鬧兒等之次。則震之黨逆最力，且與玉同時誅死，可知也。而實錄顧以張翼爲稱首，與爰書名次不合。考景川侯火者張海彭招云：二十六年正月初七日，景川侯同涼國公喫酒，景川侯說：我如今燒窯去，你每商量得停當，著我那裏燒窯。也有些軍，也有些軍器。涼國公回言，我也說與府軍前衞指揮千百戶了，著他收拾下軍馬，你如今去燒窯，你也收拾你的軍，等到二月再來板房商量，上緊下手。他如涼國火者，察罕不花諸招，皆首擧景川，然則涼國之有景川，其猶韓國之有吉安歟？鶴慶侯張翼招云：三月初八日有旨宣翼到京，爲見壻王信兄王禮，亦爲黨事敗露，提送錦衣衛收問，翼懼，本官招出情繇不便，又對壻王信說，你可自去出首也，免得我一家老小生命。王信依聽，前來出首，不期就行拏問。觀此，則張翼情罪自當與曹震殊科，而其伏法亦在三月以後。實錄同繫于二月乙酉之下，誤也。

鄭氏異姓諸侯傳云：藍玉謀反，上集群臣廷議，玉强辨展轉，攀染不肯服，吏部尚書詹徽叱玉吐實，無徒株連人。玉大呼曰：徽即吾黨，遂並殺徽。及詩人王行孫蕡考詹徽招則云：二月初二日，男詹紱傳涼國公言，本朝文官，那一個有始終，便是老太師我親家靖甯侯也罷了，如今上位病得重了，殿下年紀小，天下軍馬都是他掌著，教說與父親討分曉。徽回說知道了。朝退至長安西門，遇見何尚賓，是徽對說，前日涼國公謀的事，上位知覺了，早是我當住兩日未曾拏下，你便去對哥哥說，教他上緊下手，莫帶累我，就報與涼國公知道。（何尚賓名宏即東莞伯何榮之弟）二月二十一日金吾前衛指揮姚旺到部，徽潛對本官說，近日見上位好生疑我，必是連我也拏下。當時文臣惟徽父子爲玉謀主，表裏窺瞷，玉誅踰旬，而徽始敗，且玉未嘗廷鞫也。鄭氏所紀，幾於戲矣。又按實錄：是年七月丁巳，調府軍前衛將士之有罪者，隸甘州左護，衞既而以負罪者不可爲親王扈從，遂徙于甯夏，置衞，別調兵爲護衞。以逆臣錄徵之，則府軍前衛將士，皆玉故部曲，約束爲變者也。若夫錄中所載，番僧內豎，豪民賤隸，累累至數千人，其間豈無詿誤，羅織不能自解者，翰林所輯要，亦未足盡信也。

九

實錄：洪武二十五年九月，高麗知密直司事趙胖等，持其國都評議司奏言：本國自恭愍王薨逝無嗣，權臣李仁人以辛旽子禑主國事，昏暴自恣，多殺無辜，至欲興師侵犯遼東，其時大將李成桂以爲不可而回軍。禑自知負罪，惶懼遜位於其子昌，國人弗順，啓請恭愍王妃安氏擇立宗親定昌國院君王瑤權國事。及今四年，亦復昏迷不法，聽信讒說，離間勳舊，其子奭復癡騃無知，縱于酒色。與禑黨玄禹寶等潛謀復禑位。守門下侍中鄭夢周，嘗以前者欲攻遼東，爲李成桂所阻，致令朝廷索取馬匹，以此譖于王瑤，謀害成桂及趙俊鄭道傳南誾等，國中臣民多被殺僇。群臣國人，以社稷生靈爲慮，謂瑤不足以治民。今年七月十一日，以恭愍王妃安氏之命，退瑤于私第，擇于宗親無可以當輿望者。惟門下侍中李成桂，中外人心夙皆歸附，於是臣等與國人耆老，共推成桂主國事，伏望聖裁，俯從輿意，以安小國之民。禮部侍郎張智奏其事，上曰：我中國綱常所在，列聖相傳，守而不失。高麗限山隔海，僻處東裔，非我中國所治，且其閒事有隱曲，豈可遽信？爾禮部移文諭之，從其自爲聲教。而祖訓則云：朝鮮國即高麗，其李仁人及子李成桂今名旦者，自洪武六年至洪武二十八年，首尾凡弒王氏四王，姑待之。重修會典云：永樂元年其國王具奏世系，不係李仁人之後，以辨明祖訓所載弒逆事。詔許改正。正德嘉靖中，屢以爲請。萬歷三年，使臣復申前請。詔付史館編輯，今錄於後。李成桂系出本國全州，遠祖翰仕新羅爲司空，六代孫兢休入高麗，十三代孫安社生行里，行里生椿，椿生子春，是爲成桂之父。李仁人者，京山府吏長庚裔也。始王氏恭愍王顓無子，養寵臣辛旽子禑爲子。恭愍王爲嬖臣洪倫等所弒，李仁人當國，誅倫等立禑。禑嗣位十六年，遣將入犯遼東，成桂爲副將，在遣中至鴨綠江，與諸將合謀回兵，禑懼傳位於其子昌。時恭愍妃安氏，以國人黜昌，立王氏孫定昌。君瑤誅禑昌，逐仁人，已而瑤妄殺僇，國人不附，其推成桂署國事，表聞高皇帝，命爲國王，遂更名旦瞻，瑤別署，終其身。按實錄敍高麗世系，與祖訓不同。蓋永樂初，史臣已從其辨明之請，而曲爲改正矣。第實錄藏於秘府，彼國無繇仰窺，故屢請不已。萬歷中，重修會典，始令采入耳。然所記亦有未覈者。考東國史略及高麗世紀，皆言鄭夢周忌我太祖威德日盛，中外歸心，知道傳浚閭等有推戴之心，欲乘墜馬病篤圖之，令臺諫劾道傳浚閭及素所歸心者五六人，將殺之，以及太祖太宗與李濟等議於麾下，士乃謀去夢周，卞仲良洩謀於夢周，夢周詣太祖邸欲觀變，及還，太宗遣趙英珪等要於路，擊殺之，籍其家。後太宗嗣位，以夢周專心所事，不貳其操，贈謚文忠。所謂太祖太宗者，其國人尊稱成桂父子之辭也。成桂奪國之謀，已非朝夕，特憚鄭夢周等骨鯁臣，不敢動耳。一旦狙擊夢周，遂肆焉內嬗而外爲恭順，以欺朝廷。反擧遼東之役，爲夢周罪。會典雖采其說，而不及夢周，欲攻遼東事，亦以非公論也。列朝詩集云：王顓既弒，夢周以諫阻北使被放，再朝京師，深荷優遇，寧有主謀犯遼之事。攻遼之役，成桂實在行於夢周，何與夢周之欲弒成桂，爲其謀簒也。非爲其阻攻遼也。夢周不死，成桂簒必不成，旣殺夢周以竊國，又藉口攻遼，委罪夢周以自解免，史官信其欺謾，按而書之，不亦寃乎！太祖以高麗僻處東裔，非中國所治，聽其自理。成桂因是以殺夢周，放李穡，徼福假靈於天朝，用以脅服東人，潛移社稷。祖訓云云，則成桂之弒，夢周之寃，聖祖蓋已灼見本末，史官拘牽簡牘，漫不擧正，亦豈聖祖之本意乎？東國之史，出朝鮮臣子之手。而夢周不附成桂，事謹而書之，不沒其實。正德中麗人修三綱行實，忠臣以夢周爲首，國有人焉，豈非箕子之遺敎歟！余謂若夢周者，不愧王氏之韓通矣。是時非夢周殺成桂，則成桂必殺夢周，不兩立之勢也。然李芳遠旣除之，而復予謚，豈亦心服其忠耶？厥後有吏曹參判南袞弔夢周詩云「從容就死烏川子，啓我朝鮮節義興」，其嗟慕如此。

十

實錄：洪武二十六年二月丁丑，命宋國公馮勝，潁國公傅友德，開國公常昇，定遠侯王弼，全甯侯孫恪等馳驛還京。常昇孫恪後皆不見於史，錢氏辨證云：公侯伯襲封底簿載常茂有弟昇，昇生繼祖，發雲南臨安衞安置，而不記昇之所終。鄭曉名臣記靖難兵至浦子口，昇與魏國公分道力戰，已而昇見上得釋。諸家記革除事，皆爲昇立傳，參列於魏曹二國之閒。今以逆臣錄考之，則昇爲藍玉之甥，初與通謀，玉旣伏誅，又於三山聚兵謀逆，反狀已具，爰書臚列而得免於聖祖之刑僇，有是理乎？然則昇以二十六年伏法，無可疑者。襲封簿不記其所終，蓋諱之也。昇旣伏法，又安置其子於臨安者。茂旣無嗣，不忍復誅昇之子，此議功議親之法也。若如鄭曉所記，則昇於拒戰得釋之後，成祖遂釋而貰之乎？抑亦旣釋而終不免乎？若釋而貰其罪，則昇旣得釋矣，不應又放其子於臨安也。若旣釋而仍不免，則以怒昇之故，放其子於臨安，不應兩年之內，旋召見而厚賜之也。故常昇之事，當以逆臣錄襲封簿二書爲正。其他革除諸書所載，一切削去可也。王世貞撰開平世家云：昇抗靖難師得罪，安置臨安，以憂卒。此尤爲附會，不足置辨。余按實錄：永樂十一年九月壬午，諭指揮張昶云：開平王永城侯德慶侯之家，恃外戚生事壞法，皆取滅亡，以國史不書卒之例，推之，則昇之伏法於洪武末明甚。考都督王誠招云：二十六年四月十七日，欽差開國公前來三山等處，提調窯場，誠因往薄山點坯，回相見本官，說我舅舅這件事謀不成，倒連累了許多好頭目。當初舅舅也曾與我同景川侯家人說這事來，後因他上四川，我往山西，不曾再得一處商議。如今他每都犯了，必然也有我的名字。多是親上頭、上位容隱著俚，你也曾去相望他商議來，久後好歹把我每都結果了，我每做個甚麽見識，躲避得這場大難。是誠回說，且熬將去，慢慢地理會。在後一向不曾相會，不期事發，今被孫恪、陳桓等供出，在官提問，又王誠表姪馬璿招云：三月內蒙欽差表伯，往三山窯廠監工，差人來家，報說有開國公等官，又在三山工上商議，收拾弓兵要反。此則常昇孫恪俱坐黨事之大略也。然昇之反狀亦有未明者，三山非聚兵之地，弓兵非倡亂之人，即王誠所指，亦未見有成謀宿約也。昇雖不免，而其子得戍臨安，蓋原情定罪，法之平也，豈獨以議親故寬之哉。

十一

實錄：洪武二十六年二月乙巳，人有告燕山中護衛指揮使阿魯帖木兒，留守中衛指揮使乃兒不花有逆謀。上曰：二人之來降也，朕知其才可用，故任之不疑。今反側乃爾，何胡人之心，不誠如是乎？命軍中察實以聞，三月乙卯，遣魏國公徐輝祖賚勅諭，今上遣人防送至京，四月庚寅，今上遣人送阿魯帖木兒乃兒不花至京，以逆謀伏誅。按逆臣錄載：乃兒不花招云：正月二十三日蒙古衛指揮法古來說：涼國公道，我每都是從小裏跟隨上位出氣力的人，熬到箇公侯地位，尙且保全不得。你這等歸降的達達色目人，更是不知久後如何。他說早晚要動手謀反，教俺準備些好漢來助他。次日同法古脫台到涼國公府內拜見本官，又說：已前有一起達達頭目每受不過苦，也曾反叛來，因我每向前廝殺，以此上走不出去，你已前都是大官人的根脚，如今只得個指揮做。若從順了我，時久後還著你做大官人。瀋陽侯察罕招云：正月初三日，因做生日，有一般達官乃兒不花等來遞手帕拜壽。乃兒不花說：如今在這裏，上位好生疑俺。達達人都將四散調開去了，看起他的動靜，也只是弄性命哩。未知俺日後怎麼的，如今只等領軍出征，一帶兒反將出去，到得靜辦。察罕回說：這裏雖著俺做公侯，不如俺那裏做個小官人，儘得快活。恁家人既有如此心腸，休著外人知道，好歹尋個長便。史載是年四月壬午，瀋陽侯察罕坐藍玉黨伏誅，而不知察罕之爲玉用，繇乃兒不花導之也。逆臣錄不具阿魯帖木兒招，考之史，洪武二十三年正月，成祖至迤都，故元太尉乃兒不花知院阿魯帖木兒等皆降。閏四月乃兒不花率部落二百餘人入朝，留京師。此輩窮蹙歸命，本非慕義，樂放縱，憚漢法，故一聞藍玉煽誘，遂不覺飛揚難制耳。但據諸招：則乃兒不花正月終尚在京師，而實錄謂二月乙巳命軍中察實，則又似從征北平以後事也。先是二十五年四月，命乃兒不花所部士馬，從燕王征沙漠，爲鄉導，故招詞亦有四散調去之語。豈其時乃兒不花，未嘗自行耶？若阿魯帖木兒則名隸燕山護衛，其在北平無疑，招詞不載有以也。

十二

實錄：洪武二十六年四月丙申，詔絕安南朝貢。時安南弒主廢立，故絕之。仍命廣西都指揮司布政司自今勿納其來使。二十七年五月，甲寅，安南遣其臣阮均等奉表，繇廣東貢方物。上諭禮部曰：安南**篡弒，不許朝貢，已諭廣西布政司毋納其使。今又從廣東來，有司不先請命，而擅納其使，亟遣人詰責**

之，仍却其貢獻不受。二十八年五月癸丑，安南遣其臣大中大夫黎宗轍，朝儀大夫裴鑒，奉表貢象，賜宗轍鑒冠帶，賜其從人鈔有差。桉黎季犛弒陳煒，立陳叔明子日焜，在二十一年十二月。既而懼誅，仍假煒名來貢，而上諭以三年一貢，毋數遣使。二十三年再貢，命禮部止之，蓋猶未覺其欺也。後三年正月，阮宗亮來貢方物，始得弒主罪狀，故絕之。然二十八年五月黎宗轍等至，則又納之，未聞安南之輸情服辜，而忽奪忽予何耶？其後前王陳叔明卒，來告哀。上曰陳叔明逼逐其王陳日熞，使不得其死，因篡其位。廢置相，仍未嘗來告。叔明懷姦挾詐，殘滅其王，自圖富貴，不義如此，庸可與乎。今叔明之死，若遣使弔慰，是撫亂臣而與賊子也。觀此，則季犛之弒逆，太祖猶未悉知，故直舉為陳叔明罪。實錄成於永樂中季犛就縛之後，然後大陽坊之事暴露無隱耳。黎澄南翁夢錄云：陳家舊例，有子既長，卽使承正位；而父退居北宮，以王父尊稱，而同聽政。其實但傳名器，以定後事，備倉卒爾，事皆取決於父，嗣王無異於世子也。藝王叔明卽王位，廢恭肅子即陳日焜為昏德公。以己子不才，難堪大事，朞年使弟恭宣嗣位，而同聽政，是為睿王。先是占城乘國釁數來寇，睿王卽位三年，乃親伐占城，敗績不返。王以睿王之子晛嗣位，久之，晛聽奸臣，行不道，王憂社稷傾覆，涕泣而廢之，號曰靈德公。以王小子顒即陳日焜入嗣位，是為順王。歷七載，父王薨，時洪武二十七年甲戌，葬於安生山。諡曰：藝考之史，陳叔明以洪武五年逐其王日熞自立，六年入貢謝罪，令以前王印視事，尋以弟煓嗣位，十年煓攻占城敗死，弟煒嗣，與夢錄所記名號互異，若以恭宣為煓晛為煒，則不聞煒為煓子也。澄言舊例王父聽政，嗣王無異世子，以季犛自稱太上之事推之，是誠然矣。然叔明既以其子不才，念弟煓擁戴之功，舉國而授之，自煓以及煒，朝聘征伐，無不出於其手，已非但傳名器者比矣。乃因煒之不終，復以其子日焜為嗣，此必非叔明意也。是時權移國相廢立之事，季犛實主之，而外託叔明之名，以兄廢弟，以父立子。使天討不能加，國人不能議，其計狡矣。澄為季犛長子宜其曲爲隱也。雖然太祖之絕安南者，豈徒惡其弑逆哉。亦以其久假煒名，肆為欺謾耳。然猶謂罪在叔明，隱忍不問。因其請貢之勤，接納如故，而於其卒也，不復遣弔，以示春秋誅亂賊之微旨。卒之季犛逡巡顧望，不敢遽易陳氏，夫亦有以陰懾其心矣。祖訓深著高麗之篡，而於安南無一語，蓋僻處荒服，從其自爲聲教，亦猶待李成桂之道也。

十三

實錄：洪武二十六年三月癸亥，前軍都督僉事楊春還京師。春率長沙、衡州、寶慶、武岡諸衛兵，討富春猺蠻，駐軍於江華縣上。以蠻方連歲用兵，民勞於供輸，故詔春還京師。諸軍各還衛屯種。考逆臣錄，則春亦坐藍黨者，而國史隱之耳。其自招云：洪武二十一年，藍玉征北，著人寄信與春：你在府辦事，早晚艱難，你又是胡黨，久後有人招出來，一家兒都是罷了，你不如尋個緣故去奏，只說你年老管不得事，好歹教你在外領軍，就和你每會合做一件大事。又春在軍前征進時，本處軍民招安已定，該欽依取我回京，春不合設計糾同朱指揮商議，將本處蠻人勒要投降，金銀馬匹，因此逼令蠻人叛逆，却著人去奏，上位必然又著我每在這裏征守，以此不曾回京。二十六年在永州起程回京，沿途聽探藍玉謀事若成了時，領軍來接應，不期藍玉敗露，春在途好生驚怕，又令永州衛任百戶星夜回去，說與朱指揮，如今藍玉事發了，我到京去好歹拿了，急忙著那蠻人叛了，星夜著人來奏，上位必然不拿我，必定又差我來征守。春回京不合奏說，如今蠻人又叛了、與同永定侯去征，若准了出外去調些軍馬來，大做一場，不期事發，觀此則春以老將懷奸，擁兵玩寇，幸邊方有事，以自取重，其能逃聖主之明見乎。故一朝散軍歸屯，外示休息士民，而實奪其事權，春之伏誅猶後矣。實錄所書，殊爲未覈。

十四

實錄：洪武二十六年六月，宣甯侯曹泰卒，書卒則與坐法者殊矣。然蹲郵槪未有聞，其子又不得嗣，徵諸逆臣錄，知泰亦非令終也。按鶴慶侯張翼招云：二十四年三月初八日，有增王信來汝甯府本家說，涼國公著我來說，他奏了上位，教你出軍去見。有宣甯侯賚制諭來取你了，他說李太師申國公延安侯家人都是舊人，只爲交結胡丞相謀反都廢了。當初也有外父同宣甯侯，和他親家靖甯侯，如今他心上也煩惱，教你快來陝西，與他商量別做箇擺布。至十三日宣甯侯亦到本家說，你便快收拾去趕上藍總兵，他有分付你的話。十六日二人一同起程前去。東莞伯何榮招：亦有全甯會甯宣甯懷遠四侯，蓋泰之情，罪在鶴慶靖甯之閒，此正御製逆臣錄序所謂胡陳舊黨，愚昧不才，一聞陰謀，欣然而從者也。其身之不免，宜矣。而其父良臣則侑食功臣廟，迄今不替，與全甯侯父同。嗚呼！聖朝所以明從逆之罰，與崇死事之報者，豈不仁義兼盡哉。

十五

實錄：洪武二十六年十一月己未，東莞叛寇何迪伏誅。迪，東莞伯眞之弟也。眞次子宏以罪誅，迪自疑禍及，遂聚衆作亂。南海衞以兵捕之，迪伏衆狙殺官軍三百餘人，遁入海島。廣東都指揮司發兵追擊敗之，械迪送京師誅之。按是年二月已書東莞伯何榮同藍玉伏法，而此獨言眞次子宏以罪誅，又不及黨事，及考逆臣錄，則榮與二弟貴宏三招並列，乃知國史未及深考耳。何宏招云：二十六年正月十三日，涼國公晚朝到尙寶司閒坐，對宏說：你尙寶司正管著披甲的金牌，可取出二百面來，我明日教府軍前衛孫指揮來領。是宏聽允，當同詹尙寶於南櫥內取出禮字號金牌一百面，信字號金牌一百面，在北櫥頓放伺候謀逆。宏以侍從近臣，陰竊兵符，在東莞諸子中，逆狀尤著。以何榮之招覈之，則其父眞先交結胡惟庸，二弟貴宏懼前事發，又與指揮法古私通，藍玉榮時往山西抽丁，初未預謀其伏法，亦當在二弟之後也。國史書法殊未明，又皇明詔令載，是年九月十日詔云：今年藍賊爲亂謀泄，捉拿族誅已萬五千人矣。餘不盡者，已榜赦之，猶慮姦頑無知，尙生疑惑，日不自寧。今特大誥天下除已犯已拿在官者不赦外，其已犯未拿及未犯者，不分胡黨藍黨，一概赦宥之。（陳敬宗誌黃淮墓云永樂初嘗有告黨逆者公言于上曰洪武末已有勅禁革不宜復舉意即此詔也）則九月黨事已解，獨何迪嘯聚海島，罪在不宥，故以叛誅耳。迪誅而何氏之支屬盡矣，哀哉。

十六

實錄：洪武二十七年十一月乙丑，潁國公傅友德卒。十二月乙亥，定遠侯王弼卒。二十八年二月丁卯，宋國公馮勝卒。兪本記事錄云：宋國公勝潁國公友德等，爲黨逆事伏誅，家屬悉令自縊，毀其居室而焚之。據此，則宋潁二公，皆因藍黨得禍，史諱之耳。王氏二史考云：潁宋二公之卒，在藍涼公之後，一應恩典，俱從削奪。以鄭端簡〔吾學編〕暴卒例之，其爲賜死無疑。但實錄爲宋公立傳，備言其功。至所謂爲大將馭衆無紀律，自掠胡馬，使閹者行酒，于納哈出妻，求大珠異寶。又胡王死才二日，强娶其女，失夷狄降附心，上以此深責之。然是十八年事耳，以後數佩印巡邊，加太子太師，恐未可據以爲罪狀也。至潁公尤不可曉，自洪武元年以後，北征及平蜀平滇，功冠諸將，不聞有纖毫罪狀見疑以死，而史不於卒時立傳，却於封公下著之，與藍涼公同例，永樂中又不爲置後，豈藩邸時有宿嫌耶？定遠亦不立傳，女爲楚昭王妃，以昭王行實考之，蓋亦賜死家至籍也。行實不載此事宋公二十八年卒，見國史甚明。定遠黃金爲作傳云：悉據金陵馮氏家乘，內言三十二年十月十日卒，朝廷哀悼，遣祭勅有司治喪，以閏十二月五日附葬。子男九皆先卒，恐誤。興化李氏史論云：何喬遠名山藏謂馮勝居家爲酒召邑人，樊父盛陳其金銀器盌，與戲，令廖之，樊父既得，難勝曰：必千金乃還，勝怒走，訟太祖。樊父亦訟勝曰：場下有兵器，太祖予勝酒，歸遂死。傅友德因藍玉誅，內懼，會冬宴從者，徹饌不盡一蔬，太祖責友德不敬。且命召二子，友德出衞士，傳太祖語曰：携其首至，頃之友德提二子首入。太祖驚曰：何遽爾忍人也。友德出匕首袖中，遂自刎陸采史餘記二公之死與此小異皆浪傳也夫我明廉陛間至肅也，安有與人摴蒱求金銀器盌不得，而敢向嚴主訟勝之說，眞齊東也。至友德云云，更爲無稽。夫以上公崇封明刎於朝，胡不爲李善長自縊諱，獨爲友德自刎諱，且出匕首於袖中者，詎止梁冀之帶劍，無忌之佩刀，雖死宜聲罪，而實錄何故代諱。況友德二子忠尙壽春公主爲駙馬都尉，讓爲金吾鎮撫，夫歐陽駙馬之販茶干禁也，自作之孽，僅賜死耳。忠何罪獨罹酷乃爾，縱不憐忠身，亦忍傷主心耶。然則二公之暴卒，遂略無據乎？予幼時讀一書，偶忘其名，載宋潁二公死甚悉，宋公失記，惟記所載潁公云：高皇賜以新第，入一門即閉一門，潁公不得出，以餒卒。此與實錄先書賜潁國公傅友德第於鳳陽，而繼書友德卒，爲近之若潁公嫡派，則以女爲晉恭王妃，故隨居山西弘治閒。晉王曾爲其玄孫瑛請照六王例求襲一職，禮部寢其奏，彼浙閩滇之附會皆僞也。欑章實錄，有於卒之下立傳而不載，賻恤者馮勝也。有不於卒之下而別立傳於封爵之下者，傅友德也。亦有封爵與卒之下，並不立傳者，王弼也。鄭氏大政記別起一例，於友德則曰暴卒，於勝則曰卒，而王弼之死則闕之。蓋友德之死慘於勝，而弼之功又微於友德故也。實錄：洪武二十五年十二月甲戌，以馮勝傅友德兼太子太師，李景隆藍玉兼太子太傅，藍玉男閙兒招云：父對劉指揮說，我征北征西受了多少辛苦，如今取我回來，只道封我做太師，却著我做太傅，太師倒著別人做了。蓋指二公言也。然則藍玉之逆謀，二公必不與知明矣。然卒以不免者，豈如御製逆臣錄序所云：無義公侯，雖不爲首，謀危社稷，任他所爲，坐觀成敗者耶。二公之卒，既非同時，其得禍亦當有別。而兪本記事錄則竝書之，且云家屬悉令自縊。按史餘載勝子九人，太祖召入賜宴，九子皆暴卒 ，與黃金九子先卒之說相似，殊不足信 。而公侯伯襲封底簿載，弘治六年九月，晉王奏稱：傅友德玄孫瑛啓稱先祖潁國公，亦係輔佐高皇帝平定天下，有大功勞之人。其子忠尙壽春公主，女封晉定王妃，擧家依親，隨往看守墳塋，乞比照鄂國公恩例，量加一級，以奉先祀。禮部參看得傅瑛雖係潁國公子孫，但詔書止及追封王爵功臣，與封公侯伯者無與，難以施行。觀此，則潁公實有後於晉，與定遠子孫就養楚國同例，而兪本所記，亦非事實也。名山藏又謂：友德自刎後，徙其家於遼東雲南。在遼東者，嘉靖中有都御史鑰，在雲南省嘉靖中有給事中艮弼。今按傅鑰行狀墓誌敍其譜系甚詳，初不言爲潁公後，而艮弼之五世祖添錫則載於雲南通志，以爲友德第四子遇難相失，果爾世寧有父列上公，子典大郡，終身不相聞問之理。至謂添錫以知大理衞事，占籍雲南，則又非以友德自刎故徙也，考楊愼傳云，布政高詔聘愼修雲南通志時，鄉大夫有欲冒嗣友德，以覬世爵者，愼不可，流言欲中之，愼遂去。今通志所載，豈愼去後竄入耶，則傳所指，鄉大夫非艮弼而誰？故論友德世裔者，當以襲封底簿爲信。

十七

實錄：洪武三十年六月辛巳朔，上御奉天殿策試下第舉人。先是禮部會試者多，而中式者少。被黜落者咸以為言。上命翰林儒臣考下第卷中，擇文理優長者得六十一人，至是復廷試之。初不及考官得罪之事，列朝詩集云：劉三吾三十年主考會試，以多中南人坐罪。鄭曉大政記云：三十年六月翰林院學士劉三吾暴卒。雷禮王世貞年表皆云：是年典刑，所謂暴卒者，曉之史例也。考劉學士文集嘗以三十年冬十月，奉勅撰黔國公吳復碑，安得死於六月。集載勅下御製大明一統賦，尊稱我聖朝聖后儲君，有象賢之器，群胤皆屏翰之英，乃建文初奉勅撰者，學士之不死於洪武明矣。按丁丑會試，北士多被黜落，諸生上言三吾等南人，私其鄉。上命官再考，或言考官劉三吾白信稻屬侍讀張信等以陋卷呈進，上大怒親賜策問，覆閱取六十人。白信稻張信等皆磔死，三吾以老戍邊。世傳春榜夏榜，又傳南北榜進士，黃瑜雙槐歲鈔記載最核，而世貞科試考亦因之，已自訂其年表之譌矣。周藩宗正睦㮮作春秋指疑序云：永樂中命學士劉三吾，修春秋大全，睦㮮於宗老中，最為博洽，其言必有所據，俟詳考之可也。余按纂修五經四書大全，開局於永樂，十二年十一月，進呈於明年九月。纂書姓氏備見實錄，三吾果預載筆之役，安得獨佚其名乎。睦㮮之序，殆因三吾書傳會選之編，而誤記耳。雷禮列鄉紀云：三吾乞骸骨去，年已耄矣。而世之傳者，多謂其不能保終吉云，亦知典刑之說，非事實也。近見董應舉撰連江孫芝傳，云、永樂辛卯，奏復孟子全書，略言逆臣劉三吾欲去八十五條其中養氣一章，此程子所謂擴前聖所未發，大有功於世教者，又欲課試不以命題，科舉不以取士，則謬妄益甚，乞下部議，收復全書，庶使萬世知所誦慕。疏草爲蟲鼠所蝕，不能詳。然孟子書以公言復全，夫孫芝詆三吾爲逆臣，雖一時激發之詞，然使三吾此時尚在，必無默不自辨之理。且九年已被重劾，而十二年又安得靦顏復從脩書諸臣之後哉。然則三吾之卒於建文與永樂中，殊未有定論也。

國史考異卷三終

讓皇帝

一

讓皇帝在位四年，旣無記注可考，惟永樂實錄所載，奉天靖難事蹟，及鄭氏遜國記差存年月梗概，故取二書參以家說，而折衷之。靖難事蹟云：高皇后生五子，長懿文皇太子，次秦愍王樉，次晉恭王棡，次上，次周定王橚，玉牒諸書竝同。王氏二史考引皇明世系謂，太宗周王爲高皇后所生，而懿文秦晉妃子非也，革除遺事則謂懿文秦晉周王爲高皇后生，而太宗爲達妃子，亦非也。按革除遺事刻本無此說余考南京太常寺志所載，孝陵神位左一位淑妃李氏，生懿文太子，秦愍王，晉恭王，右一位碩妃，生成祖文皇帝。是皆享于陵殿，掌于祠官，三百年來未之有改者。而實錄顧闕不載何耶？惠宗固嘗曰：此孝康皇帝同產弟也，豈不知成祖爲碩妃子而爲是言耶？史載：洪武十七年十月，冊李氏爲淑妃，攝宮中事。則淑妃之爲孝康母疑有之，而碩妃則他無所考。閒嘗質之中官故老，皆言孝慈皇后無嫡子，初養南昌王文正岐陽王文忠等爲子。厥後諸妃有子，則自子之恩同己出，故中外無閒言。若然，則螽斯麟趾，遠配文母矣。而南京太常寺志所載，非無徵也。然其中位次淆亂，亦多可疑者。自二妃而外，總設皇妃皇貴妃皇貴人皇美人四位于李淑妃之次，皆不書某氏。惟繫所生于下，若胡充妃之生楚王，達定妃之生齊潭二王，郭寧妃之生魯王，郭惠妃之生蜀代谷三王，葛麗妃之生伊王，劉惠妃之生郢王，而總稱皇妃，胡順妃之生湘王，而稱皇貴妃。韓妃之生遼王，而稱皇貴人，皆不可曉。至於周趙慶岷四王之母，志皆不載。考大明會典云：孝陵諸妃俱陪葬，惟二妃葬陵之東西。又凡陪葬諸妃，歲時俱享于殿內，其別葬諸妃俱遣內官行禮。蓋南京太常寺志所載，止據陪葬諸妃，享于殿內者而言，而其他別葬者則不及也。雖然成祖果爲碽妃子，則國史玉牒何以諱言之。吾知成祖于此有大不得已者存焉。方靖難師起，既已自名嫡子，傳諭中外矣。及入纘大統，何敢復顧私恩，以忘高皇后均養之德，與孝康一體之情。故于奉先殿則闕之，于陵殿則祀之，此亦恩義之不相掩者也。嗚呼！其與光武不考南頓君之意，何以異哉。余友吳氏炎又爲余言：周王亦非高皇后生也。考之史，洪武七年九月，貴妃孫氏薨。命吳王橚服慈母服，斬衰三年以主喪事。周王初封吳王勅皇太子及諸王皆服期，有司營葬厝於朝陽門外，以李淑妃碽妃之事觀之，則孫貴妃疑即周王母也。孝慈錄序第言子爲父母庶子，爲其母皆斬衰三年，而其敍服篇，則幷及慈母注，謂母卒父命他妾養已者，與周王之爲孫貴妃服似不合。竊謂是時高皇后尚在，故不欲明言生母，以傷其心。而等慈母之服於生母，則名實兩全矣。且慈母之服重，則嫡母之恩禮逾重，此聖祖之微權也。孫貴妃之薨，孝陵尚未營建，故別葬朝陽門外，而陵殿之享亦不得與。推此則趙慶岷三王之母，其爲別葬無疑矣今言云太祖陵不知附葬幾妃今陵祭旁列四十六案或坐或否大抵皆妃嬪也則南京太常寺志所載特其有子而陪葬者耳

二

靖難事蹟云：初懿文太子，以柔弱牽制文義不稱太祖意，又聞其宮中過失，太祖語孝慈高皇后曰：朕與爾同起艱難，成帝業，今長子不稱吾意如何？皇后曰：天下事重，妾不敢與知，惟陛下審之。太祖曰：諸子中燕王仁孝，有文武才略，能撫國安民，吾所屬意。皇后曰：幹毋泄言，恐禍之也。太子聞之，密以語涼國公藍玉。玉先征北虜納哈出歸，至北平以名馬進上。上曰：馬未進朝廷，而我先受之，豈所以尊君父，却之。玉慚，而心不懌。至是聞太子言曰：臣觀燕王在國撫衆，安靜不擾，得軍民心，衆咸謂其有君人之度，恐此語上聞，殿下之愛衰矣。臣又聞望氣者言，燕地有天子氣，殿下宜審之。時晉王亦聞太祖注意於上，自念己兄也，上弟也，遂生嫌隙。後晉王與上皆來朝，上有疾，晉王數以語見侵，上內懷憂畏，疾增劇，遂懇求歸國。按孝康在儲宮二十餘年，無纖芥之過，聞於中外。亦不聞一日失歡兩宮，而事蹟謂高皇與孝慈有廢立之謀，何其誣也。且孝慈之崩，在洪武十五年，而藍玉討納哈出在其後五年，今謂玉先有燕王却馬之嫌，聞太子言而進讒，先後倒置，不辯自明。作史者豈以藍玉身陷大逆，不難加之罪乎？又洪武實錄於晉恭王薨：稱其聰明英銳多智，數而事蹟，謂其忌燕王出塞功與太子比而沮之，亦未必盡然。王氏二史考，謂高廟錄成於文皇時，使晉王有陷文皇意，不應無貶詞乃爾豈文皇以親故，爲之諱耶？抑其時濟熺濟熿之交謗未行，恭王之謀，尚未露也？余考胡廣之重修高廟錄，正濟熺兄弟訐奏之時，恭王果有陰謀，安得不露？而本傳未嘗輕詆，則事蹟所書妄矣。事蹟又云：太子薨，太祖愈屬意于上。一日召侍臣密語之曰：太子薨，長孫弱，不更事，主器必得人。朕欲建燕王為儲貳以承天下之重，庶幾宗社有託。翰林學士劉三吾曰：立燕王，置秦晉二王于何地？且皇孫年長，可繼承矣。太祖默然，遂立允炆為皇太孫。遜國記則云：懿文卒，高祖年六十有五矣。御東角門，對群臣泣。翰林學士劉三吾進曰：皇孫世適富於春秋，正位儲極，四海繫心，皇上無過憂。高皇曰：善。是年九月庚寅，立皇太孫。夫懿文之葬在八月，而太孫之立即在九月。聖祖曷嘗少有遲回不決之意哉。蓋立嫡立長，家法最嚴，深合春秋大居正之義，初非以三吾言而定也。列朝詩集謂：三吾教習修書，屢忤上旨，以老獲宥。上之禮遇視金華諸老，殆懸絕矣。史家稱其備顧問與密議抗論建儲，皆附會之語，嗚呼諒矣。

三

靖難事蹟云：洪武三十一年閏五月，太祖不豫，遣中官召上，已至淮安，太孫與齊泰等謀，詐令人賫勅符令上歸國。及太祖大漸，問左右，燕王來未？凡三問，無敢對者。乙酉太祖崩，是夜即歛，七日而葬。皇太孫遂矯詔嗣位，改明年為建文元年，踰月始訃告諸王，且止母奔喪。夫以成祖之至淮安，為出太祖密召，此即前屬意建儲之說也。且皇太孫矯詔嗣位，是何等語耶？而遜國記云：建文元年二月，燕王來朝，行皇道入，登陛不拜，監察御史曾鳳韶劾王不敬。戶部侍郎卓敬上書論劾，皆不報。三月成祖還國，燕世子及其弟高煦、高燧留京師。未幾遣還北平。按史載元年十一月，上還北平，上書于朝。有曰：自皇考賓天之後，臣居喪且病，足跡未嘗出外庭。四年六月駐龍潭上，又曰：比為姦惡所禍，不度此江數年，此則成祖自淮安歸國之後。未嘗奔喪入朝之明證也，考其時朝廷已命謝貴張昺覘察王府動靜，猜疑之形已著，成祖安得束身入朝，輕試不測之險，而又傲然行皇道不拜，自干祖訓，授權臣以口實耶？以成祖之智而墹于禮，決不爲此。王氏二史考引傳信錄云：高帝鼎成，建文即位，燕王來奔喪而不朝，謂已叔父行也。給事中金華龔叔安奏，曰，象簡朝天殿下，行君臣之禮，龍衣拂地，宮中序叔姪之情，此出玉堂清話，爲宋杜審琦內宴事則傳信錄所傳，亦附會也。余按革除遺事曾鳳韶傳云：時藩王入覲，有馳皇道入，且不拜者，鳳韶時侍班，有殿上宜展君臣之禮，宮中乃敍叔姪之倫之言，聞者駭愕。此與傳信錄龔叔安事相類。但鳳韶傳泛言藩王入覲，未嘗指斥，燕邸遜國記何所據而大書特書耶？朝野彙編引南京錦衣衞百戶潘暄貼黃冊內載，校尉潘安二十三日欽撥隨侍燕王，還北平，住坐，以拿張昺功陞職，以爲燕王來朝之證，不知潘安即事蹟所云：齊泰等令人齎勅符，令上歸國者也。安得以淮安之事，誤繫于明年乎。事蹟又載：元年三月，世子高熾，二郡王高煦，三郡王高燧皆在京，齊泰曰：三人在此，宜先收之。黃子澄曰：不可，事覺則彼先發有名。且得爲備，莫若遣歸，使坦懷無疑也。遂遣歸，尋悔，遣人追之不及。宣德實錄云，太祖崩，建文君嗣位，時仁宗爲世子，太宗命偕高煦奔訃京師，特戒高煦，宜謹言動，循禮法，毋肆不率以啓禍釁，既至京，任情恣縱，仁宗屢戒之不悛。舅氏魏國公徐輝祖亦以爲言，不納，一日入輝祖廄中，奪其善馬，不告亦不辭徑歸，輝祖追之，已渡江矣。夫黃子澄之欲勿收世子，二王慮成祖之而先發也。設令成祖父子同在京師，則必駢首就執矣。何所顧忌而遣歸耶？世子兄弟之奔訃也，以太祖遺詔諸王臨國中無得至京，故成祖遣之自代耳。若如鄭氏所書，則成祖挈家入朝，不虞後患，如藩屏之重，何且又違太祖之遺命也，其誤明矣。

四

遜國記：洪武三十一年閏五月，上皇祖考大行皇帝，謚曰：高皇帝廟號太祖皇祖，妣孝慈皇后曰：高皇后。尊母皇太子妃呂氏爲皇太后。建文元年二月，詔尊考妣爲皇帝后，祔享宗廟。立妃馬氏爲皇后，封弟允熥允熞允熙爲王。大政記則以尊呂氏爲皇太后，立馬氏爲皇后，子文奎爲皇太子三事，竝繫于元年二月追尊考妣之下，分封三弟之上，此鄭氏之記事，自相牴牾者也。（革除遺事書追尊孝康帝后尊呂太后皆在戊寅閏五月葬高皇帝之前而無上皇祖考妣廟謚事尤爲疎謬又書立馬后太子封三王同在是月）按高廟謚號上于孝陵，卒葬之，後無可疑者。孝康帝后之追崇，當亦不遠。而鄭氏繫之元年二月，至于呂氏之尊爲太后，則在其前十月，惠宗謹于禮安有考妣未追崇，而先崇生母之理，其在上興宗謚號後必矣。而革朝志于元年正月竝書，追尊考妣及尊母后，則又太遲，恐子爲天子半歲之閒，考妣猶守故號，母妃不薦尊稱，亦非孝思所敢出也。鄭氏所載，元年二月詔書，以追尊考妣與冊皇后封三王同時擧行，政體不當如是，況詞旨之蕪雜，條章之疏闊，其爲僞託顯然，革朝志亦載此詔：而竄入尊呂太后一條于簡端，皆不足據也。

五

靖難事蹟云：齊泰等密謀令人上變告，適上遣人至京奏事，泰喜曰：吾事就矣。遂執之鍛鍊成獄，卽發符逮王府官屬。且約謝貴先發密誘長史葛誠爲內應，宋忠等爲外應，令王府人無大小，獲卽殺之。遜國記云：北平按察僉事湯宗上變告言：按察使陳瑛密受燕府金錢，有異謀，逮瑛安置廣西燕山，左護衛百戶倪諒亦上變告，逮府中官旗于諒周鐸等伏誅。又爲湯宗立傳：列于齊黃之後，謂靖難後陳瑛召還院窮治建文諸臣多坐夷滅，恨宗亦論死。諸書皆因之。考永樂實錄元年八月戊申，蘇州府知府湯宗，以坐視水患下獄。六年十二月乙酉，召廣西祿州判官：湯宗至，陞大理寺右寺丞，或言宗在建文中嘗奏北平按察使陳瑛受潛邸賞賜者，上曰：帝王惟才是使，豈當屑屑記憶舊嫌。齊桓用管仲，唐太宗用王魏，何嘗不得其力，竟擢用之。是湯宗實未嘗論死也。宗之告變不著于國史，惟洪武三十五年七月書，召前北平按察使陳瑛爲左副都御史瑛建文中坐藩邸事，謫廣西，故召用之。蓋瑛先去北平，而宗以同官之舊，訐其受金錢事，遂坐謫耳。不在倪諒上告之日也。使湯宗果發難于前，齊泰等又何必執奏事人，鍛鍊成獄耶。宗既以憲臣首啓釁端，乃不與謝貴張昺同受姦黨之目，有是事乎？鄭氏妄謂：宗以告變得罪于燕，且與瑛爲讎，決不能免。不知宗之訐瑛，在兩人去燕之後，雖事涉藩邸，非成祖所深惡，彼瑛亦安能以私怨論殺之哉？宗以太學生擢河南按察僉事，改北平後陞山東按察使（疑以訐陳瑛得陞）坐事，左遷刑部郎中。永樂初，擢蘇州知府，又坐事，左遷知祿州用右春坊大學士黃淮薦，召還，授大理寺丞。後終南京大理寺卿，見于宣德實錄。所爲小傳甚詳，鄭氏不察，乃與死事者同類而稱之，此亦齊黃諸人之所羞也。

六

鄭氏今言云：洪武三十一年六月，武官遷簿，齊泰繇兵部左侍郎進尚書，至建文元年十一月二十三日附選齊公，已不僉名。十二月初七日選則茹瑺爲尚書，並公姓亦不載矣。豈北平事急，公有軍旅之役耶？近見新官供詞，往往有云，鄭村壩殺敗齊尚書軍馬者，豈公時輟部事理戎務耶？（歸有光撰興安伯徐祥世家亦云敗齊尚書軍

（于鄭村壩蓋據其家狀書之耳）或謂公倡晁錯之議，及北平兵起，復偃然居守；命庸儒如景隆者爲元帥，卒以誤國，豈公固未嘗居守耶？按靖難事蹟載：元年十一月黃子澄等知李景隆敗匿不言，遂遣人密語景隆，令隱其敗勿奏。景隆如指，繇是內外蒙蔽朝廷，所得軍中奏報，皆非實事。夫軍機奏報兵部，實主之言子澄，而不及泰何也。且泰首贊密謀，自李景隆出師以後，絕不聞有所建白。豈白河德州之役，泰皆躬歷戎行，而中朝籌畫，有不得預耶？靖難事蹟：又於二年六月甲午朔，書齊泰黃子澄聞李景隆等屢敗，濟南危急，皆震悚喪氣，乃謀遣尚寶司丞李得成等來講和，以緩我師？則是時泰已還理部事也。永樂實錄茹瑺本傳云：洪武中歷太子少保；兼兵部尚書。建文中改吏部尚書，與太常卿黃子澄不協，刑部尚書暴昭黨子澄極力擠，瑺以罪黜河南布政使。歲中子澄亦黜。召瑺還，復爲兵部尚書，上即位以推戴封忠誠伯，仍太子少保兼兵部尚書。按泰與子澄同黜在三年之春，以諸書考之，則齊泰初出視師、茹瑺實自吏部來代爲尚書，及泰既還，瑺以罪黜河南，未幾泰等被逐，而瑺復本兵柄，于是推戴之謀成，國事去矣。雷禮列卿表謂：茹瑺左遷河南，在洪武三十一年，復任兵部在革除元年誤也。遜國臣記又言：泰嘗使北平、北平賂泰，泰受歸，請爲兵費，上益倚重泰，泰使北平事無可考，疑在燕師未起之先，不然成祖方以誅姦臣爲名，曷不取而甘心焉，今竝削去。

七

靖難事蹟：云元年十月甲寅，拔大寧之衆，及寧王權皆回北平。遜國記亦云：冬十月甲寅，成祖盡拔大寧諸軍，及兀良哈三衞，胡騎挾寧王入松亭關，赴援北平。按大寧之地，國初止設衞所，不立郡縣，自寧藩內徙，而諸衛軍之未附者，往往闌出塞爲盜賊，其地漸成甌脫矣。永樂實錄云：元年二月己未，以大寧兵戈之後，民物凌耗，改寧王府于南昌，三月壬午，改北平行都指揮使司爲大寧都指揮使司，隸後軍都督府。設保定左右中前後五衛俱隸大寧都司。調營州左屯衛于順義，右屯衛于薊州，中屯衛于平谷，前屯衛于香河，後屯衛于三河，仍隸大寧都司。五月乙未，敕北京留守，行後軍都督府。曰：比聞大寧諸衛官軍多逃于口外，相聚劫掠，罪本難容，朕念此輩皆太祖皇帝所養，東征西伐，嘗奮勇效勞，後出於一時畏罪逃聚，衣食無資，遂至劫奪，陷爲盜賊，改過無繇，可即差人賫敕往諭朕意，既往之罪，咸釋不問，宜革心悔過，各復職役。鄭氏大政記云：永樂元年三月，徙北平行都司于保定，以大寧畀兀良哈考實錄：永樂元年十一月：敕諭兀良哈部落第云，仍舊職，設泰寧福餘朵顏三衛，俾爾等統屬軍民，鎮守邊境而已，初未直言以大寧畀兀良哈也。余寅曰：嗚呼！成祖敕諭煌煌，仍太祖之舊制，以潢水北兀良哈地畀三衛耳，而陳建鄭曉不載，豈可爲信史？又二十年三月，上親征阿魯臺旋師，命諸將東擊兀良哈，而自將從西要之，寇大潰。蓋至是不惟兀良哈爲我版圖，而諸和林漠北地一空矣。故嗚鑾戍之論，明乎滅虜當守大寧，與遼東興和並爲重鎮。大寧之未嘗畀三衛也，又一證也。厥後宣德三年，朵顏寇邊，使成祖果以大寧畀之，則史不宜言，兀良哈萬衆，已入大寧，經會州將及寬河，是何後先之矛盾耶？所可憾者，宣德輔臣當英武之朝，寬河奏捷，不能贊成先志，僅進蹕會州，而旋即振旅，吁！誰之咎哉？余考職方地圖，兀良哈地在潢水北，洪武二十三年北胡來降者衆，詔于兀良哈地置朵顏福餘泰寧三衛以處之。西北起懷山，東南抵金山，即祥穩群牧地也。自永樂以後，大寧既空，遂乘閒南牧。然皆逐水草，遷徙無常。至三十年八月，諸將征兀良哈者：奏云：已入寇穴寇，悉衆來敵，大敗之餘，衆潰而西走，盡收其人口孳畜。先道大寧入喜峰口俟駕。則是時毳幕遠遁，不敢復據大寧，明矣。後洪熙元年閏七月，興州左屯衛軍士范濟詣闕：上言屯兵要地，若朔州大同開平宣府大寧諸處，皆關嶺之外，實中國之藩籬，邊塞之要地，其土或可耕可耨，宜令良將率兵廣屯種，修城堡、治器械、謹烽火、勤訓練，以備胡。可見此時大寧尚未棄，惜乎濟之策不用耳。乃宣德三年，兀良哈部落逼近灤河兩岸，牧馬已深入大寧之南，而遼東總兵官奏，往時義州衛帶管大寧驛路，常置馬驛于牛山，今大寧之路不通，馬驛虛設，蓋先是屯兵雖撤驛，道尚存遼東宣府聲援，猶未甚隔也。是秋有寬河之捷。嗣是三衛數與阿魯台相攻，部曲離散，而邊臣因循無復言修大寧舊邊者，馴至正統己巳之變，三衛既導瓦剌入寇，遂狡焉，渡灤河，踞大寧，分爲三區。福餘自黃泥窪跨開原泰寧，自錦義至白雲山朶顏，東起廣寧前屯，歷喜峰近宣府，當是時祠官至，不能赴昌，平陵衛吏卒如僑寓，而何暇問灤河以北乎？繇是屬夷藉口，謂靖難初歸附有功，遂以大寧爲賞。而鄭氏不審從而書之。若以爲成祖眞有帶礪之誓，茅土之分也者。遂令二百餘年，謀臣勇將，噤不敢議收復，則此一言誤之哉！又考重修會典云：洪武元年，置大寧都司于兀良哈地，置屯田。永樂三年，徙大寧都司于保定府，領衛所一十二，各置屯田。自後兀良哈屯田捐之，朶顏諸胡蓟永一帶，遂爲邊鎮，不知初置北平行都司，在洪武二十一年七月，其改大寧都司徙保定，則在永樂元年三月，會典所紀沿革年月皆大謬，且其地在惠州之境，非兀良哈也，不可不辨。

八

靖難事蹟：二年五月，上至濟南，李景隆衆尙十餘萬，倉卒布陣未定，上以精騎赴之，大敗景隆、斬首萬餘級，獲馬萬七千餘匹。景隆單騎遁，餘衆悉降，盡散遣之。濟南城守不下，上命諸將攻之。辛巳，隄水灌濟南城。八月戊申解濟南圍，還師北平。濟南前後被圍三月，其閒攻守勝敗之勢，史皆諱而不言，何耶？且景隆既遁，而城守不下者，果何人也？立齋閒錄：載高巍贈鐵司馬序云：大軍進取失利，漫散南行。而德州並無守禦，官軍人民逃散，四野一空。鐵相與巍竝轡怏怏南行，路經臨邑，時序端陽，誓酒同盟，起集民丁，協同都司，固守濟南。不意□□于五月十六日率衆寇城詭詐百端，誘說軍民開門出見，鐵相遂使軍民穢罵賊寇，彼知中堅不下，長圍四守，內外不通。百計攻打，晝夜不息。攻之愈急，守之愈固。若非濟南戰守而挫其鋒，□□乘劈竹之勢，目中已無江淮矣。攻圍三月，彼既智窮力盡，師老將疲，援兵方至，遁走圍解。其敍鐵鉉城守之功，可謂簡而覈矣。古穰雜錄云：文廟兵至城不下，圍之月餘，亦不得。時城有攻破者，隨完之以計詐開門降，用板候其入下之，幾中其計。後出戰文廟，被其窘甚，知不能克，乃棄去。遜國記因之，夫據高巍之序，則誘說軍民開門出見者，燕師也。使軍民穢罵，彼知不下，長圍四守，與詐降之說絕異。度文皇善用兵，不應誤信，輕率乃爾。事蹟所載，攻城在庚辰，隄水在辛巳，又與巍序合。則長圍既築之後，必無開門用板之事矣。革除遺忠錄。又云：鉉于城壞處輒縣太祖御像，兵畏忌，矢石不敢犯：鉉于像內，潛修築完固，太宗苦之。不知危城中安得御容如此之多，鄭氏獨削不取，亦有見也。大抵鐵鉉倡義于景隆，喪敗之餘，集民丁、守濟南，僅能嬰城而不能決戰。靖難師已疲老，而盛庸又進逼德州，有腹背坐困之勢。故拔營歸耳。鄭氏作鉉傳，未免張大失實。至謂文皇攻濟南，不克舍之，南去宋參軍說鉉出兵，襲北平。鉉不能用，則文皇自解圍後，即歸北平，至十月始再出，未嘗舍而南去也。當以國史及高巍序正之。

九

遜國記，建文二年十月，詔諸將，無使朕負殺叔父名。三年三月辛巳，成祖率衆至夾河、戰酣、迫暮，各斂兵入營。成祖以十餘騎，逼盛庸營野宿，明日引馬鳴角，穿營而去。以上有詔旨，無使余負殺叔父名也。諸將相顧，不敢發一矢。靖難事蹟亦云：時迫暮，各斂軍還營，上以數十騎逼敵營而宿，天明視之，四面皆敵。左右曰：亟出，無爲所困。上曰：且休無恐，日高丈餘，上引馬鳴角，穿敵營從容而出。敵衆顧視驚愕，略不敢近。然無詔旨不殺之說。蓋是日兩軍力戰，互有勝負，黑夜斂營，成祖以輕騎野宿，敵不覺也。既而安臥，以示閒暇，出敵不意，穿營而出，卽李廣解鞍縱馬，以疑匈奴意耳。否則南兵追射之，立盡矣。敵所以不敢近者，蓋素憚成祖威略，且疑其見誘耳，非眞顧忌，詔旨也。不然，左右何以有亟出之請乎？王世懋窺天外乘曰：建文君敕諸將不得加矢刃于燕邸，使朕有殺叔父名，以故成祖得出入行閒無憚，其說採入吾學編，至今傳爲實錄。此言外若愚，建文君內實頌其仁，而甚成祖之忍，愚以爲不然。建文君雖不失道，其待諸叔實嚴。卽位未幾，齊周谷三王皆被囚縶，豈有稱兵如燕邸，而諄諄乃以殺叔爲戒。且臨陣而斃之矢石，不乃有辭，愈于擒而殺之乎。卽其君愚爲此言，方黃諸臣，寧不强諫而易其辭也。至敍平安忠勇，矛刃幾及成祖，則其言又自相矛盾矣。自古帝王之興，皆有天命，唐太宗數摧大敵，身經百戰，體無寸傷，亦豈有敕勿傷之者。大都廢興在天，其在人謀，則文武二途致之也。高皇帝櫛風沐雨，與諸功臣起昆弟，晚節于文臣多所誅戮。建文君易之尊禮文臣，與同密謀，而武臣皆失職。成祖少受中山王兵法，數練兵，出塞爲將士所服，諸老將內憤失職，而外憚成祖之英武，以茲多不宜用命。至齊黃所自用大將李景隆，又怯詐小人，通文墨而好大言者，人心益憤，而國事遂去矣。故金川之役，武臣迎降，文臣死節，詎非其效歟，余謂成祖用兵，絕類唐太宗，每戰必挺身陷陣，繞出其背，而諸將乘之取勝，其後出塞逐虜，皆用此法，非不欲計萬全，蓋身先士卒，勢不得不然也，世所傳八駿圖，其二曰赤兔，戰於白溝河，中箭，都指揮亞失鐵木兒拔之，其七皆然，此成祖命圖之，以示子孫者也。豈南軍射馬不射人，故不受傷耶。王氏歸之天命，當矣，建文此詔，闕之可也。

十

靖難事蹟：四年四月甲戌，駐師齊眉山，與敵大戰自午至酉，勝負相當，遂各斂軍還營。明旦敵拔衆遁。鄭氏大政記云：建文四年四月，魏國公徐輝祖率兵會諸將，及靖難兵戰于齊眉山，敗之。召輝祖還。皇明通紀云：時北兵駐齊眉山，輝祖帥軍援何福，既至相與大戰，自午至酉，兩軍相當。薄暮，輝祖斬其蔚州衞千戶李斌等十餘人，斌于北軍中最號勇敢，馬蹶爲南軍所擒，猶力斬數人，乃死。于是北軍退走，還營掘塹以自固。是時南軍再捷，北將皆懼，議旋師。會京師傳言燕王已北歸，帝以京城不可無兵，乃召輝祖還。何福孤軍無援，遂不能禦。按齊眉山之戰在甲戌，南軍之退在乙亥，蓋是時兩軍相持，力戰饑疲，故何福等拔營就糧，而燕將亦有渡河之請，成祖知兵勢貴進忌退，決計追襲，晝撓夜攻，使不得息。未幾即有靈壁之捷，纔數日閒事耳。不聞有徐輝祖來援及召還之事也。朱國禎曰：輝祖將兵不少，槪見國史述兵爭事蹟，甚詳。南朝諸將姓名，凡接戰有得失者，皆著。輝祖名位甚重，帥師斬將，何以不及一字也。北將戰死直書者甚多，李斌最稱雄勇，何以獨遺兵至近地亟矣。燕王兵十餘萬歸不歸，事豈等閑，乃以傳言遂召還。何福原與平安合軍，何以言孤，其論晰矣。實錄于靖難死事：諸將先後贈䘏無不臚列，而李斌之名無聞焉。永樂八年七月甲午書，命千戶胡文通姪海襲陞指揮僉事，以文通齊眉山陣亡故也。同一千戶，同一陣亡。文通書而斌不書，有是例耶。遜國臣記：謂靖難兵起輝祖與齊黃張昺通謀，議督諸兵北進，屢有功，召還靖難，兵至江上，輝祖及開國公常昇，分道出師禦戰，將士往往離散，不肯嚮敵，遂還京。輝祖天性忠孝，乃心王室，其與齊黃通謀議則有之，至云督兵有功，則非事實。鄭氏又載：鎮撫楊本疏云，如魏國公徐輝祖，爵尊太傅，率師征燕，私存姊妹之情，虧喪士馬，皇帝召還京師，命大教場操練軍士，疏語誕妄，亦僞作也。至開國公常昇，以洪武中坐黨，而謂與輝祖分道禦戰，不幾于說夢乎？遜國臣記：又爲趙諒立傳，謂諒鄂國公外孫，其母與孝康皇后兄弟也。壯勇知兵，建文元年六月，以諒爲留守右衞指揮僉事，信任之。諒能效職無私，交未踰月，靖難兵起，諒時時奉密詔，往來諸將軍中督察之。壬午秋，常宗人竝得罪，諒亦坐廢，憂懼卒。考之實錄：永樂八年八月乙□朔，陞旗手衞指揮僉事，翁巖趙諒爲本衞指揮，同知諒爲鄂國外孫，與否固不可知，但據實錄則其官爲旗手衞，非留守右衞也。以永樂八年陞職，而非以壬午秋廢死也。且常宗人之得罪他無可考，惠宗本非孝康皇后親子，成祖何緣罪及常氏耶？蓋常昇坐黨之後，其家諱之，而爲是說耳。鄭氏既誤載常昇，而併及趙諒，是又夢中說夢也。敢因輝祖之事，而具論之。

十一

靖難事蹟：四年四月辛巳，上命諸軍攻敵營壘，而躬率諸將先登，軍士蟻附，而上遂破其營，生禽敵將左副總兵都督陳暉，右副總兵都督平安，右參將都督馬溥，都督徐眞（考徐眞本傳當作都督僉事）都指揮孫成等三十七員。內官四員，禮部侍郎陳性善，大理寺丞彭，與明欽天監副劉伯完，指揮王貴等一百五十員。是役也，諸將陳暉馬溥徐眞等後皆顯用，屢見于史。而文臣若陳性善等則不詳所終，意亦王氏所謂武臣迎降，文臣死節者歟？遜國臣記爲性善與明伯完三人各立一傳，于性善則云：文皇縱之歸，性善衣朝服，躍入河，死之。于與明則云：文皇遣歸，令傳語中朝士。與明慚憤，裂冠裳，棄官變姓，名于伯完，則云釋還，竟亡去，莫知所終。蓋皆被禽得釋，而或死或生，其本末未可明者也。惟性善似稍烈而革除，遺事以爲監李景隆軍，戰白溝河敗績，死之，則又傳聞異辭矣。其與顏伯偉輩死事之臣，相去蓋有閒云。

十二

遜國記云：建文四年五月，成祖至儀眞，詔天下勤王，遣刑部侍郎金□，禮部侍郎黃觀，國子祭酒張顯宗，翰林修撰王叔英等，分道徵兵入援，此數人者，其後死生不一。觀叔英則殉節矣，顯宗揚璉等則謫戍矣，而金侍郎者，獨無所考。兵部貼黃冊載刑部侍郎，金公與黃觀張顯宗王叔英等徵兵江西等處，有常州朱進隨公行，六月被南昌左衞百戶某縛送京。桉雷禮列卿表云：刑部右侍郎金純革除四年任，則縛送京者，疑即純也。純與觀等同事，而獨蒙赦宥，累進尚書，此正敖布政英所謂，畏死歸附，悉復其官，見於兵部綁縛冊者耳。而朝野彙編置之有官無名之列，豈亦傳疑意邪？遜國臣記：又載松江同知者，不知其姓名，勤王詔上，同知榜募義勇入援，極言大義，感動人心，並述靖難之兵，乖恩違義。文皇既即位械至京，磔於市，其事彷彿金公，蓋得於傳聞也。近見錢氏表，忠紀因之鑿空杜撰，謂金公名有聲，河南人，爲南昌百戶劉恩縛送京師。松江同知姓周名繼瑜，江西撫州人。錢氏生鄭端簡之後，又百餘年，不知金公之爲有聲，同知之爲周繼瑜，以及南昌百戶之爲劉恩，果孰紀之？而孰傳之邪？弘光中禮臣失於考正，遂請賜有聲謚翼愍，贈太子太保。刑部尚書繼瑜謚莊愍，贈太僕寺少卿矣。吾不意子虛烏有，亦可以濫冒盛典，至此也。噫！此又鄭氏之罪人也。

十三

靖難事蹟：四年六月乙丑，上至金川門，時諸王及文武群臣父老人等皆來朝，建文君欲出迎，左右悉散。惟內侍數人而已。乃歎曰：吾何面目相見邪。遂闔宮自焚，上望見宮中煙起，急遣中使往救，至已不及。中使出其屍於火中，還白上。上哭曰：果然若是癡騃邪？吾來爲扶翼爾爲善，爾竟不亮，而遽至此乎？遂駐營龍江發哀，命有司治喪葬如儀。遣官致祭，布告天下。壬申備禮葬建文君，遣官致祭，輟朝三日。遜國記云：六月乙丑成祖入城，諸內臣譁言，不如遜位去，須臾宮中火起，傳言帝崩，成祖爲發喪治葬。惠宗之自焚與遜去也，諸書紛紜，迄無定論。而余以所見所聞，反覆參訂，則自焚之說，可疑者有三，而遜去之說，可據者亦有三。其可疑者何也？一曰喪禮之不備也。史言成祖望見煙起，遣中使往，出屍火中還報而哭，遂駐營龍江發哀，命有司治喪葬，是始終未嘗一臨其喪，而通紀所傳撫屍而哭，且以小子無知斥之者，亦妄語耳。其謂喪葬如儀，及備禮云者，皆史家微辭。初不言其儀注若何，服制若何也。遣官致祭，輟朝三日，此王公以下告哀之禮，而以加之四年正朔之其主，其他名數，一切簡殺？又可知成祖方以周公自居，使非心知煨燼之中，莫辨眞僞，寧忍概從其薄乎？一曰，園陵之無考也。實錄王景本傳云，時建文君未葬，上詢景葬禮，景對以天子禮。上然其言，蓋然之而不能從也。以事蹟所書觀之自明。而仁宗御製長陵碑則云：備天子禮歛葬，此亦飾美之言，非實事也。不然，既已備禮葬矣，何以諱其地而不傳，或疑其附葬東陵之旁。而南京太常寺志，明言建文君封樹莫識，魂魄無依，則橋山之藏，竟安在邪！通紀葬西山不封不樹之說，亦因此傳訛耳。一曰、馬后之不知所終也。國史止記呂太后隨敷惠王居懿文陵園，而馬后之存沒不著。通紀云宮中火起，皇后：馬氏亦赴火死。及上淸宮詰問宮人內侍，以建文君所在，皆指后屍應焉。事雖無據，然當闔宮自焚之時，令中使所出之屍果爲帝，而后屍竟安在也？其可據者，又何也？一見於谷庶人之事也，夫金川門之開谷，庶人首爲內主矣。惠宗之存亡，寧不心識之，乃史載，蜀王子悅燇獲罪避橞，所橞詭衆曰：建文君初實不死，今已在此，事在永樂十四年。則不死之說，必有自來矣。豈比懷王扶蘇，傳自民間而已哉。一見於胡濙之使也，李賢爲濙墓碑云，丁亥命公巡遊天下，以訪異人爲名，實察人心向背。時御製性理大全，爲善陰隲孝順事實？書成，俾公以此勸厲天下，以故雖窮鄉下邑，軌跡無不到，在湖廣閒最久。癸卯，自均襄還朝時，車駕親征北虜，駐蹕宣府，公馳謁行在所，上臥不出，聞公至，喜而起，且慰勞之，賜坐與語，上欣然納之。向所疑慮者，至是皆釋。李賢與濙同朝，故所記最眞。自壬午至丁亥，上御極已五年矣。何尚介介於人心向背，至暮年而疑慮始少釋乎？一見於溥洽之獄也，實錄：永樂四年十二月戊戌，降僧錄司右善世溥洽爲右覺義，今言云：溥洽字南洲，山陰人，靖難兵起，爲建文君設藥師燈懺，詛長陵，金川門開，又爲建文君削髮，長陵卽位，微聞其事。囚南洲十餘年，榮國公疾，革長陵，遣人問所欲言，言願釋溥洽，長陵從之，釋出獄。楊士奇撰溥洽塔銘云：太宗卽位，召斯道衍於北京，命主教事。公以左善世遜衍而已，居右。永樂四年有盛覺義者，忌其寵，搆詞閉之，左遷右覺義。（言左遷而不及下獄與國史書法同）公不辯，自處裕如。既而上察其心復。右善世又云：三四十年間，鉅錙老衲有文聲者，師與衍公爲首。衍公既進位宮師，晚年於師尤厚，將化之前一日，太宗親臨視之。問所欲言，獨舉師爲對，不及其他。列朝詩集云：文貞於洽公繫獄、及設懺削髮之疑，皆缺而不書。但云：遭讒左遷。又云：衍公將化，獨舉師爲對。則又櫽括其事，使讀者習而問之，此所謂不沒其實，史臣記事之體也。正統三年，周文襄撰鳳嶺寺記云：公嘗永樂間嘗爲同列所聞，太宗欲試其戒行，幽之於禁衞者十有餘載。其記洽公下獄，與塔銘互相證明，文貞文襄身事，長陵服官史館，其所記載非稗官野史可比，觀洽公十載下獄，考其所以被讒之故，則金川夜遁之跡，於是乎益章明較著矣。然則地道之說信乎？曰，未可信也。今觀南京宮城之外，環以御河，果從地道出，將安之乎？意是時成祖頓兵金川，遣人奉章（見長陵碑文）實欲使惠宗自爲計，而京師遼闊，東南一隅，燕師勢難徧及，倉卒潛行，誰爲物色之者，而又何必假途隧中也。況惠宗是日，尚能手誅徐增壽於左順門，則非坐困宮中可知。若夫出亡之實，則其事祕，吾不得而知之矣。必欲從二百載後，而一一指其同謀何人，寄跡何地，非愚則誣，闕疑焉可也。

十四

靖難事蹟：四年六月乙丑，時有執方孝孺來獻者，上指宮中煙焰，謂孝孺曰：此皆汝輩所爲，汝罪何逃？孝孺叩頭祈哀，上顧左右曰：勿令遽死，遂收之。丁丑，執姦臣齊泰黃子澄方孝孺等至闕下，上數其罪，咸伏辜，遂戮於市。按長陵碑文：言姦臣蒼皇知罪不宥，閉皇城門，脅建文君自焚，與事蹟語合。

蓋直欲以弒逆之罪，坐孝孺等耳。而叩頭祈哀一語，曲筆又不待言也。遜國臣記云：建文君遜去，文皇以姚廣孝言召用，孝孺不肯屈，繫獄。一日遣人諭再三，終不從。又詔孝孺草詔，入見悲慟徹殿陛。上降榻勞曰：先生無勞苦，余欲法周公輔成王耳。孝孺曰：成王今安在？文皇曰：渠自焚死。孝孺曰：成王卽不存，何不立成王之子？文皇曰：國賴長君。孝孺曰：何不立成王之弟？文皇又曰：先生無過勞苦。置左右授筆札，又曰：詔天下非先生草不可，孝孺大批數字云云，投筆於地，又大哭，且罵且哭。曰：死卽死，詔不可草。文皇大怒，命磔諸市，孝孺慨然就戮。孝孺以乙丑被收，丁丑就戮，在成祖卽位後八日，則鄭氏所記召用及草詔事，當不妄。而作史者因其緩死，從而誣之，何其橫也。今言云：彭惠安公哀江南詞，敍述建文死義之臣，至方遜志乃云：後來姦侫儒巧言自粉飾，叩頭乞餘生，無乃非直筆，蓋指西楊輩修實錄書，方叩頭乞生者，非實事也。朱國禎云：考太宗實錄進於宣德五年，是時上自負文學，數幸閣中觀書，且賦祖德詩，頒群臣。實錄重事，焉知非經御覽改定，是可以原矣。余謂事蹟所書，議者專以罪西楊，非無據也。楊溥撰西楊墓碑云：朝廷修三朝實錄，公爲總裁，筆削有公論。若此者，可謂有公論乎？溥言既然，則西楊之罪，可他委乎？若以爲御覽改定，則仁宗嘗諭群臣曰：若孝孺輩，皆忠臣也！是當時朝廷，已憐其忠，而安得以此，疑謗宣宗也。然觀臨海章嶽所述，方氏二女事，謂有祝監生者，及見西楊閣老，歎二女當先生死時，年俱未笄，被逮過淮，相與投橋下死，其事甚烈。當時西楊欲爲傳未就。西楊於二女則烈之，於先生則汚之何耶？豈嶽所述亦假託耶？遜國臣記又載：魏尙書澤藏孝孺幼子事，朱國禎駁之云，方氏既爲噍類，惟克家子孝復，於洪武二十五年湯公和城海上，加賦，甯民赴闕奏減，謫寧夏慶遠衛軍，攜宗圖以行。先生死難時，止鈔民，不鈔軍，故孝復軍支幸脫洪熙逢宥，孝復子琬，援例抱宗圖，告調海門！衞軍，尋釋爲民。由是方氏之的胤，始歸成化。十八年，謝文肅公輯先生遺稿謁祠，琬孫志淵出迎，文肅喜先生有後，且繇軍赦回，故手書律詩一首贈淵，有「孫枝一葉是君恩」之句，遺扁尙存，歷代世守。乃志淵故有仇人曰葉琰者，遊於海鹽，得見鄭端簡悉其說，遂入傳中。然猶下一或字或之者疑之也。金采者，軍冊之訛也。而松江人兪斌，原竈丁，販布於甯，欲脫其籍，且豔慕恤，錄結黜生復祖吾學編，竄改縣志，於名宦魏澤下摘去黃萌三行，插入託孤一段。指幼子名德宗，揑出兪允任勉名色，求王弇州作復姓記。松江人益張大其事，造祠立碑，纂歸宗錄。至甯海溷告侵奪，知府洪都松人，又主其說。訟者數年，前後提學副使王畿周延光查明黜革方氏，揭奏於朝，始定。蓋天啓四年事，余在政府親得而正之，所謂遺族赦還京者，眞實錄也。余桉雷禮列卿表及刑部題名碑，無尙書魏澤名。考澤本傳，則自督府經歷遷甯海典史，未嘗官，刑部亦無藏孝孺幼子之說。而諸書謂方氏被籍時，賴澤周旋以幼子託方之門人兪山月爲子。旣長，欲配以女，嫌其同姓，故稱余氏山月，卽兪允。王氏復姓記則謂，先生在圍城時，以其幼子託上海余氏友，遂冒余姓。其後人今爲南昌司訓有聲，先生之鄉人葉君，刺得其狀，欲爲置田宅，要司訓君歸天台，奉先生祀。葉君名琰一云魏澤所脫；一云先生所託，其說自相矛盾。然以復姓記觀之，則葉琰兪斌之詭冒，昭然可知矣。此亦鄭王二公，好奇輕信之過也。

十五

靖難事蹟云：洪武三十五年夏六月庚午，命五府六部，一應建文中所改易，洪武政令條格悉復舊，制遂仍以洪武紀年。今年稱洪武三十五年。萬曆實錄云：萬曆十三年三月壬辰，大學士申時行言司業王祖嫡請復建文年號，竊惟成祖靖難之日，詔今年仍以洪武三十五年，爲紀其建文年號，相傳以爲革除，及考。靖難事蹟，亦稱少主，稱元年二年三年四年，則是未嘗革除也。但不稱建文耳。請復位號，請修實錄事係創舉，臣等擅難定擬。上諭建文年號仍已之。二十三年九月，禮科給事中楊天民請改正革除建文年號，禮官范謙等覆奏；詔以建文事蹟，附太祖高皇帝之末，而存其年號。按革除之名，不見於正史。遜國記云：成祖卽皇帝位，革除建文年，仍稱洪武。以故洪武有三十五年。立齋閑錄云：太宗皇帝既卽位；革建文元年二年三年四年年號，仍稱洪武三十二年、三十三年、三十四年、三十五年，此相傳革除之說也。余友顧炎武嘗推申氏之意，著論言實錄自六月己巳以前書四年，庚午以後，特書洪武三十五年，此當時據實而書者也。第儒臣淺陋，不能上窺聖心，而嫌於載建文之號於成祖之錄，於是創一無號之元年以書之史，使後之讀者，彷徨焉不得其解，而革除之說自此起矣。夫建文無實錄，因成祖之事不容缺，此四年故有元年以下之紀。使成祖果革建文爲洪武，則於建文之元，當書洪武三十二年矣。又使不紀洪武，而但革建文亦當如太祖實錄之例，書甲子矣。今則元年二年三年四年，書於成祖之錄者犂然也，是以知其不革也。既不革矣，乃不冠建文於元年，而但一見於洪武三十一年之中，若有所避，而不敢正書，此史臣之失。而其他奏疏文移中所云：洪武三十二三十三三十四年者，則皆人臣奉行之過也。其言尤辨博，然覈其實，則有未然者。謹讀成祖卽位詔書，蓋意在修復舊制，故仍紀洪武，以風示天下，未嘗惡建文之名，而必去之。但榜文條例竝皆除毀，所謂用因非用革也。然一時有司逢迎太過，遂追改建文元年至四年六月以前，皆繫以洪武，亦勢不得不然耳。卽以實錄考之，洪武三十五年十月丁卯，定北平守城功賞，已有洪武三十二年三十三年三十四年之文。徐眞本傳書，三十二年陞都指揮僉事守山東。宋旺本傳書三十二年調守彰德，皆建文元年事也。可見當時通稱皆易建文爲洪武矣。憲章錄云，張太后大漸，召三楊於榻前，（時楊榮已前卒）問朝廷有何大事未辦。士奇首對三事：其一建文君雖已滅，曾臨御四年，當命史官修其一朝實錄，仍用建文之號。后曰：曆日已革除之，豈可復用？對曰，曆日行於一時，萬世信史，豈可蒙洪武之年以亂實，后納之。事雖無考，然亦曆日革除建文之一證也。然則國史創一無號之元年，果何說乎？曰此爲成祖而作，故專述靖難用兵始末，起於元年三月，卒於四年六月耳。皇明通紀載靖難兵去建文年號，止稱元年，此言疑有所本，豈當年軍中奏報，惟署年月，故史家因之歟？其於洪武三十一年先書皇太孫矯詔嗣位，改明年爲建文元年，謂改元之詔爲矯，此去建文年號之本指也。亦據北平稱兵之辭而書之也。若謂止改建文四年爲洪武三十五年，而不及元二三年，則將斷自即位以後乎，抑斷自四年正月乎？度非追改無以示畫一之制矣。然則革除之名何自起耶？曰靖難之後，法禁甚嚴，士大夫既不忘建文之舊，而又不敢察察言故。口傳筆記，或稱革除朝，或稱革除君，所謂名以義起者耳。至弘治中，修會典，始儼然以革除紀年，要其所緣起者舊矣。故謂成祖未嘗有革除之名可也，謂未嘗有追改之實，不可也。

十六

靖難事蹟：洪武三十五年六月戊寅，遣安王楹祭告懿文太子，遷其主於陵園。蓋建文初尊謚懿文，爲孝康皇帝廟號，興宗升祭於太廟，至是禮官言考之古典，於禮未安，遂命以主置陵園，仍舊謚。號曰懿文皇太子。歲時致祭如常儀。大明會典載：懿文太子陵在孝陵之左，四孟清明中元冬至歲暮及忌辰凡九祭，俱孝陵祠祭署兼主之。又載孝陵每歲正旦孟冬忌辰萬壽聖節俱行香，清明中元冬至俱祭祀。特令勳舊大臣一員行禮，長陵以下竝同。是諸陵每歲大祭僅三，而懿文太子陵大祭凡九，又益以正旦酒果之奠，其輕重疏數，何倒置甚也。有司相傳不得其解，從而爲之辭曰，太祖之厚於子也，曰惠宗之豐於昵也。若然則靖難之初，豈因而不革，使孝陵祀典，反薄於東陵乎。萬曆四十四年八月，南京太常寺少卿桂有根建議，孝陵元旦孟冬兩忌辰與聖節俱用太牢，祝帛增三爲八，蓋於懿文園陵之舊，既不忍議裁，而於制禮之意，又有所疑，而未安者。故爲是曲說耳。然祭不欲數識者非之，且天壽諸陵竝一歲三大祭，未聞有議增者，南北異制，尊親異施，可謂稱乎？即孝陵之祭以八，而東陵則獨以九，其數終不相當也。當時禮官不能通知典故，依違遷就，又以元旦聖節有司不便易服行事，乃改正月八日及聖節前二日致祭，紛紛矯舉，彌失其初。余考東陵九祭，若清明中元冬至與諸陵同者無論矣，惟四孟歲暮忌辰六祭會典，既不能明，而國史亦述而未詳，議禮之家，未有知其所繇來者也。蓋孝康謚號既廢，並罷太廟之祀，以其主，置陵園，於是幷廟中五大祭於陵祭之中，凡四孟歲暮之加牲，即所謂歲時致祭如常儀者也。獨是諸陵忌辰，俱用酒果無牲帛，而東陵何以獨厚？則因諸陵忌辰已有奉先殿之祭，故陵祭稍殺，而孝康則無之，故有所耑重也。且諸陵歲祀，俱命勳舊大臣行禮，而東陵則兼掌於祠官，其輕重之閒，則微有辨矣。雖然陵祭非古也，而又幷廟中之時祭用之，此禮之變也。若因此而上逮孝陵以元旦忌辰聖節竝同時祭，名實混亂，其瀆已甚，且何以處夫天壽諸陵乎。竊謂孝康謚號既復，自當別立專廟，祀於南京，而陵園祀典，則以義裁之可也。

遜國記云：或曰，帝發火宮中，卽削髮爲僧，入蜀。或曰，去蜀未幾入滇南，嘗往來廣西貴州諸寺中，天順中出自滇南。呼寺僧曰：我建文皇帝也。寺僧大懼，白官府，追至藩堂，南面趺足坐地，自稱朱允炆，曰，胡濙名訪張邋遢，實爲我家。聞之悚然，聞於朝乘，傳之京師，有司皆以王禮見。比至，入居大內，以壽終。葬西山，不封不樹。或曰：帝之生也，頂顱頗偏，高皇知其必不終，嘗匣髡緇戒之曰：必嬰大難乃發此，以故，遂爲僧去。又曰：建文君幼秀穎，能爲詩。高皇使賦新月曰：「影落江湖上，蛟龍不敢吞。」帝曰：必免於難。憲章錄云：正統十一年，廣西思恩州獲異僧，陞州爲府。土官知州，岑瑛爲知府，瑛初遇老僧於道，從者呵之不避，詰其度牒，乃楊應能也，曰此非吾姓名，吾有所託而逃者，汝不聞金川門之事乎？瑛大驚，送之京師。使尚膳太監吳誠識之，其說視鄭氏尤詳考之。正統實錄則五年十一月丁巳，有僧年九十餘，自雲南至廣西，紿人曰：我建文也。張天師言，我有四十年苦，今爲僧期滿，宜亟返邦國。以黃紙爲書，命其徒清進持詣思恩府土官，知府岑瑛，執送總兵官柳溥械至京，會官鞫之，乃言其姓名爲楊行祥，河南均州白沙里人，洪武十七年，度爲僧，歷遊兩京雲南貴州至廣西，上命錦衣衛錮禁之，凡四踰月，死獄中。其同謀僧十二人，俱謫戍遼東邊衛。王氏二史考，以爲薛氏實借此而附會前說耳。其人乃楊行祥，非楊應能也。建文以洪武十年生，距正統五年當六十四耳，不應九十餘也。是時英宗少三楊，皆其故臣，豈皆不能識，而僅一吳誠識之，識之又何忍下之獄，而死，戍其同謀十二人也。且事發於正統五年，非十一年也。思恩故府，未聞某年陞州爲府也。野史又載建文詩凡三首，皆好事者附會語也。大抵建文出亡與否不可知，僧臘既已深，當滅跡以終，必不作此等詩以取禍，亦必不肯出而就危地，所以有此紛紛者，止因楊行祥一事誤耳。余謂惠宗而不出亡則已，惠宗而出亡也，當如龍潛鳳冥，惟恐不密，又肯於三十載後，無故挺身，自蹈網羅，以覬不可知之禍哉。若謂年老思歸，則埋骨西山，當非首邱之志也。諸書傳譌皆以土官岑瑛藉口，然考之史，正統四年十月丙戌，陞廣西思恩州爲府，先是思恩州土官知州岑瑛，殺賊有功，特陞田州府知府，仍掌州事，而瑛輒欲兼管田州府事，與其知府岑紹交惡，各具以聞。事下總兵官及三司官計議，至是安遠侯柳溥等請陞州爲府，俾瑛紹各守地方，以杜侵奪之患，從之則岑瑛先以功加知府，後因柳溥之請，乃陞州爲府事，在正統四年，而非以楊行祥故陞也。王氏謂思恩故府，未聞某年陞州爲府，蓋未及詳究耳。至諸書所稱，奉以王禮，養其天年，則當時何難出建庶人于幽閉之中，而必俟天順復辟之後哉。史載太監吳誠坐征麓川，失機論死得宥事，在正統五年五六月間，則憲章錄所紀妄也。遜國臣記作太監吳亮云：朝廷以亮經侍建文君，使審視老佛，見亮云云，亮伏地哭，不能仰視。復命畢自經死。按實錄正統六年三月丁巳，宥司設監太監吳亮罪，錦衣衛奏內使范好管本監外廠，私以閑地役人匠與太監吳亮等種菜，縱容人匠置飲食之具，以致火延廠房內竹木白藤車輛等料一百五十餘萬盡焚之，亮等俱當鞫罪，上命司禮監記亮死狀宥之，此正楊行祥瘐死之時，而以爲亮復命自經何邪？近世有撰從亡隨筆者，謂庚申夏師題詩寺壁，有僧冒之，自詭爲帝。藩司以聞，詔械入京，同寓寺者皆逮，師預焉。九月至京，御史鞫僧年不合，僧名楊應祥，均州白沙里人，以不實論死，餘各戍邊。師不得已遂陳其實，御史上聞，命中官舊侍者吳亮諦視密返奏，詔迎入大內，稱老佛云，此又因楊行祥事，爲人所共知，而更端以欺世耳。使建文帝果預同謀十二人之數，則當會鞫之，初何不自陳，而待具獄遣戍之時邪？且謂有僧冒其詩，牽連逮訊，行數千里，閱十餘月，默默不自明，而惟吳亮能識之，又事理之必無者也。鄭氏載建文君金陵詩曰：「禮樂再興龍虎地，衣冠重整鳳凰城。」見楊維禎詩集中，其題羅永菴第二章有「笑看黃屋寄曇標」之句，建文君嫻于辭，何至矢口犯孝康諱邪？又葉子奇草木子餘錄載皇太子新月詩，與遜國記所載正同。其稱皇太子者，庚申君之子也。餘冬序錄引爲懿文太子作謂不及享國之讖，而鄭氏則歸之建文君，考楊維禎集，此詩亦維禎作，則諸書皆假託也。由此觀之，建文迎歸之事，斷不足信，若遜位而出，則或有之耳。

十八

遜國臣記八卷，上自公卿大臣，下至傭伍雜流，無不臚列。其見于國史及他書可考者，余得而次第論定之矣。詳見五六卷中乃有姓名不著，而行事無所表見者，如雪菴和上東湖樵夫之類，鄭氏比之齊二客魯兩主不論可也。建文編年有樂清樵會稽志有耶溪樵七修類稿有玉華山樵皆彷彿東湖事蓋傳聞異耳有姓名雖存，而爵里事蹟若有若無者，如忠賢奇秘錄所列梁良玉等九人，以爲得之轉藏，搜自斷簡，然特王詔一人之私記耳，且九人之中，定海梁氏居其四，何諸臣之有幸不幸若此，未敢以爲信也。又有其人與其事，本不相蒙，而諸書往往援引爲重者，則龔詡是已。姑蘇志云，龔詡崑山人父詧，洪武初爲給事中，謫戍死。詡少依母族冒姓王氏，既長，隱跡田里，肆力經書，晝夜不輟。尚書周忱，屢至其家咨訪，時政兩薦爲松江太倉教授，皆不就。年八十餘，門人私謚曰：安節先生。遜國臣記則謂，詡年十七爲金川門守卒，靖難兵入金川門，詡大哭，後還鄉。宣德中周忱巡撫兩薦爲崑山太倉學官，辭不就。曰詡仕無害于義，恐負往日城門一慟耳。竟隱身，夫據郡志則詡之父，死于戍，而詡少依母，族長隱田里，安得有守金川門之事乎？考黃雲丹巖集有云：安節龔大章，代父給事公補黑衣之列，旣老歸鄉思舊，君言及輒悲泣，乃知詡曾代父荷戈宿衞。第云旣老歸鄉，則其身初未離伍，必經肆赦乃得歸耳。而列朝詩集謂：其父詧，戍五開死，大章年十四，句補伍，調守金川門；靖難兵入，大慟變姓名王大章遯歸。方大索，夜走任陽，投馬陳二氏，匿大囷中。恐當時尺籍法嚴，無遯去不追之理，且以王大章爲變姓名尤誤，蓋王從母姓，大章其字也。若詡者，自宜入隱逸傳，不必附之忠節之末也。

十九

遜國諸書眞贋雜出，蓋作偽者王詔之奇秘錄，而效尤者史彬之致身錄也。二書皆淺陋不經，而致身錄以緣餙從亡事，尤爲流俗所歆豔。崇禎中南京科臣歐陽調律上其書于朝，錢學士謙益，乃據吳文定所撰彬墓表，作致身錄考，其要云：表稱彬幼，跌宕不羈，國初與諸少年，縛貪縱吏，獻闕下，賜食與鈔，給舟遣還。恭謹力田，爲糧長，稅入居最，每條上利害，多所罷行，鄉人賴之，如是而已。令彬果遜國遺臣，縱從亡訪主，多所諱忌，獨不當云，曾受先朝辟召乎。卽不然，亦一老明經也。其生平讀書纘文，何以盡沒而不書乎？文定之表，蓋據明古行狀，何失實一至于此。其必無者一也。表稱每治水諸使行縣，縣官以爲能，推使前對反覆辯論，無所畏。彬旣從亡間歸，尙敢卬首伸眉，領諸父老抗論使者前，獨不畏人物色乎？縣官豈無耳者，獨不知爲故翰林侍書，推使前對使者乎？其必無者二也。表記彬生平自縛吏詣闕，足跡不出里閈，錄載其間闕訪主，廿年之間，遍走海內，何相背也。洪熙初，奉詔籍報民間廢田減邑稅若干石，以錄考之。彬方訪帝于滇南，何暇及此？其必無者三也。表言彬重然諾，遇事不計利害，至死不悔。而錄云以從亡爲讎家所中，死于獄。彬實未曾死獄，而云以從亡死獄，甚其詞，以覬恤也。其必無者四也。從亡狥志之臣，或生扞牧圉，或死膏草野，或煙滅而淵沉，或鳥集而獸散，身家漂蕩，名跡漫漶，安有晏坐記別，從容題拂，曰某爲補鍋匠，某爲葛衣翁，某爲東湖樵，比太學之標榜，擬期門之會集哉！野史記壬午七月，有樵夫聞詔自湛于樂清之東湖，（遜國臣記作臨海東湖）今則以爲從亡之牛景先，豈湛湖者一樵，從亡者又一樵耶？其必無者五也。錄載彬入官後元年，諫改官制，四年請堅守，請誅增壽，皆剽竊建文時政，以彬事傅致之也。不然何遜國諸書，一時論諫皆詳載，而獨于彬削之耶？其必無者六也。錄後有敕奏記事，洪武二十四年八月廿五日，東吳史仲彬縛貪縱官吏，見上于奉天門，賜酒饌寶鈔，次日陛辭。朱給事吉祖之秦淮，王文學彝、張待制羽、布衣解縉、賦詩贈行，而給事中黃鉞記其事。按朱吉墓記，洪武二十三年，辭薦不起，廿五年以明經能書，薦入中書，書詔勅，二十七年授戶科給事中，是年吉正辭疾里居，尚未入官，何得稱給事祖秦淮也。張羽爲太常司丞，謫嶺南，半道召還，自沈于龍江，此洪武初年也。王彝與魏觀高啓同誅，洪武七年也。解縉二十三年除江西道監察御史，旋放歸。是年縉不在朝，又不當稱布衣也。黃鉞建文元年以宜章縣典史中湖廣鄉試，次年中胡廣榜進士，授刑科給事中，安得洪武中先官給事也。作是錄者以鉞同郡人，又死于壬午，故假鉞以重彬，而不知其蹐駁若是，其必無者七也。錄云：吳江縣丞到彬家問建文君在否，彬曰，未也。微哂而去，當時匿革除姦黨，罪至殊死，何物縣丞敢與彬開笑口相向乎？此鄉里小兒不解事之語，其必無者八也。當明古時革除之禁少弛矣。明古之友自吳文定而外，如沈啓南王濟之輩，著書多訟言革除，何獨諱明古之祖？明古爲姚善周是修黃觀立傳，具在西邨集中。大書特書，一無避忌，何獨于己之祖則諱而沒其實乎？其必無者九也。鄭端簡載梁田玉等九人，松陽王詔得之治平寺，轉藏上彼云，轉藏此云，道書其傳會明矣。序文蕪陋，亦非焦修撰筆也，其必無者十也。至弘光初錄遜國諸臣，禮部疏列彬名，科臣李清復摘其四誣曰，以王艮之抱印赴火，矢節甚烈，文皇不云乎，朝廷印信，艮擅毀不得無罪，而今忽云從亡，豈捐一身以殉國，又分一身以依主，一也。以楊應能度牒爲高皇藏，而讓皇啓，遂祝髮以出，此稗官私記耳，而今忽云從亡，方疑其事，何遽實其人，且實其人，不過借其事，二也。以蔡運之坐姦黨論死，牛景先之走蕭寺死，梁田玉中節之爲僧道死，宋和郭節之同賣卜客死，俱雜載諸書，較若列眉，而今忽皆云從亡，將死者爲誰？遁者爲誰？從亡者又爲誰？三也。以雪菴和尚之疑，爲葉希賢見于本傳，而今忽云郭節以衣葛，河西傭與馮翁之初無姓名，而今忽指衣葛爲趙天泰，馮翁爲馮淮，事愈詳而名益多，四也。尤可異者，何洲之與宋和郭節善也，相約爲筮人客死，全身遠害，力固首陽，其爲士大夫何疑。忽云太監，果何所憑。夫爲是書者尚贋，而書中所列之姓名，其贋可知也。于是史彬遂不預祀。余攷史氏所刻仲彬行狀云：府君性忠愛，然不樂仕進，閒膺薦命，非其志也。有黠民當運糧，負其才力，百計求賂府君，執不許。其人憤且恥，乃誣府君不法。事臺下御史治，當代任逮府君獄，不卽治，府君竟死。後御史至，辨所告事無纖毫實，卽坐告者以死府君，冤始白，行狀不載。西邨集中。然就其所云，閒膺薦命者，不過爲稅長課最，縣官薦之耳。初無以明經入仕之事，而其叙下獄至死，謂所告事無纖毫實，則非以從亡被訐也，可知矣。墓表不著此事，故錢氏謂彬未嘗死獄，然彬卽死獄，於從亡又何與乎？余家距黃溪史氏不數里，見聞最眞，然邑志既不爲彬立傳，而史之後人，亦不能舍墓表行狀之外，別有考證，余又何敢隨聲附和？故備錄錢李二公之論，以明非一人之私言也，天下之公言也。

國史考異卷第四終

文皇帝上

一

實錄：洪武三十五年七月辛丑，上視朝罷，以建文多改舊制，顧侍臣歎息曰：只如群臣散官一事，前代沿襲行之已久，何關利害，亦欲改易。且陵土未乾，何忍紛紛爲此。于是天顏愴然變色，乃進吏部尙書張紞，戶部尙書王鈍，諭曰：卿二人久事皇考，習知典故，今皆老矣，其解見職務，月給尙書半俸，居京師，視時政，有戾舊制者，竝向朕直言之勿隱，庶稱屬望老成之意。按王鈍以越三日甲辰，奉命往山東等布政司，巡視民瘼，而張紞不見所終。遜國臣記云：靖難後召紞及戶部尙書王鈍諭云云，紞出遂自經吏部後堂死。皇明通紀云：成祖討姦黨，張紞與焉，以茹瑺李景隆言得宥，復爲吏部尙書。一日上臨朝，詰問建文中變亂官制，顧侍臣太息。紞懼而自縊，與實錄及遜國臣記相合。余考紞之死說者不一，或曰靖難師迫，感高皇帝恩，不食而卒。或曰聞文皇帝即位，自堂上投地，痛哭徹夜，淚盡繼之以血，迨曉竟自縊。或曰投鍾山龍潭，妻與二妾四子家僮皆從。今按解職之命，在文皇帝即位後，已踰月矣。而謂紞已前死者，溢美之諱也。紞之自經，雖不著于實錄，而其事略可互證。實錄稱成祖語及散宮事，歎息變色因極道輕佻諂諛之徒，導人君改祖法之害，娓娓百餘言，乃進紞等諭之，不斥其前此紛更之失，而曰：視時政有戾舊制者，竝向朕直言之，詞婉而意嚴，此紞所以慙懼而死歟？然王鈍復用而紞不免者，非獨人品不同，亦以官制之改，職在冢宰，紞固有不得辭其責者矣。皇明記略云：靖難兵渡江，吏部尚書張紞自經于部之後堂，一妻二妾二子六奴隸，相繼投池中死。此革除錄載而未備者。據此，則紞本縊于後堂，而投水死者乃其家屬，傳聞失眞，遂有竝投龍潭之說耳。紞之一死，足以謝方鐵諸公，而王世貞以爲宜入循吏傳，誠有見也。

二

實錄：洪武三十五年七月甲辰，命前工部尚書嚴震直，戶部致仕尚書王鈍，應天府尹薛正言等分往山東山西河南陝西等布政司巡視民瘼，何弊當革，何利當建，速具奏來。九月壬辰，工部尚書嚴震直卒。遜國臣記則謂靖難兵起，震直督餉齊魯閒，兵敗爲北兵所縛，置布囊，兩馬夾舁，至北平。建文君遜位後，復爲工部尚書，奉使安南，回至雲南見建文君，悲愴吞金而死。考實錄本傳：震直以洪武丁丑坐事，降御史。未幾復爲工部尚書，不言曾以督餉被囚北平，而雲南吞金之說，尤爲傅會。按洪武實錄：二十八年八月戊辰，遣禮部尚書任亨泰，監察御史嚴震直使安南，諭以討龍州趙宗壽之故，則奉使安南，乃洪武末年事耳。若文皇卽位，詔諭安南諸國，則在是年九月丁亥，與震直邈不相及。吳江謝常輓震直詩有云：「海隔華夷勞遠使，天生才傑佐高皇。」亦可見遠使在高皇時，非文皇也。王鈍跋高太常前工部尚書嚴公歷官記云：蒙太祖高皇之寵渥，重其秩于左右，而不暇輟于藩閫，皇上繼登寶位之初，公以老辭，不預乎事。皇上復以公任事之久，眷顧而留居京師。簉朔望之鴛班。皇上謂讓皇也。雷禮列卿記謂：震直建文中致事，文皇即位復召爲工部尙書，巡視山西，以疾卒于澤州公館。其言歷歷有徵。以實錄王鈍本傳考之，則鈍使北京山東，而震直使山西，其卒于澤州，而不于雲南明矣。實錄本傳詆震直姿貌魁偉，而寡學無識，善附權要，上頗薄之。然史臣每目齊黃諸臣爲權要，則上之薄震直者，其故有在。而震直大節，得此益彰，何必飾言吞金而死，以誣後世哉。雷禮嘗與鄭氏同事，吾學編之成，禮又爲序，此等大事，漫無質正，何也。

三

實錄：洪武三十五年九月甲申，封都督僉事邱福，爲奉天靖難推誠宣力武臣，特進榮祿大夫右柱國中軍都督府左都督淇國公，食祿二千五百石，子孫世世承襲。按福于靖難功臣中位第一，而其攻戰之績無聞焉。實錄本傳但云福質直無文，有勇力，每戰必先士卒，所至克捷而已。鄭氏異姓諸侯傳謂靖難兵初起，與朱張二王首建議奪九門，轉戰眞定夾河滄州靈壁，先登有功，是以福之功亞于朱張二王也。然福之善戰，雖不及張玉，而視朱能則稍過焉。以奉天靖難事蹟考之，元年八月壬戌，眞定之戰，耿炳文敗奔入城，闔門自守。邱福等殺入子城，門閉乃退。二年四月，白溝河之戰，令都指揮邱福等以萬餘騎衝其中，堅不動，上以精銳數千突入敵軍左掖，殺傷甚衆，敵勢披靡，莫敢嬰鋒。乃麾張玉朱能邱福等馬步齊進，人自爲戰，勇氣百倍。四年五月辛卯，淮北之戰，上別遣邱福朱能等將驍勇數百人，西行二十里，以小舟潛濟漸近敵營舉礮，敵驚愕，福等突衝敵陣，敵衆棄戈甲而走，我師盡獲其戰艦，遂濟淮，駐南岸。自二年四月以前，福以都指揮敘名于張玉朱能之次，及四年五月，則福反在朱能上。其時張玉已死，而六月癸酉陞都指揮使，邱福朱能等俱爲都督僉事，則福已褎然居首矣。可見福之戰功，顯于白溝河，而淮上先登，亦其次也。福既坐與高煦善，不爲清議所與，又以臚朐河之敗，身死家破，故國史盡沒其功，而鄭氏亦不能詳，噫，惜哉。

四

實錄：洪武三十五年九月己丑，敕遼王植曰：賢弟以遼地荒遠，經涉海洋，餽運爲難，固請改國荆州，今勉從所請。建國荆州，而仍舊封。丙申，修荆州前護衛爲遼王府，鄭氏大政記謂：建文元年八月，徙封遼王于荆州，誤矣。王氏家乘攷云：程敏政作其宗人長史通傳謂：高皇帝上賓從遼王渡海南還。辛巳，進左長史。明年從之國荆州，公悉心輔導，王敬禮之。府中有衛士紀綱者，用諂事得幸，公每召而笞責之。會文皇帝舉兵靖難，遣人至荆州，公草封事上之，凡數千言，文皇帝既正大統，紀綱者亦以入賀留侍，歷官錦衣衛指揮，被顧問，因乘閒及封事，遂有詔械公詣京師，殺之，簿錄其家。按遼王渡海至京，推戴後以壬午九月，請徙國荆州從之，是時文皇即位久矣。乃謂文皇帝舉兵靖難，遣人至荆州，公草封事上之，不亦誤乎？又紀綱者，山東臨邑書生也。謂爲遼府護衛公，每召而笞責之，不又誤乎。然則通之有忤于燕，或佐遼時有之，而不于荆州也。余攷紀綱本傳謂：綱濟南臨邑人，由郡庠生從上平內難，累官錦衣衛指揮使，野記載：濟南諸生高賢寧，目綱爲學校廢材，蓋黜生也。則程氏遼府衛士之說，何自而來？又考實錄：洪武三十一年十二月丁巳，陞羽林前衛千戶紀綱吳仲安爲指揮僉事，俱府軍衞，不知卽此紀綱否？果爲一人，則洪武末已投筆從軍，安得靖難之初，尙在遼府也。建文元年八月，召遼寧二王，遼王浮海至，寧王不至。吾意遼王之舉國南還也，安知通不有力焉。而有左史之擢，尋以是故得禍乎？所草封事疑不虛，然非紀綱所文致也。敏政既謂通從遼王渡海南還，辛巳進左長史，明年從之國荊州，則亦知荊州之徙，在壬午卽位後矣。而又有文皇擧兵遣人至荊州之說，自相枘鑿，蓋出于流傳之譌也。通傳又云：黃希范洪武末先出知徽州府，雅與公善，至是亦爲衞卒所捕，幷籍其家，同赴京師。而績溪程姓最衆，幸使者仁恕，罪止一房，餘獲免焉。遜國臣記因之，遂以通與希范竝列死事，然博覈如敏政，而所述先世事，猶不免參差如此，書又安可盡信也。

五

實錄：洪武三十五年九月乙巳，命都督陳用、孫岳、陳賢移山西行都，司所屬諸衞官軍于北平之地，設衞屯種。永樂元年四月丙子，中軍都督僉事孫岳免。岳建文中領兵在鳳陽，嘗毀太祖皇帝所建寺，取材修戰艦，至是爲刑部尙書鄭賜所劾，免官，安置海南。遜國臣記云：孫岳洪武中立功，官至都督同知，建文中充鳳陽守將。靖難兵起，大修守戰器械，撤寺材爲戰艦，樓櫓戈甲有法，列寨淮西，水陸有備。北兵竟從下流渡淮，至盱眙，金川門不守，尙猶堅守中都。永樂元年，法司劾岳，逮至京宥死，安置海南。鄭氏所記大概與國史合。但云金川門不守，猶堅守中都，則似增飾之詞。蓋岳奉移軍北平之命，越半年而後謫海南，非自中都逮至京也。此與梅殷散師還京之事正相類。若果據城抗命，則法司之劾，當不待元年四月，而其罪有大于毀寺取材者，又豈得宥死安置也哉。壬午之役，武臣殉義寥寥，如孫岳者，亦可無譏。但當據事直書，則美惡自見矣。

六

實錄：洪武三十五年十月壬子，寧王權來朝。丙辰，宴寧王權谷王橞于華蓋殿。辛酉，改江西布政司治爲寧王府。永樂元年二月己未，以大寧兵戈之後，民物凋耗，改寧王府于南昌。是日遣王之國，賜鈔一萬錠，親製詩送之。按十月辛酉，已書改寧王府，二月己未，又追述之，書法不無贅複。先是寧王奏請封國，欲得杭州，上報書以爲天子畿內，不以封，祖訓不可違。建寧荆州重慶東昌皆善，地可自擇之，初不及南昌也。豈南昌之徙，實出王意，因入朝自請之。而成祖遂舉以授之耶？且成祖前書固云：往者嘗許弟自擇封國矣，如遼王之荆州，亦其自請，而非朝命。寧王援例以求，或亦勢所不能靳也。然洪熙實錄：永樂二十二年九月，甯王又言寄居江西，非所封之國，不與封鎮各王例同。仁宗答之亦第曰，江西之地，叔受之先帝已二十餘年，爲國南屛，非封鎮而何，如此而已。豈寧王先自擇之，而後復悔之耶？鄭曉同姓諸侯傳云：王初欲得蘇州，上曰蘇州畿內不許。又欲得杭州，上云云。王遂出飛旗，令有司治馳道。上大怒，王不自安，屛從兵，從五六老中官走南昌，稱病，臥城樓，乞封南昌。上不得已卽藩司爲府，改封王。此說最爲疎野不經，甯王初無欲得蘇州事，所謂畿內不以封者，蓋太祖始封于吳，而杭州亦吳地也。王以壬午十月來朝，僅數日，而江西之命下。又五月而後之國，安得有飛旗治道，及稱病臥城樓之說耶？但王恃帷幄功，以舊封荒瘠，要求內徙則誠有之。史官不深究其本末，見永樂元年三月有大寧內徙之役，在寧王改封之後，遂謂以兵戈之後，民物凋耗故改耳。不知南昌之封，非成祖意也，勢也。

七

實錄：洪武三十五年十月丁巳，吏部奏前北平所屬州縣官朱寧等二百一十九人。皇上擧兵靖難之際，俱棄職遠避，宜寘諸法。命入粟贖罪畢，發興州屯戍。按當時國法甚嚴，自誅死之外，復有謫戍與州一科，而其姓氏多佚不傳。遜國臣記云：周縉武昌人，以太學生，授永清典史。靖難兵起，永清地近燕，民相率逃散，縉度不可爲，懷印南奔。壬午十月丁巳，吏部言云云。有司遂械縉于京師，謫興州，居數年，子代還，年八十，終于家。吳文定公，嘗爲縉傳，以故獨傳。寧等竟不可考。陳敬宗撰黃淮墓誌云：靖難師後，吏部例以南人官北土，不效順者，奏編行伍。公曰：近有勅旨征討官與舊官事同一體，若復追罪南人，與勅旨相背，上卽罷之。蓋此二百一十九人者，皆以南人官北土不早歸順而得罪，其後多得生還，則黃淮一言之力也。周縉懷印南奔，於義無失，而傳盛讚其極力拒守，與糾義旅勤王，則似後人緣飾之辭，未足盡信。又敖英雜言云：靖難師駐金川門。是夕，給舍御史郎四十餘人，相與縋城遁去。詰朝邏者覺察，以聞文皇，悉寘不問。已而軍衞縶之纍纍，相繼以獻。畏死者輒歸附。悉復其官。今兵部綁縛冊可槪見也。然鳥擧雲匿，亦已多矣。〔立齋閑錄〕載：永樂二年十一月十九日，敎坊司官于右順門口，奏蒙錦衣衞鎭撫司發下在逃官牛景先的次妻，合無照例刺字，奉欽依還照舊例凌遲。十二月二十二日，敎坊司于奉天門題奏，有奸惡婦卓敬女楊奴牛景先次妻劉氏，合無照依前例，奉欽依是。此敎坊冊所記，景先不知何官。而前云在逃，後云奸惡，則必名挂黨籍而脫身遠遁者，故其家屬皆罹酷刑耳。遜國臣記則謂景先禦靖難兵，數有功，金川門失守，變姓名，易服出走，死蕭寺中。夫景先爵里且不可考，而以爲數有戰功，卒死蕭寺，又孰從而睹記之也。萬歷三十三年，葉文忠公向高署南京禮部事，有牛濱者，自言景先之裔，景先官御史，金川門失守，宵遁至丹陽，遇一僧云：徐行吉，速行凶。遂改姓名徐行，死于杭州寺中。次妻劉氏沒入教坊。劉氏遺子名能，五傳至濱，皆不肯失身，葉公信之爲除其樂籍，事見朱國禎史，概大都影響遜國臣記，而曲爲之辭，弘光中禮部，又引致身錄，以景先爲□所鎭撫，而祀之從亡之列，噫，立乎定哀以指隱桓，隱桓之事遠矣。以景先輩，爲夏五郭公可也。

八

實錄：洪武三十五年十月辛酉，都督陳質有罪伏誅。初質任江西都指揮，建文中調守大同，遂陞中軍都督同知，擅作威福，挾制代王，僭取府中器物，鹵掠已附居民，强奪良家子女，至是，事覺誅之。遜國臣記云：陳質建文初充參將，守大同，尋陞中府都督同知，發代府陰事代簡王獲罪。靖難兵出懷來，質以西師助宋忠，忠敗退守大同。靖難後被執，不屈，上曰：質奸人害代王者，遂被殺。余謂燕師之起西北，諸藩無不歸心，如寧王則舉國以從矣。谷王則漏師先遁矣。代簡王妃與仁孝皇后兄弟也。於燕至親，而王年少好武，所居又天下勁兵處，成祖之欲倚以爲助久矣。其出居庸，攻大同。雖曰誘李景隆而罷之，然安知非謀挾簡王，合燕雲之衆，左提右挈，如大寧已事乎？質之挾制王也，先事伐謀，實爲成祖所深忌，特以質手握重兵，故遲回數月，而後假他罪誅之耳。成祖大同之役，蔚州廣昌相繼迎附，旋復失之，是時德州眞定諸軍，遠不相及，蓋亦質等之功。所云鹵掠已附居民？卽其事也。簡王在國多過失，自永樂以後，屢賜勅戒諭。則其奪爵于建文時，罪皆自取，無可言者。然當時周齊岷湘諸王，得禍甚酷，而簡王止收實冊，見幽國中。則陳質之刼制，未必非所以曲全之。此與吳楚反時淮南相城守不聽王而爲漢之事何以異，然則如質者，不特建文之忠臣，抑亦簡王之功臣歟？

九

實錄：洪武三十五年十一月甲辰，都察院左副都御史陳瑛言，車駕初至京師，有不順命而效死于建文者，如禮部侍中黃觀，太常寺少卿廖昇、翰林院修撰王叔英，衡府紀善周是修，浙江按察使王艮，沛縣知縣顏伯偉等。計其存心與叛逆同，宜追戮之。上曰：朕初舉義誅姦臣，不過齊黃數輩耳。後來二十九人中，如張紞、王鈍、鄭賜、黃福、尹昌隆皆宥而用之，今汝所言數人，況有不與二十九人之數者。彼食其祿，自盡其心。悉勿問。蓋上初入京城，昇及是修自經死。觀時守安慶，投江死。叔英守廣德，自經死。艮在官，闔家自焚死。先是上兵至沛縣，伯偉不肯下，與其子俱死。後瑛閱方孝孺等獄詞，遂簿錄觀叔英家妻女，皆將給配。觀妻出通濟門，先擠其二女于河，遂自沈。叔英二女皆筓，就錦衣衛獄，俱赴井死。按效死諸臣，見於史者，惟此數人。首尾完備。則陳瑛一疏，未必無表章之力矣。然觀疏中所指，似不止此數人，及考（東里文集），則周是修嘗與西楊約同死事者也。王叔英嘗薦西楊，後題其墓者也。顏伯偉則產於廬陵，西楊嘗爲詩哀之者也。乃知數人事跡之得見於史，皆西楊之志也。若其餘磨滅而不傳者，何可勝言。又豈獨叩頭乞哀一語，爲西楊曲筆乎哉？二十九人姓名，史不具錄。以皇明通紀所載，姦臣榜考之，自子澄泰、孝孺、觀叔英及迎附五人而外，則有陳廸練子寧胡閏鄒瑾郭任盧迥侯泰暴昭毛泰亨陳繼之董鏞曾鳳韶王度高翔魏公冕謝昇宋徵卓巨敬其數相符。然此榜止及文職，而不及武臣，不知何據。其後增爲五十九人，則諸書所載，互有出入，愈莫可致詰矣。若立齋閑錄所記，景清位甚顯，死甚烈，而史不著。姦臣榜亦遺之，此皆尙論者，所深惜也。

十

實錄：永樂元年正月甲子，武定侯郭英卒。本傳言英從太祖渡江，取金陵，以謹重見信。任恆宿衛帳中。鄭氏異姓諸侯傳云：郭英癸巳，年十八，從上起義兵，宿帳中，從取滁和。又云：郭興壬辰隸滁陽王麾下，時上在元帥甥館，專征伐，興備宿衛，從克滁。和興英之兄也。劉三吾撰郭興神道碑云：自癸巳歲起兵，首隸元帥郭某麾下，卽知所適主。明年得滁州，又明年得和州，亦既從龍濟江。蓋郭興兄弟，皆以癸巳歲，杖劍入濠，而歸心太祖者也。黃金開國功臣錄：則謂郭興父山甫，高皇帝微時過之。山甫驚異留飲，酒酣備陳天表之貴，因以子女入侍，此蓋小說家彷彿呂公相高祖事而爲此言。不知太祖託身于皇覺寺之前，郭氏子女何從入侍。若以癸巳起兵之後言之，上方在滁陽甥館，亦不聞其有副室也。黃金之妄足資嘔噱。又異姓諸侯傳云：興有弟德成事上爲驍騎舍人，召授某府都督，懇辭不受。考楊榮撰郭英神道碑稱兄弟四人，長早卒，次興，封鞏昌侯。次某福建都指揮使，意卽德成也。其官非舍人，亦無辭都督事。然則鄭氏所記德成削髮披緇，痛飲避禍，又豈盡有依據耶，今皆不取。

十一

實錄：永樂元年二月庚戌，設北京留守行後軍都督府，北京行部革北平布政司按察司，及北平都司等衙門。大明會典云：永樂初陞北平爲北京，總置行部，後既遷都，又分置六部，各稱行在某部。十八年定都於北，除行在二字，其舊在南京者，加南京二字。洪熙元年復稱行在。宣德三年行部革正統，六年復除行在二字。遂爲定制。鄭氏百官述亦云：既遷都罷北京行部，及六曹清吏司分置行在六部，是誤以行部之後，分爲行在六部，似是而實非也。蓋北京肇建革布政按察二司，而設行部，所以重其事權。然行部之與六部階品雖埒，職掌則殊。觀永樂四年正月，書北京行部，并天下文武官述職。七年正月，書北京行部及天下布政司府州縣官來朝，賜勅戒諭，皆與三司同列。而宣德三年三月勅云：爾北京行部，實總畿內之郡邑，以宣政化，以共國用。則其異於六部，斷可知矣。且也遷都之後，初置六部，於時行部實未嘗革，而其革也，乃在十八年定都北京除行在字之後，會典諸書皆誤也。以國史覈之，永樂十八年九月丁亥，命行在禮部，自明年正月初一日始正北京爲京師，不稱行在。各衙門印有行在字者，悉送印綬監，預遣人取南京各衙門印給京師各衙門用。十一月壬午，革北京行部，并所屬吏戶禮兵刑工六曹清吏司。洪熙元年三月，命諸司在北京者，悉加行在二字，復建北京行部，及行後軍都督府，然則六部之去行在也，行部與俱罷，其復加行在也，行部亦再建兩者不相沿襲，事理甚明。宣德實錄書：三年八月辛卯，革北京行後軍都督府，及行部。永樂初建北京，置行後軍都督府行部。及遷都北京，置五府六部，皆如南京行都督府，行部猶存。凡五府六部文移合行北京直隸府縣者，及直隸衛所府縣申達五府六部者，必經行都督府，行部文移重複事或稽誤，上命公侯伯尚書都御史學士議。于是英國公張輔等言，北京既有五府六部大小衙門，其行府行部宜革，上從之。此則行部之與行在六部名實相混，在當時業已病之矣。王世貞謂行部，即布按二總司，斯言最當。而李友直本傳謂，既建北京改北布政司爲行部，蓋幷二司之事爲一者也。考官制者其詳之。

十二

實錄：永樂元年九月戊戌，以刑科給事中黃鉞爲戶科左給事中。姑蘇志云：黃鉞字叔揚，常熟人。洪武初以太學生授典史，後登進士第，遷戶科左給事中。以憂家居。壬午歲，自投琴川橋下死，革除遺事亦同。然以史考之：則永樂元年，鉞尚在不死也。豈當時官戶科者，有兩黃鉞耶？遜國臣傳則謂，鉞與姚善同盟，勤王，善死鉞亦投琴川橋下。蓋本副使楊儀所爲傳儀自記云。從餘慶書院僧本清疏簿中得所記黃黃門事實，則其僞託之跡顯然，而鄭氏不察，而書之何也！然則鉞之死，當以何書爲據。余讀陸鉞病逸漫記云：黃鉞常熟人，與胡濙尙書同榜進士，以給事中養病家居。永樂初元徵赴京師，至半途投水自溺。其言與實錄合。然後知鉞初以家居不與壬午之難，明年服闋徵詣京師，乃從容自投琴川，而以半途溺死聞。此全宗免禍之道也。設令曾參姚善軍事，安得不爲邏者所跡，而優游以終耶。〔姑蘇志〕以先授刑科爲戶科，〔漫記〕以遭喪家居爲養病，則傳聞小異耳。錢氏〔初學集〕云：吾邑有黃給事鉞者，憂居聞變，自投琴川橋下，里人楊儀爲立傳，載給事與方希直執手商榷云云。又稱給事少受學於其五世祖濙濙之子，福收其屍，爲詩弔之。夢羽好著書，浮誕不實。又喜誇大其譜牒，識者哂之。同時鄧韍修邑志削濙福不載，固已正其誣矣。而此傳已流傳人間，互相援據，後之君子，無好奇擴異，而遺誤萬世之信史則可也？噫，誠知給事之死，在踰年以後，則楊儀牽合之謬，不攻自破矣。此錢氏之所未及，故究論之。

十三

實錄：永樂元年八月丙寅，以羽林前衞致仕千戶王欽，首歷城侯盛庸不法事得實，賞銀百兩，鈔四百錠，陞本衞指揮同知。九月乙未削歷城侯盛庸爵，蓋都察院左都御史陳瑛等劾奏，其口出怨誹，心懷異圖，請寘重典，以警餘衆，言之再三，遂命削其爵。皇明通紀云：永樂元年九月，削歷城侯盛庸爵，下獄死，諸子皆被戮。鄭氏異姓諸侯傳云：永樂元年，都御史陳瑛劾奏，請誅庸，遂削爵，庸暴卒。以鄭氏暴卒之例推之，則庸當非令終者。而史臣隱之。但于是年閏月壬戌，書賜汝南王有勳書及幣帛等物，蓋以庸爲有勳妃父，故以此慰悅其意也。則庸之死於獄，在九月後明矣。

十四

實錄：永樂元年十月甲子，勅晋府長史龍鐔等曰：朝廷封建親藩，而選賢命材，爲之輔導，冀以贊成德善，不至於有過也。古之爲人臣者無外交，今王府擅與西番往來，又私以車遞送，王年少寡學而不知古，長史儒者謂不知古可乎。廷臣皆欲寘汝於法，朕恐傷親親之意，姑宥不問，今後愼毋復爾，勉之戒之。按明年九月甲辰，擢刑部郎中艾少獄爲晋府左長史，禮科給事中何仕讓爲右長史。勅諭有云：前長史龍鐔，旣不能以禮處已，又不能以道事王。故縱群下侵奪百姓，以累王之德，今已黜之，則鐔終不免於得罪也。革朝志云：龍鐔字德剛，萬載人。晋府左長史靖難師起，徵兵於晋，鐔引大義，力主發兵，潛邸卽位，詔械鐔繫錦衣衞獄不屈死。有收其遺骨，得其所自書贊云云，此必鐔之後人，欲薦揚其先祖之詞，而諸書不察，收入死事中，可笑也。鐔自以晉府交通西番事被黜，而云坐發兵舊嫌，不知嚮時晉府所有者，太原護衞兵耳，朝廷以虎符徵之，誰敢不發，長史何功亦何罪，豈可引以自文乎。雖然當永樂初，晉王弟濟熿已萌奪嫡之計，日夜搆成晉王罪惡，而首以西番一事爲督過張本。觀二年九月，晉王欲上護衞，及所畜小韃靼，成祖答書有，惟當修德行善，豈可因一二小人爲非，輒自懷疑之語。則王之危懼可見矣。鐔之繫獄，寧知非爲法受過乎。嗚呼！鐔何不幸，而生罹實禍，又何幸而死盜虛名也。遜國事大率類此。

十五

實錄：永樂二年六月乙未，命太子少師姚廣孝等，往蘇湖賑濟。〔震澤記聞〕云：吳有王光菴先生賓者，高士也。與廣孝友舊，詣之閉門不納，再往復不納，三往乃見之曰：渠曷爲作此事？〔建文遺跡〕因之，謂賓見廣孝，連呼曰：和尙誤矣！和尙誤矣！因責數其背恩不義諸事，累百餘言，此皆吳人不滿靖難時事，而歸過於榮國者之託詞也。列朝詩集云：賓字仲光，長洲人。同里好韓奕先生及姚榮國道衍，榮國定策後，徒步往訪，歡若平生。作賑災記，鋪陳其功德，沒而榮國爲立傳，兩公契分如此。世盛傳仲光詆諆榮國，方盥卻走，終身不見。吳兒委巷，妄語流誤，史家不可以不正也。余謂榮國爲人，不無可議，而其佐命之功，自不可沒。世徒以其不能保全忠節，而責備之太過。至於仲光往還酬贈，亦交道之常，豈必峻絕而後爲高乎。建文遺蹟，又謂廣孝賑濟蘇松等府，威聲赫赫，車徒甚盛。及南行有醜詆者，廣孝若弗知，從官欲究之，廣孝遽止之曰：豈無同諱者邪？楊循吉蘇談至言少師，曳履獨步，爲縣丞所笞，竟不加罪，此皆劇言榮國之能忍辱，而不知賑濟之命，雖欲令爲德於鄉，亦將以晝錦榮之。豈有橫受訶責，等於野僧者，此薦紳先生所不道也。

十六

實錄：永樂二年七月丙辰，勅李景隆曰：自古勳戚始終保全，必君臣兩得其道，爾朕姑之孫，少相親愛，共享富貴，實同此心。比者不煩以政，蓋欲遂爾優游。爾不體此心，內懷怏怏，交搆不靖。潛謀日彰。朕念至親，略而不究。爾乃恃恩益恣，招誘無賴，藏匿逋逃，人發其奸，證驗顯著，尙僞言強辨，不知慙懼，論情據法，豈可寬貸。重念姑氏之親，但去勳號絕朝，請其以曹國公爵歸第，以奉曹國長公主之祀。宜杜門省愆，易慮爲善。庶稱朕保全之意。八月癸未，禮部尙書李至剛同六部都察院等劾奏，景隆潛畜姦謀，將爲不軌，廷臣累發其罪，皇上曲賜生全。而景隆略不戒懼，益肆僭踰。比者其家人被盜，巡捕官臨視其家，見景隆受閹者趨謁，拜俯如君臣禮，其勢漸不可長，乞正典刑，以收國柄。上曰：朕自有以處之。丙戌，至剛等劾奏都督李增枝，明知兄景隆不臣之跡，曾無一言規諫。且於各處多立莊田，每莊畜佃僕無慮千百戶，此其設意非小，望明正典刑。上曰景隆兄弟國之親屬，朕自處之。其莊田佃僕，俱沒入官。鄭氏大政記云：永樂二年十二月，禁錮李景隆。皇明通紀云：永樂二年十一月，曹國公李景隆有罪下獄死，坐僭踰不法，及匿養亡命，謀爲不軌也。上初宥景隆死，惟沒其田莊，令杜門省愆，乃因奸人造妖讖謂：十八子，當有天下，遂執下獄，幽閉其家人。谷王橞亦因而獲罪，景隆疑其姓谷王，爲高皇帝第十八子也。余按永樂七年六月，諭諸勳臣有云：李景隆柔奸稔惡，包藏凶慝，造爲妖讖，覬覦神器。天地鬼神，暴其逆謀。朕念其祖母至親，曲存寬宥，彼不知修省，懷忿積怨，久而益深，若此豈自保之道乎？所謂造爲妖讖，覬覦神器，與通紀之說相符。但云景隆下獄死則不然。永樂十六年四月癸巳，勅周王橚曰：曩者李景隆謀逆，其家屬法皆當死，特寬宥之，發戍遼東。彼知景隆囚繫北京，潛逃滄州諸處，陰結黨與，欲行刼獄。爲人所告，俱已禽捕，置之於法。儀賓盛瑜，乃敢藏匿景隆家人，在於國典，瑜豈可容，以爾之壻，姑宥不問。觀此，則景隆十六年尚繫北京，而其家屬，則多駢死者矣。〔公侯伯襲封底簿〕云：李景隆因周王殿下，奏奉太宗皇帝聖旨，住爵住俸，關門閑住，正統十三年，奉英宗皇帝聖旨，開門閑住。攷正統實錄載：宣德十年正月乙酉，命錦衣衞鎭撫司見監罪囚，俱遵詔例，本司開具李景隆家屬一十四名，上命仍監禁之。正統十三年正月癸巳，勅南京守備豐城李賢等，已廢曹國公李景隆家屬增枝等男婦大小三十八名，拘繫年久，人情不堪。茲特推恩，悉加寬釋。令於所居閑住，聽其出入生理，其男女聽與軍民結婚嫁娶，薪米之類，悉皆住給。蓋是時景隆增枝等自北京歸故第，拘繫年久，始得赦出耳。鄭曉記云：景隆下獄四十五年而卒，自正統戊辰上遡永樂二年，爲四十五年。則景隆卒於赦出之後矣。景隆親爲文皇射鉤斬袪之臣，而僭侈怨望，羣臣交劾，比之胡維庸藍玉，豈自意得全首領于牖下，非列聖親親之恩，何以及此？而載筆者闕而不宣，亦可怪也。皇明記略云：李景隆初禦文皇，既而降爲文皇所薄，擧家置獄中，正統間始釋。其後王氏〔岐陽王世家〕云：景隆繫私第，盡沒其莊田，寶貨圖籍，臧獲入之官。而所繫者皆親屬矣。嘗絕其食，旬日不死，始稍稍給食。至永樂末，而景隆竟以凍餒卒。正統中增枝猶在，以恩例聽自便。是謂恩例，止及增枝等，而景隆不與，此不攷之過耳。

十七

實錄：永樂二年十一月己亥朔，都察院左都御史陳瑛等，劾奏駙馬都尉梅殷，畜養亡命及無賴之徒，出入其家者八十餘人。又私匿韃靼人與女秀才劉氏之女，造爲邪謀，乞正其罪。上曰：梅殷朕自處之。命錦衣衛執殷所匿韃靼人，送遼東。三年十月乙丑，駙馬都尉梅殷卒，殷汝南侯思祖從子，頗驕侈，不愼行檢。上卽位，廷臣多言其過者，特優容之。殷與前軍都督僉事譚深，錦衣衛指揮趙曦有隙，一日四鼓入朝，經竹橋，深曦令人捽殷，墜橋下死，而曦誣奏殷自赴水死，上疑盜殺之，命下捕盜甚急。至是都督許成發其事，上震怒命法司治深曦罪，賜殷祭諡榮定，遣官治喪葬，官其二子順昌中軍都督同知景福旗手衛指揮使，俱食祿，不視事。壬申，譚深趙曦伏誅，籍其家。丙子，封左軍都督同知許成爲永新伯，子孫世襲指揮使，旌其發深等之姦也。按國史所書殷之被殺，最爲詳明。而〔遜國臣記〕則謂殷入朝，譚深趙曦令人擠殷死笪橋下，曦言殷自投河死。都督許成發其事，上怒罪深曦。對曰，此上命也。上大怒，立命力士持金爪，落二人齒，斬之。初公主牽衣大哭，問駙馬安在？上曰：爲公主蹤跡賊，無自苦。余意陳瑛之劾殷繼曹國長興二獄之後，則文皇固非無嫌於殷者。然以甯國之故，實無意殺之也。而深曦以私怨，逆探上指，擠之死地。觀成祖賜甯國書，言駙馬梅殷，雖有過失，兄以至親不問，比聞溺死，兄甚疑之。今都督許成來首，乃小人所害，訊鞫果得其情，則成祖之心事，亦既暴於天下矣。許成譚深皆靖難功臣，〔實錄〕書洪武三十五年九月戊子，陞許成爲左軍都督僉事，譚深爲前軍都督僉事，而成以同僚之雅，不難白發其奸，此非賣深等以塞口可知也。且深等事發下獄，閱七日而伏誅，何緣有觸怒立斬之說乎。遜國臣記稱：殷嘗受高皇密命，輔建文君，及鎮淮安，擁兵不降，成祖迫公主以血書招至，既見上，有勞而無功之對，皆鋪揚過實，初疑其子孫自爲之，及閱〔梅純備忘錄〕云：先高祖駙馬都尉，洪武末出鎮淮安，靖難師至猶固守其地，後臣民共推戴文皇帝繼大統，先高祖知太夫人無恙，遂散師還京。同時有周是修者，亦自經，言者請追戮。上曰彼食其祿，自盡其心，一無所問，嘗仰觀此言，則上於先臣固無所罪也。而姦諛者，乃擅害之痛哉。賴聖明卒置於法，而臣家逮今受恩未艾。云純之自記不過如此，則鄭氏果何據而大書特書乎。又攷之史，殷實有三子，中子永貞爲孝陵衛指揮使，在殷未卒之先，永樂十四年十二月命永貞子永善襲職，食祿，不視事。則受恩者，不獨二子也。而野記謂上紹統後，二甥猶幼，主保護甚至，恒與同寢，置於榻內。如是數年，比長乃已，其鄙妄，尤不足辨。

十八

實錄：永樂三年正月壬子，先是上命翰林院學士兼右春坊大學士解縉等，於新進士中選才質英敏者，俾就文淵閣進其學，至是縉等選修撰曾棨，編修周述、周孟簡，庶吉士楊相、劉子欽、彭汝器、王英、王直、余鼎章、敞王訓柴、廣敬、王道、熊直、陳敬宗、沈升、洪順、章朴、余學夔、羅汝敬、盧翰、湯流、李時勉、段民、倪維哲、袁天祿、吾紳、楊勉二十八人入見，上諭勉之，時庶吉士周忱，自陳年少，願進學。上喜曰：有志之士也，命增忱爲二十九人。遂命司禮監月給筆墨紙，光祿給朝暮膳，禮部月給膏燭鈔人三錠，工部擇近第宅居之。按二年三月，已命擇第二甲進士文學優等楊相等五十人，及善書者湯流等十人，俱爲翰林院庶吉士，俾仍進學，而周忱與焉。至是請以進學翰林者，學於文淵，且其年少不愧英敏之目，故上嘉而許之耳。王氏科擧攷云：是歲人知選二十八人，不知初爲六十人是也。野記則謂：永樂三年進士放榜後，詔選二十八人入文淵閣緝學，以比二十八宿，號庶吉士周文襄不與，乃自請於上，詔從之，時謂之挨宿，此稱遂遍於人間。凡未至其地而强攀附者，以此稱之。鄭氏〔名臣記〕因之亦云：周忱永樂二年進士，時簡進士二十八人，進學文淵閣，公乞預，上喜公有志，改翰林庶吉士，是皆誤以二年之選六十人，與三年之選二十八人混而爲一也。且庶吉士之名，不自永樂初昉也。國初選庶吉士，分置府部，如觀政進士例耳。洪武實錄：有刑科庶吉士楊靖，而劉三吾有送進士于子仁爲參軍府庶吉士，序不專隸翰林也。其專隸翰林則昉于，永樂以後，而又拔其尤者，與榜首三人同升文淵閣廩給，賜予有加。上時至館中程其學業，此蓋造士殊恩，非常制矣。然而文襄請之，不爲越等，成祖許之，不爲破格，以詞林之夫秘閣一開耳。如野記所言，則是庶常一席可以攀附而致，不幾令覬覦清要者，借爲口實乎。吾不忍文襄之受誣簡冊，故爲訂之。

十九

實錄：永樂四年二月辛巳，唐府長史程濟，韓府長史司典簿魏居敬，犯夜禁，兵馬司請送法司，特命宥之。於是吏部言在京各王府官坐食奉祿，閒暇無事，致多縱肆，宜改用之。上曰：王皆年少，方資輔導，其長史紀善教授伴讀之官不可闕，若審理奉祠工正等官職，事閒暇者，暫遣還鄉。待王之國，召之。於是韓瀋安伊魯唐岷七府，幷靖江之輔國將軍共留，長史紀善教授等官四十員，餘審理等官一百三十四員，遣歸俟命。〔遜國臣傳〕云：程濟朝邑人，爲翰林編修。金川門破，建文君亟召濟入問計，濟曰天數已定，惟可出走免難耳。立召僧爲建文君落髮，濟從之出，每遇險幾不能脫，濟以術脫去。相從數十年，後隨建文君至南京，人尙識濟。至京莫知所終，按此一程濟也。而編修與長史則稍異，弘光初吏部議贈謚靖難諸臣亦云：不知當時有兩濟否，姑列附祀，蓋疑之也。然世言程濟爲人多怪，故多事者多託之。近有亡日記一書，詭云：濟筆自金川出奔，以至迎入大內，年月歷歷可徵，若以實錄攷之，則永樂四年濟不出京師，即日記所述，偕雪和尙居重慶之歲也。或疑濟嘗寢食朝邑，而治岳池，學事不廢，如張芹所錄，則之燕之蜀，何所不可。果爾，則濟特王喬左慈之徒耳，而又何以明犯夜禁也。況日記淺謬，不止一端。〔錢氏致身錄攷〕謂：鄭端簡未見實錄，故楊行祥之獄，在正統五年，而遜國記言天順初，斯已謬矣。其所謂西內老佛者，國史已明著其僞，而況從亡之臣，隨至南京者，誰見之而誰識之乎？又況所爲日記者誰授之，而誰傳之，又將使誰正之乎？作致身錄者，涉獵革除野史，借從亡脫險之程濟，傅合時事，僞造彬與濟往還之跡，以欺天下，而又僞造濟此書，若將疏通證明之者，此其本懷也。二書不先不後，若期會而出汲郡之古文，不聞發冢江左之異書，誰祕帳中日記，出而致身錄之僞，愈不可掩矣。此論可謂發奸擿伏，若其書之眞贋，則有目者能辨之，故不復詳也。

二十

實錄：永樂五年七月辛巳，命中山武甯王徐達長孫欽襲封魏國公，洪武中王之嫡長子輝祖襲封魏國公。上初卽位，輝祖以罪免歸第卒。至是上念王開國元勳，不可無繼，特命欽襲封祿米，仍王之。舊歲給五千石，欽上所賜名云。徐欽本傳云：其父輝祖襲封魏國公，得罪廢，死於家。遜國臣記：輝祖中山王長子，文皇卽位，勒罷尋幽繫，永樂五年，輝祖卒。年四十，上曰：輝祖與齊泰輩罪同，宜論死。朕念中山王平定天下，有大功於國家，曲赦輝祖。今輝祖病死，中山王不可無後，令輝祖子嗣魏國公，通給中山王沒後祿。此見驗封司稿簿八月朔聖旨 輝祖長子釋迦保見，上賜名欽嗣魏國公，遂乞守墓。上怒謫居中都。二十二年卒。皇明通紀云：壬午六月，下魏國公徐輝祖於獄。時武臣無一人不歸附者，惟輝祖不屈，上親召問輝祖，不出一語，始終無推戴意。法司迫取供招，輝祖默然操筆，惟書其父開國功勞，子孫免死而已。上大怒，然以元勳國舅，欲誅又輒中止，徘徊久之，竟從寬典，止勒歸私第，革其祿米而已。按遜國臣記，止言勒罷幽繫，與實錄本傳合。而通紀則云：先下獄後歸第，輝祖乃心王室，與齊黃同事，而卒免於西市之誅者，議親也，議功也。則下獄之說，似不爲誣。蓋與曹國公例正同，而國史大書中山武甯王長孫欽襲封魏國公，其指有在矣。又攷之史，永樂九年三月壬午，給事中曹潤等劾奏五軍都督府掌府事成國公朱勇，魏國公徐欽，定國公徐景昌等，監試襲職武官，縱家僮奪其弓槊，法司奉旨追捕勇等，赦不與講正其罪。命錦衣衞悉捕其僕，付法司，勇等姑宥其罪。又曰：徐欽未諳政務，令歸務學，長智識，以奉宗祀，庶免作過自累。十九年正月壬辰，欽自南京來朝，遽辭歸，上謂吏部臣曰：欽往者不知奉法，孤朕委任，故令讀書，以廣聞見，今復不俟命，汲汲圖歸，此豈有立志可罷爲民，俾歸鳳陽守先塋，用頓挫之，庶幾將來不墜其家。二十二年十月乙巳，復欽魏國公，欽至是復至，上念中山王開國元勳，復欽爵祿，俾奉宗祀。十一月欽以疾卒，蓋欽嗣封之後，繼掌都府，坐累罷歸。又十年以來，朝遽辭爲民鳳陽，文皇何嘗因其父而譴及其子邪？鄭氏乃謂其嗣魏國公，遂乞守墓，上怒謫居中都，又不及仁宗復爵事，正統實錄亦云：欽永樂五年，坐事削爵，安置鳳陽府，此皆承其家傳之誤，而不察也。

二十一

實錄：永樂五年九月乙卯，交阯總兵官張輔等，遣都督僉事柳升賷露布獻俘至京，上御奉天門受之。以黎季犛及子蒼及其僞將相胡杜等，悉付獄，而赦其子孫澄芮等，命有司，給衣食。宣德元年三月辛亥，行在工部營繕司主事黎澄考滿，吏部劾奏澄歷九載，悉不赴部，給由今又歷兩考始給，由有違定制。上曰：澄在安南罪重，皇祖特宥而用之，今所犯小罪，可宥也。二年十二月丁卯，陞行在工部營繕司，郎中黎澄爲本部右侍郎，食祿，不視事。三年正月乙酉，命黎澄月奉全支米，澄前安南僞王黎蒼之兄，太宗赦而用之。正統元年九月丁酉，陞黎澄爲本部左侍郎，仍於內府供事，以九年考滿也。八年四月乙未，工部左侍郎黎澄年七十，應致仕，上疏乞留用。上憐其交阯遠人，從之，十年六月甲寅，陞黎澄爲本部尚書，仍於內府供事，以九載秩滿也。十一年七月丙子，工部尚書黎澄卒，遣官致祭，命有司營葬。又交阯都指揮使張欽本傳：永樂四年，從黔國公沐晟征安南，嘗領哨騎千人，覘賊于奇羅海口，猝與賊遇，欽奮身提槊而前，與戰數合，賊敗走。部卒李保保追禽僞衞國大王黎澄，及其二子澄之，初授主事無可考，以諸書覈之，當在永樂九年十年間也。野記云：黎季犛降，其三子皆隨入朝。其孟曰澄，賜姓陳，爲工部尚書。澄善製槍，爲朝廷創造神槍。後貶某官，而命其子世襲錦衣指揮。澄願從文，乃許令世以一人爲國子生，今凡祭兵器，並祭澄也。其仲曰騰，賜姓鄧，亦官尚書。後貶江陰縣佐，有三子，亦令一人襲錦衣指揮，並賜江陰田甚厚，永蠲其徭，今猶守世業。其季曰某，官爲指揮，久之乞歸祭墓，既往即自立爲王。王氏二史攷云：季犛之次子曰澄，即所謂僞相國，越國大王者。季犛及蒼既長，繫澄赦出，監造內府器仗，累官工部尚書。子叔林，亦累官工部侍郎，食尚書俸，不聞其賜姓，與所謂鄧騰也。按國史明言黎澄爲季犛長子蒼之兄，而王氏云次子，且以衛國爲越國亦謬，至於野記鄧騰及其季自立之說，尤爲無稽。江陰李詡漫筆載鄧尚書事狀略云，公諱明，字光遠，安南產也。三歲失怙，恃其姨君阮樞密撫之成人，長而力學，國王陳日焜知其才，以女妻之，元至正間詔拜尚書省左參知政事。迨國朝永樂元年，充其國正使，齎方物表箋入慶賀，上嘉其馳驅，賜宴於庭、陛辭，賜鈔錠綺衣，遣官護送還國。三年夏，逆臣黎季犛殺其主公，毅然興義兵伐之。四年，首迎王師，內附，率其子建平府鎮撫使鄧師誨並官僚軍民獻納東都，路英國張公輔受之，遂命統攝歸附人員。六年七月，敕公爲參政，撫其民，授師誨九眞知州，繼以招降郭專等功，調知福安。八年，陳季擴復嘯聚，朝廷屢詔招撫，兵部尚書黃公福，遣公至軍，諭以禍福，言辭愷切，季擴倒戈效順。詔授季擴左布政使，凡招徠者，擢官增祿有差。時黃福以工部尚書掌交趾布政司事非兵部也八年十二月季擴上表請降上許之以爲交趾右布政使非左布政也上乃命戶部郎中王進，指揮陶弘，乘傳趣公至京，錫之筵宴，拜資善大夫行在工部尚書，賜第京師，仍給鈔錠白金衣榻器用，命扈駕北征。乃與同附大鴻臚陳公季暄工部尚書黎公澄，創神機營，建盔甲廠，製神鎗神銃，退韃虜於九龍山下，未幾遘疾，以永樂十年五月一日卒於王事，享年六十有一。上悼念功勞，遣官諭祭，賜葬京師西山玉臺岡南安河郕之原，與陳黎二公邱隴相望，誠異數也。師誨以公舊勳，晉職燕山衛，尋以言事，謫直隸常州府江陰縣主簿，卒於官，奏聞，贈光祿寺丞，遂葬江陰由里山之東麓。未幾廷議交趾，推誠順化，功臣子孫宜頒恩命，敕下戶工二部，給勘合賜江陰縣善政橋南莊房一所，靖江東西二沙孤山等處沙田十八頃有奇，俾子孫居其地，仍世廕其後。一爲順天府儒學額外廩膳生員，一爲鴻臚寺司賓，署序班典。其國通事。余考之史，永樂四年，討黎季犛歸附姓名，無所謂鄧明與子師誨者。惟九年十一月，張輔追陳季擴於緣海，聞石室福安等州縣，草寇黎蕤范慷等近交趾城爲患，遂往征之。黎蕤中流矢死，賊將范慷杜箇旦鄧明阮思瑊等遠遁者相繼，悉被禽。自是慈廉福安諸州縣皆帖然。然後知此鄧明者，嘗附季擴爲寇，以力屈就禽，而其地在福安州界，與事狀髣髴相近。其後朝廷或赦而官之，與黎澄例同而事狀，所云先爲參政繼晋尚書，疑亦後人夸大之辭也。且鄧明卒於永樂十年，年六十有一，則當元至正間不過十餘歲，國王安得遂以女妻之，而有參知之命乎。明以九年至京，而成祖北征瓦剌，則十二年事，計明之死，亦已久矣，焉有扈駕退虜之事。蓋鄧之子孫勦拾，平定南交錄，及通紀諸書而爲事狀，故其官爵功次，多有失實。至若姓名存沒，則約略可據。亦足以證（野記）之誣矣。又按宣德三年八月，行在禮部尚書胡濙奏，交趾土官知州阮德舉及州判縣丞訓導吏典等，以公差考滿，丁憂，同妻子家人還交趾者，中途聞王師已還而賊據城，皆不願歸，具告有司，遞送來京，願就京住。上命各與房屋，依品級支俸，無俸者月給食米一石。故官家人月給食米五斗。七年七月改交趾上洪州等衙門歸順土官知州等官阮選千等四十五員，爲山東山西靑州等府州縣通判判官，照磨驛丞，蓋當時優恤嚮化之臣如此，鄧師誨之官主簿，與賜田宅，必亦用此二例也。而事狀云以言事謫，後贈光祿，皆傳會，不足信。

國史考異卷第五終

一　文皇帝下

實錄：永樂七年二月己卯，冊立張氏爲貴妃，權氏爲賢妃，任氏爲順妃，命王氏爲昭容，李氏爲昭儀，呂氏爲婕好，崔氏爲美人。張氏故封河閒忠武王玉之女，王氏蘇州人，餘皆朝鮮人。庚辰，命賢妃父權永均爲光祿寺卿，昭儀父李文命，婕好父呂貴眞爲少卿，順妃父任添年爲鴻臚寺卿，美人父崔得霏爲少卿。八年十月丁巳，車駕次臨城，時賢妃權氏侍行，以疾薨，賜祭諡恭獻，權厝於嶧縣。九年正月乙酉，命鄭允厚爲光祿寺少卿，允厚朝鮮人，掖庭之親，因其來朝，特授是職，而不任事。二月壬辰朔，賜光祿寺卿，權永均，少卿鄭允厚誥命，癸巳賜永均允厚等宴。十年二月戊辰，給授鴻臚寺卿任添年，少卿崔得霏誥命。王氏奇事述云，權永均等，雖貴至列卿，而尙居朝鮮。至宣德中永均以計聞，賜白金米布。列朝詩集云：永樂中有高麗賢妃權氏，順妃任氏，昭儀李氏，婕好呂氏，美人崔氏，俱國王李芳遠所進，而權氏穠粹，善吹玉簫，最爲寵幸。永樂八年侍上征虜，還至臨城薨，諡恭獻。芳遠驛送，妃父永均至，拜光祿大夫，食祿不管事。尋遣歸國。宣德中卒，賜白金米布。女官王司綵有宮詞云：瓊花移入大明宮，旖旎濃香韻晚風。贏得君王留步輦，玉簫嘹喨月明中。此詩專爲權妃而作。寧獻王宮詞云：「忽聞天外玉簫聲，花下聽來獨自行，三十六宮秋一色，不知何處月偏明。」又有「三十六宮秋月白，美人花下教吹簫」之句，皆記其實也。以史考之，權永均等之官列卿，卽在諸妃冊命之後，其時永均等皆未至京師也。厥後因其來朝，始以次授誥命，而永均則在九年正月初，非以妃歿後加恩，且其官亦非光祿大夫也。獨鄭允厚者，不知於掖庭何親，觀其與永均同給官誥，同預宴賜，豈亦以權妃故邪。又實錄：洪熙元年三月戊子，遣中官往朝鮮，賜祭光祿寺卿權永均，賜其家白金二百兩，衣幣表裏各十爲賻。永均太宗皇帝賢妃之父，至是以朝鮮國王李裪言其卒故，恤典及焉。蓋仁宗推廣先朝簪履之恩，如此，而諸書謂永均宣德中卒，賜白金米布皆誤。

二

實錄：永樂七年三月乙卯，北京行後軍都督僉事平安卒，安直隸滁州人，濟寧衛指揮僉事，以功升密雲衛指揮使。洪武三十一年，擢右軍都督僉事。上舉兵靖難，安率衆拒戰，被禽。上惜其才，特宥之，以為北京行後府都督僉事，委任無間，至是以疾卒。九年正月庚寅，北京行後軍都督僉事平安之子宏，陳乞優給，特命月給指揮使祿。遜國臣記：謂永樂七年三月，成祖見安，忽問曰：安乃尚無恙，安慚懼，遂自經。野記謂安守北平，以事入見。上曰：保兒而尚在乎？蓋喜之也。明日更召，則安已自經矣。誤以上言為憾之也。上嗟惜曰：是予錯說話矣。按是時車駕未至北京，亦不聞安以事入見，則自經之說虛也。保兒一戇勇武夫，雖親犯顏行，非成祖所深忌。靈壁之敗，既已惜其才而宥之，委以居守之重，數年于茲，不聞有大罪釁，而一言之疑，遽至自裁，恐保兒亦不為也。令成祖果宿憾未釋，則九年正月，其子必不敢以優給上陳，而猶不失世職之祿，果何幸而得此，當以國史為信可矣。

三

實錄：永樂九年六月，交阯布政司右參議解縉有罪，徵下獄，縉先為翰林學士兼右春坊大學士，甚見寵。任坐廷試，讀卷不公，出為廣西布政司右參議。會有言縉嘗洩建儲時密議者，遂改交阯布政司，命專督化州餽餉。時翰林檢討王偁有罪謫，隨總兵官在交阯，敎縉指言廣東化州二人，遂共趨廣東，娛嬉山水忘返。縉又上言：請用數萬人鑿贛江，以便往來。上曰爲臣受事，則引而避去，乃欲勞民如此。並俘皆下獄，後數歲皆瘐死。楊士奇撰解縉墓碣云：上初與武臣邱福等二三人議，建儲文臣，惟金忠預皆靖難時股肱也。武臣咸請立皇第二子高煦，謂其有扈從功，上不聽。福等叩首請不已，終不聽。遂召公預議事定，然秘而未發。明年冊仁宗爲皇太子，封高煦爲漢王，進公翰林學士兼右春坊大學士。又明年福等初議頗泄于外，高煦素不樂。公言於上曰：藩邸舊臣無泄者，其縉泄之，遂出公爲廣西參議。又以李至剛言公怨望，改交阯，八年入奏事，時車駕已出征北虜，至京師，見仁宗而歸車駕還。高煦言縉瞰上，遠出覲儲君，徑歸無人臣禮，遂徵下獄。後三年，以病死獄中。素所交遊，出資斂之。外兄高建春歸其柩葬之。高氏楊公於縉有知己之感，所書被讒至死，最爲詳覈。而國史多所避諱。其云：坐讀卷不公，及避事勞民等語，皆文致之詞也。瑣綴錄云：議儲未決，召公預議。公言立嫡以長，繼曰：好聖孫宸衷頓悟，事遂定。後邱福等泄此語於漢庶人，怨譖不已，乃調外任，竟下獄邂逅以死，固非朝廷之意，實漢庶人之所爲也。天順日錄云：文皇欲征交阯，縉謂自古羈縻之國，通正朔時，賓貢而已，若得其地，不可以爲郡縣，不聽。仁宗居東宮時，文皇甚不喜而寵漢府，縉諫不宜過寵，致起覬覦。文皇遂怒謂離間骨肉，縉由此二諫得罪。洎宣廟初，漢府果反，交阯亦叛，悉如縉言。蓋縉爲人曠易，無城府，既預密議，復時時進裁抑支庶之說，故上怒其離間，而漏泄之譖得行耳。考實錄金忠本傳言：初議建儲，上以問忠，所對悉合上意。上喜賜白金百兩，詹事之除蓋旌其直云。忠與縉同持正論，忠見旌而縉被黜者，一則股肱之舊，一則新進之臣也。縉之自廣西徙交阯，令督化州餉耳，斷無妄指廣東化州之理。縉非病狂，安肯聽人教誘爲此。意縉從南京歸，必嘗與僚逗遛江廣閒，故有娛嬉山水之謗。贛江一議，亦就所見言之，而文皇旣入高煦等譖，遂假此爲罪耳。至於李至剛之軋縉，國史不及，以其嘗爲縉牽引下獄故也。然士奇撰至剛墓表又載其言縉怨望，事餘冬序錄以爲李之言解，必因解有誕而附勢之，目而怨之，不知至剛。特因縉之失職，左遷而媒孽其短，俾遠竄荒徼耳。至於下獄而死，則漢庶人實主之，至剛亦何能爲。黃淮本傳：又以爲淮與有力，皆未必然。按鄭氏大政記：永樂十三年春正月，解縉暴卒，王氏家乘攷載野史云：錦衣帥紀綱上囚籍，上見公姓名而怒曰：縉猶不死邪？綱退而與縉對泣，沃以燒酒埋雪中，立死。以正統實錄所書，縉下獄死，家產沒官，妻子戍遼東數語觀之，則此說近實。然縉之大節在於安儲，固不繫乎病死與否也。

四

實錄：永樂十年五月乙酉，瓦剌順寧王馬哈木等，遣其知院海答兒等隨指揮孫觀保來朝，且言旣滅本雅失里，得其傳國璽，欲遣使進獻，慮爲阿魯台所要，請天兵除之。上曰：此虜驕矣，狐鼠輩不足與較，命禮部宴賚其使者而遣之。仍遣使齎勅諭馬哈木太平把禿孛羅，十一年五月庚子，韃靼太師阿魯台使撒答失里等來奏，馬哈木等弒其主，收傳國寶，又擅立答里巴爲主，請發兵討之，願率所部爲前鋒。十二月壬午，開平備禦成安侯郭亮等馳奏，獲瓦剌諜者，言馬哈木等兵至飲馬河，聲言襲阿魯台，實欲寇邊。於是上決意伐之。鄭氏大政記云：永樂十年九月，瓦剌馬哈木攻破本雅失里，立答里巴爲可汗。二十年閏十二月，阿魯台弒其主，本雅失里自稱可汗。案本雅失里爲瓦剌所弒，事在十年，而答里巴嗣立沙漠矣。至二十年阿魯台所弒者，乃答里巴，非本雅失里也。此鄭氏之謬也。唐氏紀事本末云：

瓦剌馬哈木立答里巴爲主，率兵攻本雅失里滅之。然則弑本雅失里者，馬哈木也，非阿魯台也。永樂之十年，非二十年也，昭然可知矣。而通紀諸書俱云：阿魯台以二十年閏十二月，弑其主本雅失里，（通紀無此文唐氏誤引耳）是時去本雅失里之死，已十年餘矣。何得云阿魯台弑之邪？阿魯台雖倔强，漠北阻兵，安忍然無端而加以弑本雅失里之罪。且也群公載筆，列史同辭，阿魯台百喙又何以自辨邪。迄今二百餘年，羶羝遺臭，業已散於野燒，裘馬餘魂，未必遊於起輦，孰於舊簡之中，求其失誣之故也哉。案馬哈木既立答里巴，於是阿魯台不肯赴衙庭朝會，至馬哈木死，阿魯台連破瓦剌之衆，而答里巴亦歸迆北。至二十一年夏，馬哈木之子脫歡，大破阿魯台，追至宿嵬山，掠其人口畜牧殆盡。阿魯台蓋以是時懟，而戕答里巴故也。先土干既歸於我，卽奏阿魯台，弑主虐人，違天逆命云云。蓋阿魯台奉本雅失里爲可汗，故以馬哈木爲弑主，馬哈木奉答里巴爲可汗，故脫歡與也。先土干又以阿魯台爲弑主矣。余謂元運既終，自愛猷識里達臘之後四十餘年，凡九易主，皆同類相噬，慘于屠膾。而其號爲可汗者，往往視傳國璽所在，以爲授受之符，方阿魯台之奉本雅失里也，自謂守府之其主，迨馬哈木之滅本雅失里也，居然問鼎之邪謀，乃陽稱獻璽，陰圖寇邊，成祖知其氣已驕，非文告所能讋服，故決計出師，瓦剌將居奇貨以要重利，不知其抱空質而負不義也。既而答里巴建號阿魯台，以瓦剌所立，不肯聽命，乘馬哈木之死遂弑之，而奪其璽。未幾馬哈木之子脫歡大，破阿魯台。又幷太平部落，繇是瓦剌寖强。宣德九年八月，脫歡遣使臣昂克等來朝貢馬，且告已殺阿魯台，獲傳國璽欲獻，蓋師其父之故智也。章皇知亡國之璽，不足爲輕重，故詔書謙讓，抑而不納，厥後普花也先之徒，弑立相尋，而此璽不知何歸矣。嗚呼！可謂知所寶者也。

五

實錄：永樂十年十二月癸丑，擢進士周文褒爲河南布政司左布政使。十五年二月甲戌，河南左布政使周文褒，右布政使王文振，俱坐罪，謫湖廣均州爲民。文褒以新進，驟膺左轄之命，旣而降爲編氓，不復改錄，其得罪顚末，世莫能明。嘗閱王錡寓圃雜記云：我太祖以燕城爲元舊都，形勢可以制虜，因以封我成祖焉。及上登極，卽廣舊邸爲皇城，頻年駐蹕，當時群臣不知睿意所向，屢請南還，因出令曰：敢有復請者，論以妖言。於是河南布政使周文褒等皆遭重罰，自此基命始定，遂成萬世之業，雖殽函之固，莫能及矣。然則文褒等之謫，蓋以阻北遷故也。考之史，永樂四年閏月壬戌，文武群臣淇國公邱福等，請建北京宮殿，以備巡幸。十四年十一月壬寅，復詔群臣議營建北京。先是車駕至自北京，工部奏請擇日興工，上以營建事重，恐民力不堪，乃命文武群臣復議之。則營建之議，實在車駕南還之後，初未嘗禁群臣進言也。特廟謨先定，故罪文褒等以示意嚮，未可知耳。然遷都大事，史但載公侯都督及人小九卿公疏，餘皆闕而不紀，其爲奉春之建策，留侯之演成者，果何人邪？觀鎭遠先猷記載：其祖夏國公顧成與成祖論遷都利害，縷縷數百言，則知當時造膝密謀者，不止一成，而惜乎其無徵也。蓉塘詩話又載：永樂二十年，雷震奉天殿下，詔求言，言者多云建都北京非便，而主事蕭儀言之尤峻。上怒寘之極刑。蕭儀姓氏他書不少槪見，至謂言者與陳瑛忿爭闕下，則瑛之誅死已久矣。鄭氏今言業辨其誣，而名臣記復誤采之。按史永樂十九年五月乙丑，陸給事中柯暹，監察御史何忠鄭維桓羅通等俱爲知州，時暹等應詔言事，頗訐直，上嘉納之。然其詞侵工部尚書李慶等，慶等不能平，數請於上罪之。上曰：敬天故求言，今罪言者，是逆天可乎。慶等慙而退，然上猶慮慶等或害之，故悉陞於外任云。蓋奉天殿之災，在十九年四月，而其時營建宮室，皆工部主之，故柯暹等應詔直言，多侵李慶等，而慶等欲罪之耳。然則所謂忿爭闕下者，殆李慶等事，而傳者妄指爲陳瑛也。上於柯暹等委曲保全如此，何獨蕭儀一人，以觸怒極刑邪。繇此言之，可以斷其必無矣。

六

實錄：永樂十一年正月辛丑，大理寺左寺丞王高，右寺丞劉端，以縱姦惡外親棄市。遜國臣記云：劉端南昌人，建文二年進士，驟遷大理寺丞，廉明執法。靖難後，與同邑王高竝坐縱方孝孺，坐樹陰劓鼻而終。高與端同年進士，又同官。或曰：高刑部郎中。按是時距孝孺之死，已越一紀，安得云坐縱孝孺邪？至言端以建文二年進士，驟遷大理丞，亦非也。史載洪武三十五年十月丙辰，擢監生劉端爲給事中。永樂元年八月己酉，陞刑科給事中王高爲本科右給事中。四年正月庚戌，陞刑科給事中劉端爲右春坊右司直郎。七年六月乙丑，書諭皇太子，所云欲陞王高爲戶部侍郎，舊制浙江江西人不得任戶部，如高非出浙江江西，亦從陞用。高本江西人，時爲刑科給事中，皇太子愛其詳謹端厚，欲急進用之而未暇。詢故事，上蓋知之，不欲顯言拒之，故婉詞以諭云。七月己卯，陞右春坊右司直郎劉端爲大理寺右寺丞，從皇太子請也。八年七月癸巳，皇太子陞刑科左給事中王高爲大理寺左寺丞，二人服官先後可考見者如此。王高資序似在劉端之前，其起家進士與否不可知，決非與端同年也。二人之佐廷尉，皆出仁宗所拔擢，左右近倖，必有齮齕其過於上前者，故卒陷微文死耳。觀七年六月之諭，則上之疑高，實自此始。鄭氏未見實錄，宜其影響失眞也。

七

實錄：永樂十一年二月辛亥，設貴州等處承宣布政使司。初思南宣慰使田宗鼎凶很淫虐，生殺任情，與其副使黃禧搆怨，累年互有奏訐。朝廷雖惡宗鼎，然以田氏世守其地，曲與保全。而改黃禧爲辰州府知府。思州宣慰使田琛亦與宗鼎有怨，禧暗結琛，使圖宗鼎。宗鼎及琛數相攻殺，禧既得志，肆橫虐民，民甚苦之。琛自稱天主，妻爲地主，禧爲大將，與琛連兵攻思南。宗鼎挈家走，琛殺其弟，發其祖宗墳墓，而戮其母屍，盡掠其人畜資財。所過殘害其民，宗鼎訴於朝，屢敕田琛黃禧赴闕自辨，皆拒命不至。自知不爲朝廷所容，遂有逆謀。潛使姦人張勝，依託教坊司官史勉，得出入祇應，將伺便爲變。事覺，命行人蔣庭瓚往召之，而敕鎭遠侯顧成以兵五萬，壓其境。凶黨叛散，琛等就禽。與黃禧相繼械送京師，皆引服。琛妻冉氏尤强悍，復遣人招誘臺羅等寨蠻人，苗普亮等爲亂，冀朝廷遣琛還，招撫因得免死。上聞之，詔有司禁錮琛等，以宗鼎雖橫恣，然窮蹙自歸，得末減，使復職歸思南，而宗鼎奏言，必得報怨家，以絕禍根。上以其素凶惡，幸今免禍，猶不自懲，而欲逞忿，民將有不勝其害者。遂留之京師，月給俸祿。宗鼎怨望，出誹言，因發其祖母陰事，謂始與黃禧姦，實造禍本，而竊損其衣食，欲殺之。祖母亦發宗鼎縊殺親母瀆亂人倫等事，上命刑部正其罪，諭戶部尙書夏原吉等曰：朝廷初命田琛田宗鼎分治思州思南，正欲安其土人，乃今皆爲土人之害，琛悖逆不道，搆扇旁州，妄開兵釁，屠戮善良，抗拒朝命，已正其罪。宗鼎尤爲凶驁，絕滅倫理，罪不可宥。其思州思南三十九長官司，宜加意綏撫，可更置府州縣，而立布政司總轄之，其原設長官司，及差稅悉仍舊。炎徼紀聞云：田琛者故思州宣慰使也，自宋元來，世有思州，宗族蕃衍。吳元年，田仁智納土歸附，詔立思州宣慰司，以仁智為宣慰使。其族人田茂安者，據沿河婺川，以獻僞夏明玉珍。洪武五年，明玉珍敗，茂安乃降，立為思南宣慰使。琛仁智子也，嗣立，與茂安之子宗鼎爭砂坑，日尋於兵，宗鼎復禁其民，不得從華風。瓦屋樹秔秫，子弟不得讀書，民大疾苦。永樂初，遣行人蔣廷瓚往勘之，琛自言願見上白事。廷瓚遂以入覲，琛言思南故思州地，當歸思州。上曰思南叛歸僞夏時，何不徑取屬汝邪。畫土分疆，是朝廷事，汝安得擅有之。琛復訐宗鼎諸不法事。上曰：過惡在彼，汝何與焉。第安分守土，再犯吾磔汝矣。琛叩頭受諭而還。與宗鼎搆殺如故。十一年十一月，上乃遣旗校數人，潛入二司執琛宗鼎去，城中閒無知者。頃之，忽一官開黃榜諭諸夷曰：首惡既禽，餘無所問。於是諸夷帖然。琛宗鼎至京師咸斬之。乃諭兵部曰：思南思州之民，苦田氏久矣；其滅之以為府治。遂建布政司，貴州以廷瓚為左布政使。按實錄以行人蔣廷瓚河南左參政孟驥俱為右布政使十三年六月廷瓚始轉左布政使此云左誤也 夫貴州之為郡縣，其在十一年二月甚明，思琛就禽必於冬春之交，而紀聞謂為十一月，事既謬，且蔣廷瓚以工部侍郎左遷行人，不在永樂初，而田宗鼎既歸朝，田琛尚拒命，然後使廷瓚召之，安得有琛先入覲，訐宗鼎不法之事也。王氏二史考謂顧成等，以重兵壓境，然後凶黨叛散，元惡就禽。所謂旗校數人潛入二司，執琛宗鼎去，非實錄也。土酋出入，皆有親信擁護，彼既縱惡若是，豈肯斂手就縛，其見卓矣。然國史於琛等就禽之故，殊為疏略。而王氏直以為顧成之功，亦恐未然。蓋蔣廷瓚承聖旨，倚神靈，單車深入，獲其戎首，雖藉鎮遠兵威以懾服之，然其便宜方略，有足多者。史言廷瓚嘗與禽田琛等之謀，故陞用之。則廷瓚之有功於是役，可知矣。宣德實錄孟驥本傳云：新設貴州布政司，吏部以其名聞陞布政使，比至貴州創置設施，撫綏夷獠，皆出右布政蔣廷瓚，驤尸位而已。此又廷瓚善後之勞，見於史者。至永樂二十二年十二月，以風憲劾其貪黷，降本司左參議，蓋廷瓚有才，而乏清譽，其在貴州將踰一紀，爲軍民所信服。而王氏乃云不久卒，豈未深考邪？

八

王氏二史考云：水東日記言國朝將官專生殺，如都督韓觀守廣西尙然山，忠毅公代觀，則有閒焉。聞公蓋懲英國殺黃參將故事耳。考之正史及碑誌，俱不言公僇黃參將事。惟三下南交錄略及之而不詳。按黃參將者名中，初以都督僉事。同呂毅送陳天平還國，爲黎季犛所賺殺天平後，大軍南討，毅爲鷹揚將軍，中無職寄，從軍自效，後賞功典下，謂都督僉事呂毅黃中，先失律敗事，後雖有功，不在賞典，尋命掌交阯都司，黜公之敗，毅以戰死。再用輔率師南討，簡定等伏誅，中時在軍而論功，姓名絕不之及，豈其時中不用命爲輔所僇邪？葉文莊之所謂，懲豈文廟，初以是怒張英，公爲其功成而後寬之，且諱之邪？復齋日記，則云：張輔征交阯時，一日黎賊擁兵大至，公下令出戰，參將王某以風逆，按所部不出，公勒衆力戰，大敗之而還。明日班賞，因問昨日不與戰者爲誰，王知公怒己，斂手曰：昨以風逆，故不敢出。公曰：我獨不畏死也，我已出而爾不繼，賴朝廷福，幸而勝耳。脫或不敵而陷，非爾賣我乎？命引出斬之，王叱引者曰：誰敢引我？公遽拔佩刀，叱衆擁出，斬於軍門。其子某訴之朝廷，頗疑徵還，都御史顧佐請去其兵權，以保全之。其子知朝廷意，率其家人於長安門外，伺公出朝而毆之，朝廷知而不問，則謂公宣德初征安南誤矣。且又不能擧參將名，而所稱姓，又謬公於宣德時，雖罷兵政，天子寵眷之爲諸勳臣之冠，而其子敢率家人毆之長安門外邪？水東日記云云，或太宗聞其事有所不懌耳。余考實錄：不見黃中所終，惟於十一年十二月，交阯右布政使王平卒之下云，時清化府蠻賊梗化平，與都督黃中往鎮其地，民賴以安，還至交阯卒。則此時黃中猶在清化，距簡定之誅且五年所，王氏因論功不及，遂疑中已爲輔所僇，殊爲無據。邱氏三下南交錄云：朝廷屢下詔招撫，授陳季擴布政使，彼欲受命，制於其黨，服而復叛。僞稱王孫，以復陳氏爲辭，大軍至，則深入山海避之，軍退復出。用時官軍不能成功，王既涖軍，始大明賞罰，而諸將疲於奔命，往往因循玩寇。都督黃中不用命，王以軍法從事，由是人人知懼，不敢辭難避險，未幾遂有愛子江之捷，時十一年冬也。觀此，則黃中之僇，乃討陳季擴時事，而非討簡定時事也。厥後英公鎮交阯，不踰年，而馳傳急徵，即黎利繼叛，不聞再綰虎符，意當時宵小如山壽輩，必有以專殺之事，閒公於上者。故北征之役，請偏師追虜，而文皇不許，東征之役，請率兵誅畔，而章皇不從。雖曰保全功臣，而使折衝之略，不得竟其用，亦可惜矣。英公之儒雅好文，當在中山岐陽二王閒，而卒受制奄人以死，豈非命哉。

九

實錄：永樂十二年六月丙午，車駕發雙泉海，次三峽口，前鋒都督劉江等，哨見虜衆，馳報上，率師兼程而進。命皇太孫與寶纛同行，專以鐵騎五百護衞。戊申，駐蹕忽蘭，忽失溫，是日虜寇答里巴等率衆迎我師，上率鐵騎馳擊虜，大敗，殺其王子十餘人，斬虜首數千級。追至土剌河，馬哈木等脫身遠遁，會日暮未收兵，皇太孫遣騎兵四出覘視，知虜已敗走，上始還帳中。皇太孫入見，上語以虜敗之故，皇太孫叩頭稱賀。上曰：此虜尙未遠，夜中尤須愼防，遲明追撲之，必盡殲乃已。皇太孫對曰：陛下督戰勤勞，天威所加，虜衆破膽矣。今即敗走，假息無所，寧敢返顧乎。請不須窮追，宜及時班師。上從之，當是時，太孫從行，已儼然撫軍之寄，行則申儆環衞，止則防護帳殿，初未嘗令一當鋒鏑也。而虜主答里巴既敗，窮追踰兩山，馬哈木等奔迸不暇，豈復有瞯吾後者。觀太孫班師之請，愼重周詳，睿慮夙成，其與年少喜功者，夐不侔矣。而通紀乃云，是役也，內侍李謙恃勇，引皇太孫於九龍口，迎戰幾危，上大驚，急追囘大營，謙懼罪自經死。〔名山藏〕又云：一日以百騎覘虜，至九龍口，虜伏兵突起，可萬人，被圍數十重，左右皆大懼。上神色自若，徐指揮躍馬，貫陣而出，邏騎奔告文皇，妄言已沒，文皇大驚，急帥親兵往救，未二里上至，下馬叩頭，文皇喜而且泣。從行者陞一級，沒者陞二級，太監李謙在大營，以不從懼罪自縊。二說不同，其於李謙或謂以迎戰懼罪，或謂以不從懼罪，而從行陞賞，國史與北徵後錄，皆絕不之及。考之野史，李謙即保兒，雲南人，乃從文皇起兵靖難者，亦莫能詳其所終也。九龍口之役，諸書皆不載，惟正統實錄譚廣本傳云：從征九龍口爲前鋒，賊數萬騎，憑崖列陣，廣以神箭萬人射之，死者無算，乘勝麾左右夾擊，賊大敗。陞中軍都督僉事。按實錄：永樂十二年九月甲戌，陞大寧都司都指揮僉事，譚廣爲中軍都督僉事，總操練與本傳合。然是役，賊先與前鋒遇，爲廣等所敗，安得有皇太孫被圍事邪，今竝削之。

十

實錄：永樂十二年閏九月甲辰，先是上以皇太子所遣使迎車駕緩，且奏書失辭，曰：此輔導者之不職，遂徵右春坊大學士黃淮等，是日淮先至，行至六部都察院大理寺通政司交奏其罪，遂下獄。陳敬宗誌黃淮墓云：上欲立東宮，密預問公，公曰：立嫡以長，萬世正法，上意遂決。癸巳，車駕再巡狩，公留守。時漢王潛蓄奪嫡之志，忌公獨深，日夜窺伺，開隙流言，監國之過，公遂不免。一滯十年處困中，惟日賦詩以自遣，鄭氏名臣記全采誌文而爲之論曰：初與公竝入閣者七人，胡儼早休，胡廣先卒，解縉沒詔獄，惟西楊秉鈞最久，東陽謀幄最密，竝總修累朝實錄，而公圜土，十年家食，餘二十年，蒙詬簡牘，君子弗信也。按淮以議建儲得禍，國史既沒不著，而三朝聖諭錄，復備書淮與西楊不相容之事，其故可知矣。正統實錄黃淮本傳：書建儲之議與墓誌合。至謂淮直諒多才略，熟諳朝政，然同列有小過，淮每以聞，以故人或怨之。解縉之得罪，淮與有力，斯亦瑕瑜不掩者也。瑣綴錄乃云：詢於博識諸士大夫，有謂方正學之誅夷尹，昌隆之籍沒，許白雲之極刑，皆出於文簡，因憶昔祭酒劉益，嘗見，謂文簡好訾毀同列，一日便殿未入侍，宣廟問淮何在，東楊對以淮素病瘵，瘵病能染人，自是有旨免奏對。久乃告病侍親，是則文簡好短毀人，固宜有反爾之報。至謂方尹許之慘禍，一出於文簡，則未必然。若果有之，小人之尤者，何得老死牖下，好還之天豈懵然邪？夫尹許之獄，淮果有力與否不可知，若方正學事，淮方新入翰苑，雖承顧問特達之知，其力豈遽能生殺人哉。淮于黨獄之起，南人當戍邊者，猶力爲救解，何獨贊成正學之獄，所以然者，西楊叩頭乞哀一語，既已得罪信史，而其徒欲以誅夷之酷，委過於淮，以欺後世耳。彼尹氏惡能辨之哉。立嫡以長之對，瑣綴錄又以爲解縉意者，二人不謀同辭，故文皇知物望有歸，難動搖耳。本傳獨言縉之得罪，淮與有力，恐亦得之傳聞之誤，考縉誌狀皆所不載，而陳敬宗正人其言，必非阿所好者，取信焉可也。

十一

實錄，永樂十二年十月丙申，江陰侯吳高以罪免。初高領兵守大同，多不法。及上北征班師至興和，高稱疾不朝。被召回京，縱家人給驛及私役有司車牛，又擅以守邊官軍千百戶鎭撫張玉等百二十餘人隨行，所過騷擾。爲御史成務等所劾，遂免爲民。洪熙元年十一月乙卯，釋故江陰侯吳高之子亮等爲民先，是亮等有罪，仁宗皇帝發充海南衞軍中途赦還，行在吏部以聞，上命釋爲民。鄭氏異姓諸侯傳云：高永樂十二年被劾，編氓江陰。十七年奪劵，洪熙元年上見高名曰，高往年多行無禮，謫戍海南，高卽死，徙其家，會赦得釋。宣德三年，子昇乞嗣不許。實錄不著吳高之卒，但云其子亮等有罪，仁宗令戍海南而已。而鄭氏謂仁宗惡高無禮，故謫之。則高至洪熙初尙在也。竊疑靖難之初，高以遼東兵數攻永平，爲成祖所深憚，雖用計去之，或未能釋然於衷。迨仁宗尤號寬大，於高固非讎敵也。何永樂閒止爲編氓，洪熙初遂至遠戍邪？果令高有嫌於東宮，則宣宗又不宜援赦例，輒免其子也。至謂子昇乞嗣，不知爾時亮復安在？鄭氏益據襲封底簿，其與實錄互異者，莫可考正。當以高卒於永樂末爲近是。江陰李氏漫筆云：江陰侯孫名鐵舍者，腹大善啖，平生未嘗自見其足，永樂間至京乞恩，太宗命光祿寺給茶飯，計食六十斤，謝恩拜，不能起。命兩衞士挾之，因不得襲廕。後家不給食饅頭，又食炠茄俱成籮以充饑。所云鐵舍未知爲亮爲昇，恐是誤。以宣德中乞嗣，爲永樂時事，蓋吳高既坐罪削爵。未死之前，其子何從而襲廕邪？若其事之偎猥，尤不足辨。

十二

通紀永樂十三年五月，上諭三法司，如今各處有妄告姦惡的，好生擾害良善。自今年五月初八日以前，但有被告姦惡已提到官，及未提到官的，都饒了不問。今後但有指以姦惡爲繇，生事擾害良善的，罪之不饒。遜國臣記云：永樂十四年諭法司姦惡齊黃等遠親未拏者悉宥。來告者勿理。據此，乃遷都北京後，維新之美政所宜詳述。而實錄於成祖赦一人容一言，無不委曲臚列，以揄揚主德之寬厚，顧如此大事，獨遺之何也。然自是黨禁少弛，告訐之風寖衰，而紀綱莊敬等皆以殘刻誅，則所全國體甚多，諸書豈盡無徵邪。考胡廣本傳云：嘗奔母喪還朝，上問百姓所苦。對曰：百姓安，獨郡縣窮治姦惡外親，蔓延爲害，上立命罷之。則德音之降，當在廣還朝後矣。皇明詔令載十四年四月二日，皇帝勅諭三法司，曩者姦惡齊黃等，煽惡逞凶，謀危社稷，賴天地宗廟之靈，已皆伏誅，芟蕪去穢，必絕其根，掃滌不盡，又將滋蔓，蓋鋤莠所以養其嘉禾，除惡所以保其良善，惡類既翦，良善獲安。自今年三月二十六日以前，凡姦惡遠親已拿在官者不宥外，未拿者悉宥之。有來告者勿理，如勅奉行，此與〔遜國臣記〕合，則〔通紀〕所載勅諭譌也，今從詔令。

十三

實錄：永樂十七年十二月己丑，監察御史鄧眞言十事，其一吏部之弊，二戶部之弊，三禮官之弊，四兵部之弊，五刑官之弊，六七八皆工部之弊，九十軍衛之弊。上可其奏，命諸司悛改，再犯不赦。水東日記云：建安〔楊文敏公行狀〕己亥十二月己丑，進言十事，皆指斥五府六部三法司積弊，太宗皇帝覽而嘉之。密諭公曰：實切時病，但汝爲心腹之臣，若進此言，恐群臣益相猜疑。不若使愼密御史言之，於是得監察御史鄧眞，俾入奏，衆皆股栗，免冠請罪。詔諸司即日悛改，怙終者不赦。王文端公所爲公傳云：朝臣有傾巧迎合，爲公所抑者，議欲閒之，會北京缺祭酒，衆請以公任焉。上不許，公又指言五府六部三法司積弊有十，上命以授御史，颺言於庭中，衆皆請罪。詔原之而使釐正。楊文貞公撰墓誌則云：一時廷臣狎恩多縱忌，公伉直發其私，適太學缺祭酒，衆共擧公，實欲疏之，上不聽公，遂密言十弊，指斥五府六部都察院，章留中不下，所書似不同。若楊文定公撰神道碑，則又略之矣。王氏家乘考云：文貞爲文敏墓誌，據其辭義，公與諸大臣相爲排詆也，考行狀前事頗詳，今止云留中不下，則御史鄧眞所上何疏邪？抑將以此爲諱邪？若文定神道碑並上疏事盡削之，大抵南楊爲碑誌之類，尤寂寥不足道。余謂東楊密疏本留中不下，而後授鄧眞入告，行狀傳誌雖互有詳略，原無不同也。東楊以衆擧爲祭酒，遂指斥諸司積弊，言雖公而意近私，賴天子明聖，曲全形跡，故不犯大易失，臣失身之戒。然而授草言官，排詆大臣，皆不可爲後世法，是以實錄諱之。神道碑又削之。周學士叙所譏三楊，陽歛陰施，此亦其一端也。

十四

實錄：永樂十九年十一月丙子，上以北虜攜貳，命尚書夏原吉方賓呂震吳中等議，將親征。原吉等共議，宜且休養兵民，而嚴勅邊將備禦，未奏。會上召賓，賓言，今糧儲不足，遂召原吉問邊儲多寡。對曰：僅給將士備禦之用，不足以給大軍，卽命原吉往視開平糧儲。而吳中入對與方賓同。上以邊廩空虛不懌，召原吉頌繫之，以大理寺丞鄒師顏嘗署戶部，幷繫之。於是賓懼自殺。賓見原吉遭繫，念事由已發，恐罪及，遂自經死。上聞之曰：朕未嘗有罪賓意，何遽自殞？蓋猶惜其才，居數日，浸聞其平日所爲，怒曰：生失誅矣，命戮其屍。下刑部尚書吳中獄。二十二年八月戊午，復前戶部尚書夏原吉官，初大行皇帝凶問至之三日，首釋原吉於頌繫慰勞之，咨以國事，至是復其官，賜冠帶衣服被褥帳幃咸備。復刑部尚書吳中官，夏原吉本傳云：北虜復犯邊，太宗皇帝將親征，原吉言今邊儲不足，請遣將平之，無煩六師。忤旨，收繫之。李東陽撰傳則云：十九年上議親討北虜，群臣莫敢言。公曰：吾受上恩厚，不可不死爭之。約尚書方賓同諫，入獨言曰，頻年師出無功，戎馬儲積，十喪八九，災眚間出，內外俱疲。況聖躬少安，尚須調護，勿煩六師。上命公治邊儲於塞北，賓懼自縊死，遂獲罪，並籍公家。惟賜鈔千貫，餘皆布衣瓦器，命錦衣官剋日召公還，公方治粟，使者趣甚急，公曰：姑少俟，不爾，慮有侵漁死，吾安之不以相累也。上御午門，問征虜得失，公歷陳往鑒，謂當治內，不宜勤遠略，執不變，坐繫內官，監太孫屢奏請宥公，上察公忠，間訪國事，公敷對如平時。二十二年車駕至楡木川，不豫，顧左右曰：夏某語未了，若謂其愛朕者。李氏序事號爲典練，而所記原吉諫北征語，皆本其子太常君事狀，故多過其實。史言方賓先見，上言邊儲不足，原吉繼之，遂有開平之行，及吳中對與賓同，上始怒，徵原吉繫之。賓亦懼罪，自殺。蓋主議者原吉，而發端者則賓也。且邊廩空虛，責在戶部。令賓不先以其言入告，又何懼罪之有哉？李氏謂約賓同諫，入則獨言，又以賓死，遂獲罪皆誤。夫開平糧儲，自有主者治之，公特往視多寡已耳。席未煖而召還，繫內官監，在賓未縊死之前，特旬日間事也。觀侍郎張本等，奉命造車，發民餽運宣府，在是月甲申，則原吉之端出端返可知矣。當使者之急徵原吉，雖德量過人乎，何暇從容治粟，下代司庾之事，此皆不情之譽也。考楊榮所爲墓誌與楊士奇所爲神道碑，俱無此事，今不取。

十五

實錄：永樂二十一年五月己丑，常山中護衛總旗王瑜上變告，言指揮孟賢等糾合羽林前衛指揮彭旭等舉兵，將推趙王高燧爲主，而謀不利於上。及皇太子命下，急捕賊，旣悉得，遂召皇太子趙王公侯伯都督尙書學士皆至，上御右順門內，親鞫之。蓋是時上以疾多不視朝，中外事悉啓皇太子處分。皇太子仁明衈下，往往裁抑宦寺，而宦官黃儼江保等尤見疎斥，儼等日譖之於上，賴上聖明，父子親愛，終不能間。然亦希得進見，而儼素厚，高燧常陰爲之地，且詐傳上注意高燧，以誑誘外人，由是賢等遂萌邪志，而欽天監官王射成與賢厚善，密言於賢曰：觀天象不久當有易主之變，賢與其弟孟三常山左護衛老軍馬恕田子和興州後屯衛老軍高正等，日夜潛謀，連結貴近，圖就宮中進毒藥於上。俟上晏駕，卽以兵劫內庫兵仗及符寶，而分兵執公侯伯五府六部大臣，豫令高正僞撰遺詔，付中官楊慶，養子至期，從禁中識以御寶頒出，廢皇太子，而立趙王高燧爲皇帝。布置已定，瑜正之甥正密以告之。瑜力諫曰：此舅氏滅族之計，正不從，瑜遂入告。上覽所僞譔遺詔，震怒，立捕楊慶養子斬之，上顧高燧曰：爾爲之邪？高燧惴慄不能言，皇太子爲之營解曰：高燧必不與謀，此下人所爲耳。上命文武大臣，及三法司鞫治賢等，翼日上曰：王射成以天象誘人，速誅之。賢等更加窮鞫，毋令遽死。遂下錦衣衛研治未幾，併其黨悉誅之。二十二年九月丁亥，陞遼海衛千戶王瑜爲錦衣衛指揮同知，旌其發孟賢等逆謀也。楊士奇撰王瑜神道碑云：

永樂癸卯五月。太宗皇帝徹不懌，數日未出見群臣，仁宗皇帝在東宮，軍國政務悉啓聞施行。邪僻傾險之徒，不得騁其私，咸所不便，趙簡王時留北京，敬修孝弟，其護衛指揮孟賢等十數輩，潛結歷宦王射成等，及內侍養子共搆邪謀，欲俟宮車晏駕，矯詔從中出立簡王，而已得志焉，實秘不令簡王知，蓋慮不從。即事敗，虀粉而尸其謀者，公姻家高以正布置已定，高密以語公，公駭然曰：奈何甘爲覆家滅祀計。高不聽，又涕泣戒之，高怒而慮其泄也，謀害之，遂詣闕入疏，上覽之，初疑其詐，反覆詰難，衆爲公危。公詞色不少挫，既捕賢等至，上親問狀，得其邪謀本末，及所造僞詔，立誅以正射成及內侍養子。陞公遼海衛千戶，後賢等皆伏誅。高以正即高正，但實錄以爲王瑜之舅氏。而碑則云：姻家豈有所諱邪，奉天靖難事跡，載方孝孺草書，貽燕世子，令錦衣衛千戶張安齎詣世子，時中官黃儼姦險，素爲世子所惡，而高燧深結之爲己地。及安，持書至，儼已先遣人馳報上曰：朝廷與世子已通密謀，上不信，高煦時侍上，亦贊儼言非謬。上亦不信，語竟，世子所遣人以書及張安皆至。洪熙實錄云：時二郡王高煦數出從太宗皇帝，三郡王高燧留佐居守宦寺，黃儼以高燧之幼鍾愛也，爲媒孽奪嫡之計，將爲己利，使其黨往來飾譽高燧，而短帝，又謂帝將爲朝廷固守北平，以拒父也。觀此，則靖難時，黃儼已爲媒孽奪嫡之計，懼仁宗嗣位，必不免於誅。故謀俟宮車晏駕，倉卒出遺詔廢立，如趙高之于胡亥。而常山護衛指揮孟賢等希指謀爲變，實秘不令趙王知，則又大類貫高之於張敖矣。神道碑謂：欲俟晏駕矯詔，從中出立簡王，最爲得情。而實錄則有擧兵推高燧爲主，及就宮中進毒藥於上之說，蓋亦出一時告密張皇聳動之詞。正統實錄王瑜本傳云：瑜發不軌事，有枉者死之日，自東兩手如高縣者，號呼救解而卒，則斯獄之不能無濫，可知矣。余嘗論高煦雖有戰功，而凶悍無賴，非成祖所注意，顧獨憐高燧，謹愿數命留守北京，其麾下寧無欲富貴者，而黃儼江保又為之內主，讒言日聞，故高煦雖徙樂安，而仁宗之勢猶岌岌也。宣德實錄：趙王世家云，王寡學問，好武事，初守北京，時命有司，政務悉啓王而後行，而邪說左道之人，多見進用。永樂七年，太宗皇帝初巡守至北京，聞其過失，震怒誅長史顧晟，盡執其所用小人，褫王冠帶，不許入侍。賴仁宗皇帝，力為救解，乃復冠帶，聽入侍。以此推之，知成祖無易太子之志甚明，獨黃儼江保實為禍本，久留左右，而不加罪何也。獄詞第以孟賢為首，碑文又謂：尸其謀者高正，豈非事關宮禁，有未可深言者邪？觀是年十一月丁亥，皇太子聞內侍黃儼江保數造危語，譖之於上，皆不聽，召楊士奇至文華殿語之，故因歎曰：天可欺乎！非賴至尊聖明，尚得在此哉。則是時儼保猶在肘腋間，禍本未除也。故右順門之事，余以為有天意焉。

十六

實錄：永樂二十二年七月己丑，車駕次蒼崖戌，上不豫，庚寅次榆木川，上大漸。遺命傳位皇太子，且云喪服禮儀，一遵太祖皇帝遺制。辛卯，上崩。太監馬雲等以六師在遠外，秘不發喪。密與大學士楊榮金幼孜議喪事，一遵古禮，含斂畢，載以龍轝，所至御幄，朝夕上食如常儀。壬辰，龍轝次雙筆峯，文淵閣大學士楊榮，御馬監少監海壽，奉遺命馳訃皇太子。洪熙實錄云：初榮同幼孜，扈從北征，凡軍中一切機務，皆令與聞，時軍行累月，尚未抵賊巢，而步卒多艱，且諜言賊已遠遁，遂令班師。及中途太宗疾作頓劇，已而崩於榆木川。中官馬雲等皆倉皇莫知所措，乃密召榮幼孜入御幕中，首議喪事，榮等言宜循古制，用衣衾殯斂。衆曰諾。或有欲於他事寫勅用寶，遣人馳報。榮等曰：誰敢爾，先帝在卽稱敕，賓天而稱敕，詐也，獲罪匪輕。衆皆曰：此言良是，榮等乃命中官，備以大行皇帝崩逝月日，並遺命傳位之意，啓皇太子。雲等從之，旣作啓遂以屬榮及少監海壽，馳報皇太子。正統實錄楊榮本傳云：師次榆木川，太宗不豫，召榮等受遺命，已而宴駕。惟榮與親密中貴二三人在側，榮襚斂如禮，戒勿發喪，整軍旅，嚴號令，外無知者。王文端所撰傳亦同。王氏二史考云：野史謂榆木川之崩，金文靖公速集諸內侍，秘不發喪；銷錫爲椑，錮之卽殺工滅口。作二詔：一爲遺詔入朝，一召東宮於留都，俾星馳卽位。比喪達京師，寂無知者。皇太子至，遂發喪，易梓宮。文靖一時鎭靜之功，不可及也。按此擧實楊文敏公謀，文靖特成之耳。仁宗特有勅陞賞文敏，論功甚詳。據史八月甲辰，大學士楊榮，少監海壽，至自行在，致大行皇帝遺命，皇太子命皇太孫馳赴開平，恭迎龍轝，報訃各王公主，諭告中外。丁未成服，己酉龍轝次鵰鶚□，皇太孫至御營哭迎，軍中始發喪，六軍號慟，聲徹天地。辛亥，在京文武百官軍民人等，皆素服哭迎龍轝于居庸關，然則所謂太子在南都與喪達京師寂無知者，一何舛邪。余謂此擧實文敏文靖同心共濟，諸書或竝美二公，或首推文敏，要之各不相揜。史載洪熙元年正月丁丑，楊榮金幼孜各辭尙書一俸，上曰：卿等事皇考，屢經扈從，勤勞多矣。況皇考賓天，遠在塞外，賴卿等盡力維持，朕每瞻奉几筵未嘗忘，今與三俸，豈爲過多，卿等其勿辭。楊文貞誌文敏墓：云師次榆木川，上不豫，旣上賓，凡沐浴襲奠飯含棺斂，一切之禮，悉出二公。衆遂推公先馳歸報，蓋決幾應變，乃文敏所優，文靖固不如也。若遺命已馳京師，太孫未赴行營，所恃以鎭靜物情者，非文靖而誰歟？宣德實錄金幼孜本傳云：扈從北征，道中兵疲，上以問群臣，皆莫敢對。幼孜獨請還師，雖忤旨不悔。又稱：幼孜論事必正，則班師之早，文靖實有功焉。按遺使諭虜在五月甲申，班師之計已決於此，不然大舉親討，安肯未見敵而還，而久淹沙漠，兵疲餉匱，猝有鼎成之變，將爲殘孽所乘。中外恇擾，可爲寒心。然則文靖獨請還師，尤繫安危大計，而文敏所爲北征記直，以振旅之速歸之宸斷，國史因之，恐非事實。墓誌謂：二十二年從北征，中道軍餉不繼，上聞之命公與金公總計其數，遂如公言。遣使諭虜釋其不臣之罪，下令班師，此似文貞緣飾之詞，使文敏果有是言，北征記不當自沒其善，而幼孜本傳，何以云群臣莫敢對也，讀者審之。

國史考異卷第六終

太祖實錄辨證

錢謙益

太祖實錄辨證一

太祖實錄辨證二

太祖實錄辨證三

太祖實錄辨證四

太祖實錄辨證五

梁國公胡顯考誤　吉安三侯伏誅　周德興伏誅　宋穎二公伏法
嘗昇伏法　胡海坐黨　鄭曉好引稗史

太祖實錄辨證一

太祖高皇帝以天曆元年戊辰九月壬戌**十八日**丁丑未時**降誕于鍾離**。

元天曆戊辰婁宿降靈　高帝以是年生至洪武戊寅婁星復明周世宗征淮以荊塗二山乃濠州之朝岡有王者氣命斷之有梅族居此因曰斷梅山後三百年而　太祖出焉元末童謠曰富漢莫起樓貧漢莫起屋但看羊兒年便是吳家國我太祖定都建康改至正二十七年爲吳元年實丁未也。

壬辰二月。亂兵焚皇覺寺。上無所避難。甚憂之。乃禱於神云云。

從實錄。則太祖憂亂避兵禱于伽藍神。固守旬月。而後有相招迫脅之事。以皇陵碑及御製文集考之。則先有相招迫脅之事。而後禱于神也。宋太祖微時。被酒入南京高辛廟。香案有竹杯筊。因取以占其名位。以一俯一仰爲聖筊。自小較以上至節度使皆不叶。忽曰。過是則爲天子乎。一擲而得。晏元獻爲留守題詩廟中曰。庚庚大橫兆。謦咳如有聞。帝王之興。一何其相類也。

壬辰閏三月甲戌朔上入濠城郭子興留置左右。

滁陽王廟碑云。爲門者所執。將欲加害。王親馳活之。實錄云。人以告子興。子興遣人追至。親馳之與遺人。其緩急則有開矣。廟碑爲太祖親稾。以授張來儀者。實錄不據此何也。

居數月。子興與妻張氏謀。以馬公季女妻上。張氏曰。吾意亦如此。子興意遂決。即孝慈高皇后。

滁陽王夫人張氏。次夫人亦張氏。據張來儀廟碑。初勸滁陽館高帝于貳室者。次夫人也。滁陽被攜。二子從高帝奔告魯淮者。亦次夫人也。厥後女爲上妃。生三王二公主。人知滁陽能識眞主于魚服之中。不知皆次夫人啓之也。滁陽夫人生三子。皆與高帝不協。而次夫人獨能知高帝。且以其子相託。當滁陽信讒疑忌。高帝憂疑疾疢之時。其所以周旋側陋解釋甚閒。又可知矣。高帝親稾。滁陽事實。蓋亦深著次夫人之功。而實錄但云子興夫人張氏。盡沒其實。大失高帝之意。余故表而出之。

癸巳冬。彭早住自稱魯淮王。趙均用稱永義王。

按實錄癸巳夏五月後書云。彭趙二帥旣據濠州。挾德崖等爲己用。是冬早住自稱魯淮王。均用稱永義王。所謂是冬者。癸巳之冬也。滁陽王廟碑及皇明本記。記二姓僭稱。俱在壬辰奔濠之時。與實錄異。以高帝紀夢考之。則云明年元將賈魯死。城圍解。予歸鄉里。收殘民數百獻之上官。以我爲鎭撫。當年冬。彭趙僭稱。部下多凌辱人。所謂當年冬者。亦癸巳之冬也。以時勢言之。二姓雖草草僭稱。亦當在元兵解圍之後。而不在自徐奔濠之日。當以實錄爲正。又按元史順帝紀。辛卯八月。蕭縣李二及老彭趙君用攻陷徐州。老彭者早住之父彭大也。芝蔴李旣敗，則彭大當與君用俱奔濠。實錄不書彭大而書早住。又書于甲午六月。上取滁陽之後。云未踰月彭趙遣人邀上守盱泗。上辭弗往。未幾二人自相吞併。早住亦亡。惟君用專兵柄云云。按順帝記又於丁酉歲書趙君用及彭大之子早住同據淮安。趙僭稱永義王。彭僭稱魯淮王。則丁酉歲早住尚在。以理度之。癸巳之夏與君用併吞而亡者。乃彭大非早住也。實錄於早住既亡之後。記上使人說君用。及賂其左右。以解子輿。而廟碑與天潢玉牒俱云彭趙東屯泗州。挾王以往。遣人賂彭趙。得縱歸。則又早住不死之明證也。龍鳳事蹟云。先是芝蔴李故將趙均用彭早住據淮安僭稱王。早住。均用益自專。未幾奔山東。依宋將毛貴。此早住死于淮安之明證也。二姓僭稱之事。在壬辰癸巳間者。諸書載之甚確。而順帝紀又載于丁酉歲者。蓋彭大既亡之後。早住與君用同陷盱泗。同據淮安。君用仍僭稱永義。而早住襲其父之舊。仍稱魯淮。故元史又從而記之也。元史稱彭大之子早住。其意甚明。脩太祖實錄者。殆未及考耳。巳亥歲。君用殺毛貴。旋爲續繼祖所殺。獨早住不知其所終。而丙午歲。梅思祖以淮安降。上諭之曰。汝等多故趙均用部曲。往往皆授重名。繼歸張氏。復食其祿。則數年之內。君用輩披猖淮泗間。略可想見。惜紀載闕如。無復援據耳。姑書此以訂實錄之誤。

甲午七月。南略滁陽。道遇定遠人李善長來謁。留置幕下。俾掌書記。

鄭曉名臣記云。上嘗與善長從容談論天下事。善長稱上豁達大度。類漢高祖。天下不足定也。上因問善長。卿可方蕭何，徐達可方韓信，誰可方張良者。善長稱金華宋濂。上曰孤所聞青田有劉基。按高皇帝是時居滁陽甥館，名位在諸將之後。安得偃然稱孤，以漢高君臣相命。善長典司書記上戒令勿言諸將得失，遑及其他。龍鳳戊戌，克婺，上始召見濂。庚子克處州始有人薦基。此時殊未必知有兩人也。流俗有英烈傳。稱太祖三顧中山。中山談經世大略，髣髴如韓侯葛生，識者嗤之。不謂鄭氏通儒，亦剽取俗說如此。又黃金開國功臣錄載善長當元季隱居東山，思佐明主以安天下。按庚午詔書，善長挈家草莽詣軍門，俯伏于前，豈隱居高尙者耶。太祖之于善長，一則曰以文吏相從，一則曰知小吏之心。善長之爲吏審矣。必欲諱胥吏之名，標隱遯之目，則酇侯雍奴，將不得爲兩漢之宗臣乎。俗儒膚陋，往往如此，宜痛削之。

乙未春正月，上率鎮撫徐達參謀李善長取和陽。

謹按太祖實錄，壬辰閏三月，上從滁陽王起義，命爲九夫長。癸巳六月，以上爲鎮撫。乙未春，子興命上率兵二千規取和陽。上率鎮撫徐達，參謀李善長等數十人徑進。中山王之稱鎮撫，見於此。當是時中山雖隸太祖麾下，其實屬滁陽王部曲。太祖與中山之爲鎮撫，皆滁陽命之也。史家不悉本末，皆云一見上，即授鎮撫，位諸宿將上。不知乙未之春，子興命太祖總兵和陽，諸將猶不肯率從。久而後定。中山豈能遂踞諸將之上乎。太祖御製神道碑云：命爲帥首，凡有微征以代朕行，至克姑孰，始云命王爲將。定建業始云命王爲大將。此可見史家誇大之詞，皆非事實也。渡江以後，開帥府。丙申爲吳國公。以逮于稱吳王。凡有拜除，皆出龍鳳之命。或如藩鎮承制故事，國史多忌諱，皆沒而不書。然亦往往有可考見。以太史公秦楚月表之意求之，不沒其實可也。

乙未六月克太平。命馮國用典親兵。任以腹心。

鎦三吾宋國公追封三代碑云。陳也先來犯和州。人馬三倍。我師以廟算制勝。獲其全軍。也先匄死不得則願疑附刑牲與盟。飲血而嘔。知其懷貳。必不令終矣。其軍之投戈環上而寢。悉去其兵士。唯公一人侍側。竟達曙無他。是後公先陷陣。豕乘勢崩之。遂禽也先。據實錄，上悉屛舊人于外。獨留國用侍臥榻旁。而鎦學士追封碑歸其事于勝。當時國用最爲上所親信。周旋宿衛。勝封宋國。誥文猶以國用爲言。令侍側者爲勝。則誥文必不獨舉國用也。勝在開國其功未得比于常鄧，而與六公之列者。

亦以國用故也。安得掠其兄之勞，以歸勝乎。丙申三月降陳兆先三萬衆。擇五百人置麾下。上知其疑懼。悉令入衛以安之。及攻集慶多得其力。而碑以爲陳也先之衆。也先于乙未六月僞降。已而誘其部曲復叛。至有給上臨軍受俘之事。上安得不心疑之。而令其降卒入衛乎。碑又云。是後公先陷陣遂禽也先。乙未九月。也先追襲我軍於溧陽。爲青衣兵所殺。未嘗有再禽之事。國初諸公記載之文。獨鎦學士最多譌繆。未可枚舉。王世貞撰馮勝傳則云。獨國用與勝擐甲侍帳中。兩人既竝侍帳中矣。何云獨乎。鄭曉異姓諸侯傳云。上釋也先。勝兄弟察其有異志。曲訪之竟不能爲害。此皆因三吾之碑而傳會者也。史家曲說如此。竝當刪去。又按開國功臣錄。馮國用從克鎮江以下。皆鎦三吾碑所載勝功次也。丙申七月。上開行省金陵。卽以國用爲親軍都指揮使。今乃云在克宜興之後則繆甚矣。國用既掌親軍。在帝左右。亦無出守禦宜興之理。王世貞撰列傳國開國功臣錄之誤。而又云兄弟俱授萬戶。俱進大元帥。國用尋擢親兵都指揮。以已意杜傳合何所據依失之遠矣。

乙未七月，陳埜先以衆數萬來攻太平，戰于城下，遂擒埜先。

太平城下之戰，實錄與寧河東甌神道碑互異。而實錄寧河本傳又與神道碑合。則實錄與本傳又互異也。參互考之，實錄則云：上遣徐達、鄧愈、湯和引兵出姑孰東迎戰，後命別將繞出其後。寧河神道碑云：上親督兵禦之。調王與魏國以奇兵出其後。東甌神道碑云：王擊其水軍，中山寧河二王，繇東門轉戰城北，破其步軍，遂擒埜先以獻。以二碑參考之，則從上督兵禦之者東甌也。以奇兵繞出其後者，中山寧河也。實錄所載殊脫落，當以二碑正之。

丙申七月徐達圍常州張士誠，遣其弟九六來援，達設伏擒之。

一望虞山一悵然，楚公曾此將樓船。閉關百戰捐軀地，慷慨孤忠罵寇年。塡海欲銜精衛石，驅狼願假祖龍鞭，至今父老猶垂淚，花落春城泣杜鵑。右陳基敬初夷白集詩也。基臨海人，至正初以薦授經筵簡討。謝歸。教授吳中。張士德入吳，網羅一時名士，延致幕下，仕僞吳爲學士，入國朝預脩元史。集中所稱楚公及平章榮祿公者皆謂士德也。平章榮祿者，士德降元所授，曰楚國公者元追封也。按洪武實錄士德以丙申二月據平江，秋七月援毘陵。中山武寧王設伏擒之。我太祖高皇帝御製武寧神道碑亦首載其事。今基舟中望虞山之詩，則以爲楚公身將樓船，百戰捐軀之地。此所謂傳聞異辭矣。基身在士德幙中，是詩作于癸卯二月渡江使淮之日。不當爲無稽之言。而豐碑，國史，簡冊昭然，又豈宜有錯誤哉。今年採輯開國功臣事略于宋文憲鑾坡後集，得梁國趙武桓公神道碑云：丁酉六月戊辰，取江陰。秋七月丙子，攻嘗熟，張士德出挑戰。公麾兵而進，士德就縛。士德士誠之弟也，遂征望亭、甘露、無錫諸寨。以武桓之碑觀之，則基之詩，爲有徵矣。文憲身任國史，奉詔撰此碑，必經呈進。士德之就擒，開國之大事也。安得無所援據，而輕以武寧之功狀移于武桓碑。于士德就縛之下，又曰士德士誠之弟也。其屬詞鄭重，似有意欲疏通證明之者。余因是而詳復考之，則實錄之誤，誠不可得而掩矣。實錄七月擒張九六，十月士誠以其弟被擒，遣孫君壽請和。願歲輸糧二十萬石。黃金五百兩。白金三百觔。劉辰國初事蹟以爲士德母痛其子故也。然士誠既以失弟而聳懼其母，又以痛子而請和，士誠之遺書何以了不置喙。高皇帝之復書則曰：攻圍嘗州，生擒張湯二將，尙以禮待，未忍加誅。爾所獲詹李乃吾偏稗，無益成敗。張湯二將，爾左右手也，爾宜三思。我師既擒士德，獲其謀主，又何以匿而不言，但及張湯二將耶。其誤一也。元史丙申七月，士誠兵陷杭州，楊完者擊敗之。陶九成輟耕錄紀杭州之役，士德與王與敬偕往。以諸書互考之，則士德陷杭在七月。其敗歸平江，當在八月。安得有嘗州被擒之事，其誤二也。元史順帝紀及達識帖睦邇傳，張士誠爲書請降，達識帖睦邇承制令周伯琦撫諭之。詔以士誠爲太尉，士德爲淮南行省平章政事。時士德已爲大明兵所擒，此丁酉八月事也。若士德丙申七月就擒，則去士誠納款已一載餘矣。安得有平章政事之授耶。又按達識帖睦邇傳，元授士德淮南行省平章政事，士信同知行樞密院事。士德尋爲大明兵所擒，則其事在旬月間矣。元史之書法甚明，其誤三也。士德以好賢下士剏造伯業。如王逢、楊維禎、楊基者頌慕之辭，久而不替，不獨陳基輩流召致館，下者也假令以二月入吳，七月就縛。居吳不及半載，又提兵往來三郡，無須臾之暇，士德雖有過人之略，何以能深得士心若此。其誤四也。王逢梧溪集云：今太尉開藩之三月，令部將王左丞晟書，使踵海上，招至吳中。以予避地無錫，說晟。勸張楚公歸元。擢淮省都事。予辭不就，逢他日遊崑山，懷舊傷今之詩。亦云：桓桓張楚國。挺生海陵鄙，玄珠探驪社，白馬飲浙水，三年車轍南北向復同軌量容甘公說情厚穆生醴誓擊祖逖楫竟折孫策箠天王詔褒贈守將躬歲祀士誠之歸元，其謀皆出於士德。逢以元之遺老，與有謀焉。令丙申之秋，士德已爲俘虜，逢雖欲緩頰，何以自效。其誤五也。元史記丁酉歲，士誠屢爲楊完者所敗，然後乞降。士德之被擒，在七月。而元之招諭，在八月。則士德被擒時，歸款之事，已定矣。實錄謂我欲留士德以誘士誠，士德閒遺書士誠，俾降元以謀我。故誅之。國史旣誤記士德被擒于前，而不欲泯其主謀降元之事。故曲爲之辭，非事實也。其誤六也。由此言之，則士德被擒之事，斷以趙武桓之碑爲正。而實錄之誤爲無疑也。予又考天潢玉牒云：丁酉六月取江陰州，攻嘗熟，獲張士誠弟士德以歸。皇明本紀云：明年復破其兵于宜興湖橋。擒其弟張九六，竝獲其戰船馬匹。皆與武桓碑相合。湖橋在虞山西北，通福山港，爲舟師入江要地，故士德被擒于此。基由琴川次福山港，舟中望虞山。至今可想見其處。本紀曰：宜興傳寫之譌也。又考實錄丁酉七月丁丑，徐達兵徇宜興，取嘗熟擊張士誠兵敗之。獲馬五十匹，船三十艘，降其兵甚衆。武桓碑記攻嘗熟在丙子，實錄紀在丁丑，相去止一日。固知卽此一役也。云徐達兵取嘗熟，而不言武桓者，武桓方以領軍先鋒，聽大將調遣。嘗熟之兵，亦聽武寧調遣，遂沒而不書。獨于取嘗熟下脫士德就縛之事，則以丙申誤記于前故也。然此事所以傳譌者，蓋亦有故。丙申七月旣擒張湯二將軍，十一月又擒其梟將張德，用兵之際羽書交馳，奏報錯互，流傳旣久，卽聖祖製碑之日，亦止據一時功狀書之。未及是正耳。平吳錄載士德授嘗州，被擒、在丁酉三月，尤爲無據。其他紀載紛如，又不足道也。夫史家異同，必取衷於國史。而國史多不足信。至如開國元勳之碑，出自御筆傳諸琬琰，非他金石之文，所可倫擬。而猶或未免於傳疑，史家之難，豈不信哉。余以萬曆戊午，讀夷白集。懷疑胸臆，如有物結轖者。迄今數年，排纘鮮剝，稍有條理。乃敢次第書之，未知後之君子，其以爲何如也。天啓六年七月十九日。

丁酉七月，胡大海破楊完者于徽州城下，九月汪同來降。

徽州城下之戰，寧河神道碑記，寧河與越國同事。而實錄本傳從之。胡越國新廟碑，記此戰專屬越國。而實錄從之。按是時寧河守徽州，越國進取婺源。完者兵寇徽州，寧河以守將禦寇，而越國還兵合擊之，則此戰兩公共事無疑也。碑載是戰在十月，實錄在七月。考程國勝神道碑，國勝以是年十月從衞公，戰敗苗軍，則當以十月爲正。奏報偶異，史家之參錯多矣，又按實錄七月丙申，楊完者率兵十萬，欲復徽州。胡大海還師與戰城下大敗之。九月癸酉朔，元婺源州元帥汪同等詣雄峰翼降。國勝神道碑載同。與國勝等偕降徽州城下之戰，國勝已在行間。則較實錄所載蓋大相矛盾矣。考寧河神道碑城下之戰，在是年十月，蓋寧河越國之拔徽州在七月，而城下之戰則在十月。惟戰在十月，故國勝既降，遂得奉寧河調遣。如戰在七月，而同等降以九月。則絕不相蒙矣。此可以訂實錄之誤，當與寧河事略互觀。

己亥十一月，胡深叛。石抹宜孫間道來降。

實錄處州守將石抹宜孫遣元帥葉琛等屯桃花嶺諸要害。胡深守龍泉以拒我師。至是深叛，宜孫間道來降。且言處州兵弱易取。大海大喜，即出軍與耿再成合攻之。遂克處州。按神道碑與行述深出見大海，在克處州之後。而實錄則以為深間遣來降，乃獻謀取處州。此大異也。以實錄本傳考之，似當從碑。與行述胡公受石抹公國士之遇，既解甲內附，而又獻謀以取處州，此穿窬小人之為。而謂君子為之乎。蘇伯衡撰繆美列傳云：上至金華，美從胡公大敗處州，胡深。元師軍梅花門外，遂至菱道盡獲其輜重。金華遂降。己亥十一月，復從胡公擊處州軍。據礬嶺。其地險隘，衆莫敢先登，吳率敢死士持梃魚貫奮擊。奪其壁以入。我師守將石抹參政棄城而竄。分兵略定浮雲，得元帥葉琛。使諭元帥胡深曰：今上天授也。士之欲立功名者，不以此時自附，將誰與僇力。且去年爾之衆戰而大敗，今年我之師不戰而勝。則天意亦可見矣。與其阻險偷生旦夕，孰若改圖可以保富貴也。深然之出降。龍泉、慶元皆平。遂以胡深葉琛暨劉基入見。內出銀椀文綺賜之。而遣還金華。按伯衡記繆美說降深事甚詳，其在處州既下，石抹棄城之後，彰彰矣。石抹既遁，深不得已來降，豈有背石抹來降，復獻計取處之事哉。此可以證實錄一時之譌，白仲淵千載之誣矣。

丙申秋七月己卯朔，諸將奉上為吳國公，置江南行中書省，上兼總省事。

實錄丙申七月，上取臺城。諸將奉上爲吳國公。今考之誤也。是時置江南行中書省，亳都陞上爲行省平章。己亥五月陞行中書省左丞相。辛丑正月乃爲吳國公。兪本記事錄次第載之甚詳。據辛丑十一月葉子奇上書于孫炎有曰。丞相以雄傑之才。紹開中興之運。而壬寅冬航海之使。猶齎行省平章宣命。則丙申之未開吳國。斷可知矣。漢高未王巴蜀。不改沛公之稱。光武初徇昆陽。但循太嘗之號。帝王之興。豈以區區封爵蚤晚爲重輕哉。史臣於是爲無識矣。

太祖實錄辨證二

庚子二月，徵青田劉基、龍泉章溢、麗水葉琛、金華宋濂至建康。基陳時政十八策，上嘉納之。

按劉文成以至正十一年爲江浙儒學副提舉。十月辭疾歸，十二年以浙東元帥府都事，從納麟哈剌築慶元城。十三年以行省都事從帖里帖木耳招諭方氏，與朝議不合，羈管紹興。十六年行省復以都事起，公與石抹謀括寇，十七年石抹宜孫總制處州，分院治于處以公爲其院經歷。又辟郡人胡深、葉琛、章溢參謀其軍事。用公等謀，盡平處盜。十八年我兵取蘭谿，且逼婺。石抹遣胡深等救婺不克。上既定婺，卽命耿再成駐兵縉雲。以規取處。石抹遣葉琛胡深等分屯以拒王師，公雖不在行間，然未嘗不在石抹院中。石抹蓋倚之以謀我師也。實錄本傳云：改行樞密院經歷，與石抹守處州，以拒國珍。當是時石抹與耿洄國對壘于黃龍樊嶺間，其所拒者，非國珍也。國史紆其詞耳。元史是年經略使李國鳳至浙東，承制拜宜孫爲江浙行省參知政事。行狀載公遷右司郎中。李國鳳上其功不錄，則公之遷右司郎中亦國鳳承制拜之也。明年己亥十二月，我兵取處，而石抹棄城去矣。公久在石抹院中，其棄官歸青田山中，或在石抹未敗之先。要亦不甚相遠也。李國鳳巡撫江南，上公之功在十八年十二月。王師克婺之後，則行狀實錄本傳俱云棄官逃歸青田山中。以其時考之，當在十九年春夏閒。去石抹敗時無幾也。方孝孺撰孫炎傳云：上克處，方欲用人，而秀民有能才者皆伏匿山中不肯出。炎鈎致一二人，錄其姓名，爲書遣使者招之。而劉基、葉琛、章溢尤爲處士所推。基最有名。豪俠負氣，自以爲不當爲他人用，使者再往反不起，以一寶劍奉炎炎作詩封還之。爲書數千言，開諭天命以諭基，基無以答，逡巡就見，炎遂致基于京師。又蘇伯衡撰繆美傳云：處州旣下，龍泉慶元皆平，遂以胡深，葉琛暨劉基入見。處平之後，公遷延避匿，待孫炎輩鈎致久之，始入見。非獨以仕元日久，不欲輕爲我用，亦不忍負石抹也。讀覆瓿集與石抹倡和詩，公之心事，二百年後可以想見。行狀載西湖見慶雲：謂金陵有天子氣，我當輔之。及上取金華，指乾象示人云云。五以爲皆佐命之後，其門人子弟，從而爲之詞，非公之本心也。封誠意伯誥云：朕提師江左，兵至括蒼，爾基挺身來謁于金陵，歸謂人曰：天星數驗，眞可附也。願委身事之。于是鄉里順化。封弘文館學士誥云：當是時，括蒼之民，尙未深信，爾老卿一至，山越淸寧。然則公之事我太祖。傾心佐命，蓋在金陵謁見之後。太祖之知公深矣。爲著其梗概若此。

庚子六月，康茂才遺書友諒，約爲內應。

鄭曉異姓諸侯傳，載茂才與友諒書辭云云。當時倉卒致書，戰後於敵舟臥席下得之。安得雕刻書尺，流傳人間，此鄭氏傳會之陋也，今削去。

辛丑九月，陶安為黃州府知府。

按實錄，辛丑九月，以左右司員外郎陶安爲黃州府知府。乙巳正月，調黃州府知府陶安知饒州府。相去凡五年。而本傳則云知黃州尋移知饒州。徐紘集傳云：癸卯黃州平，上思得重臣以鎮之，遂命知黃州。改桐城令，尋移知饒州。謝理太平人物志亦然，皆與實錄及本傳不合。以陶學士詩集考之，自龍鳳元年乙未至九年癸卯，安皆在金陵。壬寅歲有憶別之作。云七年同在省東廳。則辛丑歲安未嘗出守可知也。癸卯秋從征鄱陽，甲辰守黃州，有今年春二月璽書命守土。兩日抵其州，又值連月雨之句。則安以甲辰守黃州，在平陳理之時。當以徐紘集傳爲正。陶學士事蹟，載令旨付陶安者凡二。俱稱皇帝聖旨吳王令旨。其授黃州府知府，則龍鳳十年二月□□日，授鄱陽府知府則龍鳳十年十二月□□日，則安之守黃移饒，皆在甲辰年無疑也。惟徐紘謝理所記，改桐城令他無可考。而學士集甲辰十月七日，舟發樅陽詩，自注云：時遷往桐城舊縣。又記龍鳳甲辰秋九月千秋節，亦在桐城。至聞除代者及召還之命。則云：年殘動歸思。客至報除書。海內招文學，淮南起謫居。又有臘八日發桐城詩。則知安守黃未幾，謫爲桐城令。至臘月召守饒州。乃發桐城也。劄付所載，授鄱陽年月，與詩悉合。乃知二傳之有據，而實錄與本傳咸有脫誤矣。兪本記事錄，至正二十三年十二月，中書省郎中李君瑞、陶主敬，都事王用和、簡較鄺永眞、陳養吾、博士夏允中、炤磨陳子初等，俱令家人私通敵境。於四沙易鹽。及水陽王千戶賄選壞法，提至軍前，俱剝衣鎖項，置小船中。置於黃鶴樓下。大浪中凡三日。沉江而死。惟李君瑞兩腿扒一千下安置桐城縣。按陶學士文集甲辰歲守黃未幾謫爲桐城令，安之被謫，必以癸卯從征，令家人易鹽之事也。俞本所記，當不繆。其云俱置黃鶴樓下沉江而死，則當有誤。蓋主敬但謫桐城，而王用和以壬寅二月死于金華也。國初事蹟云夏煜犯法，取到湖廣，投于江，與俞本記合。

壬寅，上駐金陵。曹良臣以所部來附。

按至正壬寅，順帝二十二年，卽龍鳳八年也。庚午詔書持兵負固于兩間可觀望而不觀望乃來歸者良臣居其次黃金錄以爲在金陵安豐兩主之間非也。大祖方以龍鳳記年開國承制安得自命兩主如黃金所云耶當是時小明王都安豐張士誠已降元搆兵安豐與察罕相應次年 卽有安豐之圍良臣聚兵立堡不走張氏而走金陵此所謂持兵兩間可觀望而不觀望者也豈容以金陵安豐爲言小 明王自亳徙安豐已而爲張氏所困自安豐徙滁其勢日蹙依吾太祖以僅免耳豈有方張之勢可 與金陵稱兩大者而嘉其擇主自拔耶俗儒不達時務誤解詔書不足采也。

壬寅六月元中書平章察罕帖木兒遣使來致書

按察罕破汴梁，下山東，江南震動。我太祖遣使通好。察罕亦致書相答。已而有張昶馬合謀之來察罕爲之也。上曰察罕書辭欲以甘言啗我。所謂甘言啗我者，卽榮祿大夫江西行中書省平章之命也。元使以航海來，淹留逾年。而察罕被刺之問亦至矣。野史所謂太祖聞察罕死，遂不受命者是也。太祖聞察罕死。嘆曰。天下無人矣。又曰。元朝不達世變。尚敢遣人扇惑我民。察罕之死。所關係豈不重哉。劉辰國初事蹟大書其事。無所隱避。國史雖多微詞。亦不盡沒其實。參互之可以考見。辰又云：太祖以孤軍獨守。別無趨向。成敗當聽其自然。在後滅陳擒張。信知天命有歸。卽位後始圖中原。然吾以爲察罕一死。天意灼然歸我明矣。嗚呼帝王之興。豈不有天命哉。聖祖極推重察罕。卽位後幸汴梁。特遣使往祭。厥後洪武九年。宋濂奉勑撰方國珍神道碑。歷數一時群雄。皆直書其名。而於察罕則云齊國李忠襄王察罕保釐河雒。其嚴重之如此。非本于聖祖之意。當時史臣寧敢輕奬亡國之臣。以干聖怒耶。或曰：聖祖祭忠襄文。頗多譏評之語。亦非聖祖之初意也。

戊戌二月，明玉珍破嘉定，盡有川蜀之地。

按元史順帝紀，辛丑五月癸丑，四川明玉珍陷嘉定等路。李思齊遣兵擊敗之。實錄本傳載在戊戌歲，則相去四年矣。玉珍之絕友諒，稱隴蜀王，在庚子歲。而元史記于壬寅五月，其稱帝改元在壬寅歲，而元史記于癸卯正月，至玉珍之攻陷雲南在癸卯十二月，而元史記于壬寅之三月。其錯互不一如此。蓋元史修于洪武，元二隴蜀未入職方之時，而實錄則平夏之後，本其載記而存之也，斷以實錄爲正。

癸卯三月，上率右丞徐達等擊安豐。

黃伯生撰誠意伯行狀云：中書設御座，奉小明王。以正月朔旦行慶賀禮。公罵曰：彼牧豎耳，奉之何爲。遂不拜。實錄及本傳皆不載此事。是時上方奉龍鳳正朔，承制行事。文成不應孟浪若此。或云在癸卯克安豐之後，于事理爲近。劉辰國初事蹟云：張士誠攻安豐，劉基諫曰：不應輕出，若救出來，發付何處。此則文成不奉龍鳳之本諫也。

癸卯四月，陳友諒攻洪都。元帥牛海龍、萬戶程國勝等，皆戰死。後俱配享洪都功臣廟。

實錄記戊子之戰，與朱善安定侯神道碑大略相同。但實錄以爲韓成等先戰死，張定邊方犯御舟之時，成等咸與格鬪。御舟旣脫，而成等以援絕死之也。碑所記比實錄爲核實。實錄又于韓成下，脫國勝偕死事。則以癸卯四月，誤載國勝與牛海龍俱死洪都之事也。國勝與牛海龍夜刼友諒營。牛中流矢死，程泅水得脫。逕達金陵。從太祖親征，死鄱陽湖，南昌城中不知也。次年甲辰追錄諸臣。南昌報程與牛俱死，得與祀贈侯。饒州又以國勝死康山事來上，又得與祀贈伯。當時事冗不暇兩相參訂也。實錄載國勝與海龍俱戰死，蓋據南昌所上國勝死事狀也。甲辰立廟，國勝兩得與祀。而實錄則于兩廟皆佚其名。後有建議祀典重複遂罷程豫章之祀。厥後有司又並罷康山之祀。脩會典者亦因之。沿襲至今，國勝遂不復預兩廟之祀矣。國史失于考覈，遂成祀典百世之誤。宜亟正之。

癸卯秋七月丁亥，與友諒師遇於康郎山。戊子焚寇舟二十餘艘，彼軍殺溺者甚衆。我指揮韓成、元帥宋貴、李兆先等皆死。

高陽侯韓成之死于鄱陽也，定遠黃金著開國功臣錄以爲成當太祖危急時，服御袍對敵自沉。史家競傳之。比于紀信之誑楚，而實錄記此戰則云：彼軍殺溺者甚衆。我指揮元帥宋貴，陳兆先等亦戰死。國史故多諱辭，然以成之忠烈如此，一切抑沒而不書，難乎其爲實錄矣。豐城朱文恪公善撰安定伯程國勝神道碑紀其事最詳。蓋當御舟膠淺，張定邊奮前直犯之時，事勢惶急，成與國勝、兆先等，方左右格鬭。及定邊中矢，援舟驟進，御舟以水湧得脫，而成等反遶出敵艦之後，援絕而死。然則成等致命之時，定邊之勢已熸。御舟之厄已脫矣。寧有代死誑漢之事耶。且康山之役，與滎陽不同。羽圍滎陽久，漢軍乏食，漢祖計無所出。故紀信畫誑楚之策，遂得以乘閒循去。康山之戰，兩軍相持，雌雄未決，卒然有冕服代死之事。耳目瞀亂軍，心盡解，我將何以自固。決機于兩陣之間，我知其不出于此矣。錄又言上念成效死，祀諸臣于康山，以成爲首。按實錄中書省列進康山功臣，成在第三。居丁普郎、張志雄之次。大明會典載饒州忠臣廟，在康郎山祀樞密同知丁普郎、張志雄等三十五人。成實未嘗首祀于康山也。成若代死，則必首祀，成不首祀，則不代死，黃金之徒，並為妄矣。又朱善安定伯碑云：皇帝追念南昌暨康郎前後死節之臣，追爵故萬戶程國勝、安定伯與梁國公趙德勝，濟陽郡公丁普郎等一體廟祀。蓋南昌廟以梁國為首，康山廟以濟陽為首，其位次甚明。俗說流傳既久，好事者遂造為首祀之言，以實之。久而莫有知其非者。俗語不實，流為丹青，豈不信哉。此邦有許生重熙好譚國朝典故，嘗為余言，韓成誣漢事誣也。余因許生言為著其始末如此。成化二十一年，學士張元禎撰重修康山廟記，猶以丁普郎為首，正德中御史唐龍刻群忠錄於江西，成遂儼然首列。而濟陽反抑置第十三，今之祀典，遂據此為差次。則舛誤甚矣。有識者宜釐正之。

友諒驍將張定邊欲犯上舟。舟適膠淺。遇春從旁射中定邊。定邊舟始卻。俞通海來援，舟進水湧，上舟遂脫。遇春舟亦膠淺。上麾兵救之，有敗舟順流而下，觸遇春舟，舟亦脫。

鄱陽之戰，開平射中張定邊，脫御舟于險。其功最鉅。實錄紀在七月戊子。朱善撰程國勝神道碑其繫日亦同。宋文憲開平神道碑但記射中定邊。而膠沙脫險，則書於八月壬戌。禁江口。相去一月餘矣。鄱陽之役，兩軍相持，我軍殊死力戰，莫甚于戊子、己丑、辛卯三日。至禁江口則彼以戰敗突歸，而我為邀擊之師，其大勢非前日比矣。御舟膠淺及開平力戰之事，其當在戊子無疑也。又宋文憲張中小傳云：己丑戰湖中之康郎山，嘗忠武王深入，虜舟數四圍之，其勢甚危險。以為不可救。中曰勿憂也。亥時當自出。如期果出。連戰輒大勝。按己丑之戰，六舟深入，疑陷沒而旋出者，俞通海、廖永忠、張興祖、趙庸等也。實錄不載，開平神道碑亦但記膠沙脫險，而不及深入陷沒之事。知鐵冠傳誤也。宋文憲記事最爲詳覈，且開平碑鐵冠傳共記一事，出一人之手而彼此錯互，史家記載之難如此。

郭英以謹重見信，從攻陳友諒于鄱陽有功。

鄭曉今言曰：嘉靖十六年，郭勛欲進祀其祖英於太廟。乃倣三國志俗說及水滸傳，爲國朝英烈傳。言生擒士誠，射死友諒，皆英之功。傳說宮禁，鼓動聽聞，已乃疏乞祀英于廟廡。按實錄上聞張鐵冠言友諒死，乃遣樂人具牲酒往祭，以覘其死生。未幾有降卒來奔，言友諒在別舸，中流矢貫睛及顱而死。當是時友諒之死，我軍尚未知，旣死而降，卒始來告。何以知此矢之出于英乎。楊文敏撰英神道碑云：友諒中流矢死，有言公之功者。上問之：公曰天威神算，臣何有焉。上益重之。文敏此碑，以其孫玹之請，據其家傳次第之。蓋友諒旣斃，軍中流傳或言此出矢於某某。郭氏家傳亦不過載此疑似之詞，以誇示後世。而勛遂張皇其事，以乞侑享之典，亦文敏之言啓之也。英旣有此大勳，聖祖又親問之，乃三年論功，不得封侯。而待十七年平雲南之役，有是理耶。劉三吾撰陝國公神道碑云：彭蠡之戰，戒嚴所部，人百其勇，友諒計蹙，中流矢死。以三吾序陝國之事，參互觀之，則集矢之勳，其不出于營國亦曉然矣。又按兪本記事錄云：友諒度不能支，出前箭窗中，呼從船。而白船已至，箭銃交發，友諒左太陽中箭，須臾陳氏卒，泗水報曰：友諒死矣。上大悅。諭衆曰友諒中箭而死，將士之功勝于赤壁走曹瞞遠矣。稠人難辨，射中者均給重賞。以勞汝等。兪本以騎士從征，其記錄最確。以此益知文敏豐碑之文，出于傳會，不足信也。按郭勛以貴倖，欲驟進其祖配享。一時諸臣嚴詞駁正，可謂能舉其職矣。諸疏援據雖詳，亦多未覈。至以永樂間之不得與享爲言，則非也。英之功以配享太廟則有愧矣。豈不得進于鷄鳴山二十一人之列乎。白溝河之役，曾親逆成祖顏行身死之日，贈卹有加已爲厚幸矣。又敢望廟食乎。以此爲言，宜勛之不心服也。然則如之何？曰罷太廟之侑享，而入祀於雞鳴之兩序，斯當矣。

癸卯五月，置禮賢館。

按劉辰國初事蹟，楊憲奏朱文忠在金華用諸儒，干預公事。上提禕等至京。誅屠性，孫履，而禕及許元、王天錫發充書寫。此事實錄及行狀俱不載。以家傳考之，壬寅十一月召入京都，則劉辰所記發充書寫之日也。發書寫未幾，卽有儒臺之授，又與許元王天錫俱入禮賢館。劉辰所記，蓋不謬也。而國史以爲用文忠之薦入禮賢館，蓋文忠沒後，家傳特美其詞，而國史因之也。

甲辰三月，湯和破士誠，楊山水軍，升平章政事。

記楊山之戰有二。以爲癸卯破士誠兵于楊山，拜中書左丞者，碑及本傳也。以爲甲辰三月擊敗楊山水軍，升平章政事者，實錄也。癸卯則云：逐其將莫將軍，獲甲首五百級。甲辰則云：擒劉文學等四十九人。風船六艘。功次各異。豈兩戰而各記之耶。抑一戰而互記之耶。實錄與本傳每自相矛盾若此。洪武元年，兼太子諭德誥曰：出迎敵陣，奪姑蘇之卒千艘，保障東郊，請陽羡之區十載，任于左轄，陞以辨章。則辨章之陞，以楊山之勝明矣。碑及本傳，又以爲甲辰年會開平救長興超遷辨章。此又與實錄互異也。按開平救長興，在辛丑十一月甲辰年，開平征武昌下廬州，卽會寧河討江西。長興之役，豈有分身在行間，和與會師合戰耶。斷以實錄所載會長興侯夾擊爲正。而中山辨章之命，亦當在楊山之役，不在長興。一從實錄，而碑與本傳削之可也。

甲辰冬，追封胡大海爲越國公。

胡大海歿之明年，癸卯，立廟于婺城。又明年甲辰，追封越國命下。方孝孺代宋濂撰新廟碑。碑用龍鳳紀年，蓋甲辰歲太祖爲吳王時作也。首稱皇帝手秉黃鉞，屯兵和陽，其爲尊稱我太祖明矣。又云夏四月，又從王破宣城，所謂王者指吳王也。所從之王，卽我太祖也。不稱帝不稱上而稱王，紀實之詞也。此後則皆改而稱上矣。當是時我太祖雖專征四方，然猶用龍鳳名號，承制封拜。甲辰之追封越國，用龍鳳之制也。碑所載上聞公之死震悼。弗直降旨褒贈者，聖旨耶令旨耶，抑後事而追記之。非當時本稱耶。今皆不可考矣。若所云：皇帝手秉黃鉞，屯兵和陽云云，則洪武改元革除龍鳳之後，史家追改之，斷非舊文，無可疑者。家有舊版遜志齋文集，摩娑此一行楮墨模糊，剞劂之痕跡宛然。二百年來改竄之遺跡猶可想見。嗚呼。隱桓之間，秦楚之際，若存若亡，可爲歎息者多矣。姑識之，以質于好學深思者。

洪武元年五月，湯和師克延平，執陳友定送京師。

方孝孺撰東甌神道碑云：師至延平，主帥陳友定怙險橫甚，令其副出城降，觀望持兩端。王虜之以歸，東南海上晏然。

按實錄，友定誓衆死守，見勢窮蹙，于省堂按劍仰藥飲之。賴正孫等以城降。友定死而復甦，械繫送京師。不屈斬之。碑乃云令其副出降，觀望持兩端，誣矣。賴正孫之降，在友定仰藥之後，安得謂友定使之。實錄湯和本傳，削去此數語，亦以其非信史也。

太祖實錄辨證三

洪武元年九月，陶安卒。

黃金諸書，皆稱安追封姑孰郡公。考實錄本傳，但追封其祖父、父，爲姑孰公。祖母、母，爲夫人。此安爲江西參政時事。安固未嘗贈公也。安本集載誥詞甚明。又安妻喻氏追封姑孰郡夫人，繼妻陳氏，封姑孰郡夫人，俱有誥文。安之署銜則止云中奉大夫江西等處行中書省參知政事耳。洪武二年追贈劉基祖父爵，皆永嘉郡公，妻封永嘉郡夫人，基時官御史中丞，蓋國初推恩之制如此。

洪武三年七月，中書省左丞楊憲伏誅。

按實錄楊憲嗾侍御史劉炳劾奏汪廣洋，又教炳誣奏刑部侍郎左安善。上下炳於獄。太史令劉基盡發憲奸狀，及諸陰事。令群臣按問伏誅。然則劾奏楊憲者劉基也。而開國功臣錄則以爲李善長。按劉辰國初事蹟云：楊憲爲御史中丞，太祖嘗曰：楊憲可居相位。數言李善長無大才。胡惟庸謂善長曰：楊憲爲相，我等淮人不得爲大官矣。憲因劾汪廣洋不公不法，李善長奏排陷大臣，放肆爲奸等事。太祖以極刑處之。又云：楊憲凌說高見賢，夏煜嘗言李善長無宰相材。太祖曰：善長雖無宰相材，與我同里自我起兵事，我涉歷艱險，勤勞簿書，功亦多矣。我既爲君，善長當爲相，蓋用勳舊也。今後勿言。按國初太祖用勳舊相李善長，胡惟庸以鄉曲相依附。而楊憲輩新進喜事，專務搏擊，善長等皆畏之。太祖亦曰：有此數人，譬如惡犬則人怕。則憲等氣燄可知。憲等數言善長無相材。居然有蔡澤欲代應侯之意，故善長乘其排陷廣洋，激上之怒，而亟剪之。善長非欲援廣洋也，以自救也。劉誠意則因凌說之彈善長，爲善長解於上前。且又嘗言：憲不宜相耳。行狀云：公與憲素厚，亦不載發憲奸狀之事。實錄誠意本傳云：憲等欲誣陷基，未及發而伏誅。意也此國史之誤，當以國初事蹟正之。善長與惟庸結黨相比，蓋已有年，庚午之禍，肇於此矣。

洪武三年，詔天寧寺禪僧祖闡、瓦官教僧克勤，護送日本僧祖來還國。

宋文憲送無逸勤公序，與實錄記僧祖闡，克勤奉使日本事，互相發明。序云日本疑祖來乞師，中國欲拘辱之。無逸力爭得免。據實錄，師來爲良懷所遣。良懷方以竊據被逐，日本疑祖來，因疑護送祖來歸國者。此其情也。序又云：王欲延闡住持天龍寺，先遣無逸還，無逸再三以死爭之。日本旣以祖來疑中國，其請住持。雖曰延之，實則拘留耳。此卽聖諭所謂拘留二載。及十四年遺書所謂加以無禮者也。無逸歸見上端門。備陳其故。闡亦附奏島夷不知禮義，微勤臣不能再覩天顏矣。此實錄所載，今年五月去舟纔還，備陳本國事體云云也。所載白金文綺之賜，皆與實錄同。上顧侍臣：言勤一沙門，乃能不辱君命。諭其父華毅，使冠巾出仕。則日本之於闡勤以拘留始，以慙服終。蓋克勤之力居多。安得謂二僧攘趙秩奉使之功。洪武六年克勤官考功監丞，見實錄十年高皇帝手詔。諭山西布政司華克勤見御製文集皇明馭倭錄，謂野史之言，皆僧徒粉飾誤也。實錄主存大體，故紀載頗略。賴文憲集，稍志一二。高皇帝御製詩，見於文憲跋甚確。文憲身在禁林，豈肯附會僧徒，與國史牴牾耶。日本之崇佛，自唐已然。臨濟一宗，流傳最盛。聖祖遣僧化導，有微權焉。萬曆初，虜王求僧及經，江陵命宣大巡撫勿拒。且云經必有高皇御製序文方可與之，嗚呼！知聖祖之微權者江陵也。

洪武四年十二月，追贈汪興祖爲東勝侯。

按黃金開國功臣錄，興祖以洪武三年封東勝侯。人有言其過者。上弗與誥劵。令仍以都督職從征自效。四年死於蜀。命省部議封贈，授以原封鐵劵。實錄於洪武三年十一月，大封功臣。紀封侯者凡二十八人，不及興祖。是年十二月又封薛顯爲永城侯，謫居海南。亦不記興祖封侯不與劵之事。但於四年十二月，賞平蜀功之後，記追封興祖爲東勝侯及載其誥文而已。本傳記追封興祖與實錄同，合國史前後觀之，則興祖之侯，出於追贈無可疑者。然公侯鐵劵，或所載封興祖制詞，首尾完備，確然可據。又不得以功臣錄爲誣也。考洪武二十三年詔書，條列所在隨軍征討，累有戰將之功，未有總兵之名，而論舊封者十九人。東勝侯汪興祖居第十。詔書所條列凡追贈者皆不與焉。此三年先封之明證也。況又有鐵劵可據耶。昭示姦黨第二錄，載德勝男張宣云：東勝侯已前那裏不曾廝殺，洪武二年投北來降的人，被別人殺了，却將東勝侯貶上海南去。不是因四川廝殺，那裏肯取他回來。以此招推之，則所謂封侯後，人有言其過者，言其殺降之過也。封侯而不與劵，謫居海南，亦如薛顯之例。次年乃以征蜀召還，令從征自效也。顯於五年正月，以征和林召還，則興祖之召還，又先於顯也。興祖封侯之後，以有過而奪劵，及其從征死事，則盡復原封，以授其子。實錄獨書追贈，又稍節約其誥文。盡沒三年封侯之實。斯可謂脫誤之極矣。然則以鐵劵覆之，三年封侯當爲二十九人，並永城爲三十人。不當云二十八人也。不然則或以十二月與永城竝封而同貶不當。並其封而削之也。今幸有劵文詔書，可以考證。不然未有不據國史而刋別錄者矣。國史之不足徵如此。又按俞本皇明記事錄，洪武三年，大封功臣。第二十二人開國輔運推誠柱國晋王府左相東勝侯汪興祖。俞本所載與功臣鐵劵式合。又可以證實錄之闕。

洪武八年三月，德慶侯廖永忠卒。

德慶侯廖永忠之卒也，實錄爲之立傳。備書其功次，與其卒之歲月。而又曰上賻遺之甚厚。以其子權襲爵。史家因之無異詞矣。劉辰國初事蹟載永忠以僭用龍鳳不法等事處死。王世貞史乘考誤，援據洪武十年聖祖戒諭勳臣之詞，與永樂中紀綱獄辭，有廖永忠開國功臣僭犯被誅之語，謂劉辰所載爲不誣。於是永忠之被誅始著。而人皆以國史之書法爲有隱矣。余偶讀通鑑博論，記丙午年事云：是歲廖永忠沉韓林兒於瓜步，大明惡永忠之不義。後賜死。博論蓋洪武二十九年寧憲王奉　勑編定。既成表上之。鏤版內府，其書實我聖祖所注意者。然後知永忠之被誅，雖爲其僭侈犯上，實以沉韓林兒之故也。滁陽卽世，上方孤軍無倚。渡江以來，聲勢翕合。實有藉於龍鳳。開省稱王，承制行事十餘年。不改姑蘇之役，猶稱皇帝聖旨吳王令旨。聖祖何嫌於奉龍鳳哉。安慶之圍，聖祖拒劉基之諫，躬擐甲冑出之水火之中。聖祖何汲汲焉若是哉。丙丁之間，大命旣集，彼一牧豎耳，其何能爲。聖公旣死，光武猶憐而葬之。且存其祀。盆子亦食均輸稅以終其身。聖祖何難於待韓氏而必欲剪滅之哉。永忠以小人之腹，爲君子之慮。一旦沉林兒以逢上指，論功之日，使所善儒生窺瞰上意，可謂果於誣上，而巧於要君矣。聖祖對廷臣訟言之以逆折其邪心，厥後卒以不義賜死，聖祖之心事，百世而下，昭然如日月之中天。永忠有掩面於地下而已，豈不愚而可憐哉。然則聖祖之誅永忠也，何以不明正厥辟，而以僭犯爲詞。曰念其兄也。念其功也。正其辟則弗可以襲矣。殺其罪以存其詞，忠厚之道也。高帝之秦丁公也，不遑錄其後。光武之封子密也，不及正其辜。我聖祖之於永忠，斯所謂義之盡，仁之至也歟。於國史則諱之。於博論則彰之。其又何居。曰國史之諱之，爲一時也。博論之彰之，爲萬世也。

曰沉韓林兒於瓜步，曰大明以永忠爲不義，後賜死，於林兒則書其名。於大明則紀其號。於永忠則正其罪曰不義。曰賜死。其詞簡而賅，其義博而嚴，愚以爲此非寧憲王之書法，而聖祖之書法也。博論之修，其卽我聖祖之作春秋也歟。然則今之史家，刋落龍鳳之事，使元宋之際，不得比於秦楚之月表，此後世媚臣腐儒之所爲，而豈聖祖之志也哉。

洪武十年三月，復永城侯薛顯所食祿。

按永城以始封時削祿。至十年三月全給。實錄載之甚明。王世貞功臣表乃云：七年加千石誤也。實錄凡列侯祿千五百石者，七年增千石。蓋謂唐勝宗等。是時顯全祿未給，當不在此例也。顯坐胡黨，見於庚午詔書。及實錄本傳甚明。而表以爲二十六年追論藍黨國除。世貞以熟習典，故自負。往往無所援據，鑿空杜撰，聾瞽後世，以爲無從駁正而姑妄爲之說也，豈不異哉。

洪武十一年，靖海侯吳禎卒。

靖海之功，不減於江陰。其歿也，恩禮備至。而實錄不爲立傳，僅附數語於江陰之後而已。今考庚午詔書，靖海死後亦坐胡黨。國史之闕傳，豈爲是耶。然公侯坐胡黨者，詔書所列先後二十二人。獨靖海之子忠襲封不替，豈靖海之功大而罪未著。聖祖特有之耶。凡庚午詔書坐胡黨者，皆不得祀鷄鳴山功臣廟。今得與享東序者，亦惟靖海一人。

按庚午詔書，載通胡謀逆者，公侯二十二人。生者上刑，死者孥戮，不待言矣。其有死而子仍襲侯者靖海也；子不襲而弟仍襲侯者南安也；身死而子得降指揮者，六安也。皆所謂已死不知其反之繇者也。如六安之例，其子降指揮者，宣德也。所謂爲胡陳所誘，朝廷於禮無欠者也。詳聖祖備條亂臣之意，一則涉於疑似，一則近於脅從，於罪爲稍輕。故其子孫幸免參夷。得及寬政。若滎陽、汝南、永嘉之類，反狀著明，負罪深重，則其後必無噍類。雖欲爲愍隸而不可得矣。哀哉。

十二年正月，宜春侯黃彬往臨淸練兵。

彬不知其所終。考實錄不書卒之例，知其非令終也。考庚午詔書及奸黨錄：如其坐胡黨也。開國功臣錄云：十二年練兵臨淸，召還後數年，卒。鄭曉異姓諸侯傳云：練兵臨淸，後坐胡黨。上念其未嘗失朝廷禮，宥之。數年卒。鄭氏不見庚午詔書全文，誤以彬等之坐黨，在十三年，故傅會以爲上曲宥之。不知彬等黨事皆發於二十三年，詔書所謂朝廷於禮無欠者，謂朝廷待彬未嘗失禮，豈謂彬未嘗失朝廷禮哉。鄭氏之誤解近於郢書燕說。而大書標於史傳，疑誤後人，豈非大繆哉。王世貞功臣表書十七年薨，亦未足據也。

洪武十二年十二月，中書右丞汪廣洋貶海南，自縊卒。

廢丞相汪廣洋勑，見高皇帝御製文集。實錄所載與御製文集同稍文其辭耳。勑云遣人追斬其首，特賜勑以刑之。而實錄云廣洋得書慚懼，遂自縊卒。又云坐事貶海南，死於道。乃知凡實錄所書自經賜死，皆史臣有隱之詞，非事實也。實錄廣洋本傳云：至是，御史中丞涂節言誠意伯劉基遇毒死，廣洋宜知狀。上問廣洋云云。廣洋貶死在十二年之十二月。蓋此時涂節已上變告惟庸。惟庸等當亦下吏，其獄成伏誅則在十三年之正月耳。據昭示姦黨錄諸招，廣洋實與惟庸合謀爲逆。而上但以坐視廢興誅之。蓋此時胡黨初發，其同謀諸人，尙未一一著明也。國初諱誅爲廢，曰廢丞相汪廣洋者，蓋誅之也。

洪武十三年正月，御史中丞涂節告左丞相胡惟庸與御史大夫陳寧等謀反。

自洪武八年以後，惟庸與諸公侯約日爲變，殆無虛月。或候上早朝，則惟庸入內。諸公侯各守四門。或候上臨幸。則惟庸扈從諸公侯，分守信地，皆聽候惟庸調遣，期約舉事，其間或以車駕不出而罷。或以宿衞嚴密不能舉事而罷。皆惟庸密遣人麾散，約令再舉。見於姦黨三錄者，五年之中，期會者無慮二百餘。噫亦危矣。諸公侯多瞦䁌宿將，惟庸輩亦文法老吏，一旦舉事，如中風狂走，朝堂攘臂，而大言，道塗連袂而抗議。島夷草地交關密約，流傭廝養，參預秘計。夜集曉散，會比期門，彼挽此推，號同邪許。此豈非天厭其惡，神奪其鑒，乘輿無觸瑟之驚，廟門鮮袨服之恐，使之貫盈敗露，自取滅亡也哉。如其不然，則爰書具在，豈無傳致，一時反狀已明。抑或傳疑百世，後之君子摩挲簡牘必有俛仰心悸，徬徨涕流者矣。爲撮其要辭臚列如左：

嘉靖中贈故太監雲奇，爲司禮太監。以其守西華門發胡惟庸謀逆也。南京城西華門內，有大門北嚮，其高與諸宮殿等。後堂甍棟其在日舊丞相府。即胡惟庸故第。前有眢井，即所謂醴泉。出邀上臨幸，伏甲謀不軌者也。雲奇之事，國史野史一無可考。嘉靖中朝廷因中人之請，而加贈。何孟春據中人之言，而立碑。王世貞舊丞相府志，據國史以駮之。其辨甚正。第亦疑惟庸私第不當在禁中。而未有以覈其實也。余考奸黨第二錄，載盧仲謙招云：洪武九年秋，太師令金火者引仲謙同儀仗戶耿子忠等往見丞相。前去細柳坊，胡府門首。又汝南侯火者壽童招云：胡丞相在細柳坊住。與我官人住近。嘗與丞相往來飲酒。則惟庸私第，在細柳坊明矣。按洪武京城圖志廣藝街，在上元縣西，舊名細柳坊，一名武勝坊。又考街市圖，廣藝街在內橋之北，與舊內相近。此惟庸私第不在禁中之明證也。

世貞云：高帝初下金陵，以元御史臺爲中書省，後爲吳王，徙居舊內。而別立中書省。按實錄丙申上入金陵，居富民王綵帛家。七月諸將奉上爲吳國公。以元御史臺爲公府。置江南行中書省。上兼總省事。丙午八月，拓建康城。初舊內在建康舊城中。因元南臺爲宮稍庳隘，上乃命劉基等卜地定新宮於鍾山陽。戊申正月，自舊內遷新宮。一統志云舊內城在京城中。元爲南臺地。本朝既取建康，首宮於此，比皇城大內宮殿成，此稱爲舊內。然則舊內則元御史臺也。世貞謂上爲吳王徙居舊內，誤也。又云：省中丞相以下，至六尚書侍郎，當各有黨閣。按洪武元年，命置六部，固云國家之事，總之者中書。分理者六部。不聞六部皆屬中書省，爲省中僚屬也。世貞疑五部五府即故中書省大都督府之遺址。而又云：上下金陵，即有此省。府及臺自當與舊內相近。其後改卜大內，居都城左偏一隅。不應預建省府及臺於宮之兩傍。夫上爲吳王，居舊內則省府當近舊內。及既即大位，改築新宮，則省府當近大內。此不待辨而明者。洪武京城宮署圖，宗人府五部在承天門外，御街之西。志刻於洪武二十八年，上詔禮曹繪圖鋟梓，以今之五部五府推之，則昔之省府，其不與大內相遠亦明矣。第未知即此地否耶？俟詳考之。

太祖實錄辨證四

洪武十三年正月，左丞相胡惟庸、御史大夫陳寧謀反，詞連李善長等。賜惟庸寧死。善長勿問。二十三年五月，御史劾奏善長大逆罪狀，廷訊得實，善長遂自經。賜陸亨等死。

按洪武實錄十三年正月，涂節告胡惟庸陳寧等謀反事，連李善長及吉安侯陸亨等。上命群臣更訊得實。賜惟庸寧死。群臣又請誅善長仲亨等，上曰此皆吾初起腹心股肱，吾不忍罪之其勿問。至二十三年五月，有告元臣封績爲惟庸通朔漠訊得反狀，及善長私書。刑官請逮善長，詔勿問。會善長家奴盧仲謙等亦發善長素與惟庸交通狀。上命廷訊得實，召善長詣奉天門，撫遺歸第。善長遂自經。此國史所紀善長得罪之始末也。嘗竊疑善長以元勳國戚，結黨謀叛罪不容於死，業已更訊得實，群臣劾奏請誅，其義甚正，而上以勳舊曲赦之。十年之內，寵寄不衰，有是理乎。縱上厚待之，善長獨不愧於心引嫌求退乎。吉安平涼皆戇勇武夫，置之勿問猶可也。事露之後，上獨無纖芥之疑，而出鎮專征，委以重寄，不一而足乎。仲亨之謀逆，以初起時股肱見貸。當時公侯誰非豐沛故人。亦欲爲仲亨所爲，其孰能禁之乎。涂節等之上變，已經更訊後，十年再命廷讞始致辟焉。將初辭猶未盡而後獄乃致詳乎。抑前之更訊者，無左驗而後之具伏者乃定案乎。緩之十年，發之一日，劾奏者攘臂於先，而舉首者接踵於後，天下後世不能不致疑於斯獄也。可知已矣。今以昭示姦黨錄考之，庚午五月之詔與善長等之招，辭臚列備載，乃知惟庸之謀逆，發於十三年，善長弟姪之從逆發於十八年，而善長與吉安平涼諸公侯之反狀，直至二十三年四月，始先後發覺也。國史所記，其失實，於是乎不可掩矣。上手詔云：三十九年，已被瞞過。三十八年善長招云：十三年奸黨事發，僥倖不曾發露。十八年弟李四被毛驤糖說出。胡黨免死發崇明安置，不曾推問。善長情節。則善長之反狀，二十三年以前未嘗發覺，曉然無可疑者。惟其如是，故十年之中，韓公之恩禮彌隆，列侯之任使如故，一朝發覺，而逮問相錯，誅夷殆盡，此事理之可信不誣者也。不知永樂初史局諸臣，何不細究，爰書而誤。於紀載若此。竊其大指，不過欲以保全勳舊揜颺高皇帝之深仁厚德。而不顧當時之事實抑沒顚倒，反貽千古不決之疑。

豈不繆哉。國初昭示奸黨凡三錄。冠以手詔數千言，命刑部條列亂臣情辭，榜示天下。至今藏貯內閣，余得以次第考之，而釐正如左：

一、實錄：刑官請逮善長，詔弗問。下善長從子佑伸於獄，延訊得實。上召善長於右順門，撫慰遣歸。善長乃自殺。是善長始終未嘗下獄也。按太祖手詔云：勑錦衣詣置所，提到親弟姪，令九衙門共審。發覺知情緣繇。則逮問者善長之弟，存義。存義之長男伸，與李存賢之子仁也。已而命刑部備條亂臣情辭，則首列善長招辭，而次及存義與其子伸。善長倘終不下獄，即訊。則法司何所援據，而有一名李善長之招乎。又按營陽家人小馬招云：今年閏四月內，聞知李太師拏下，蓋指二十三年之閏四月也。此非善長下獄之明證乎。兪伏誅，妻女子弟並家人七十餘口悉斬之。然則善長之不下獄，與歸家自經，蓋亦史臣有隱之辭，非事實也。又云：上不得已，下佑伸於獄。上曰吾欲赦佑等死，以慰太師，群臣不可。佑卽惟庸之壻也。李存義招云：十八年，次男李佑被人告發，欽蒙免死，發崇明安置。存義與伸俱免死安置。則佑之不免死明矣。刑部但列存義伸仁三招，而不及佑。二十三年必無佑尚在之理。此必國史之誤也。王世貞撰韓公傳，於十三年書云：遂止誅存義，並赦佑，尤爲失實無據。實錄：惟庸以兄女妻善長從子佑善長之弟存義，佑之父也。惟庸令存義陰說善長，善長驚悖曰：爾言何爲者。若爾九族皆滅。存義懼而去。十餘日，惟庸又令存義告善長：事成當以淮西地封爲王。善長本文，吏用計深巧，雖佯驚不許，然心頗以爲，又見以淮西之地王己，終不失富貴。且欲居中觀望，爲子孫計。乃歎息起曰：吾老矣繇爾等所爲。存義還告，惟庸喜。因過善長，善長延入，惟庸西面坐，善長東面坐，屛左右款語良久。人不得聞。但遙見頷首而已。按實錄所載，與上手詔及善長存義等招大略相同。手詔之罪：善長曰李四以變事密告，善長中坐默然，而不答。又十日弟仍告之，方乃有言。皆小吏之機，狐疑其事，以致胡陳知其意。首臣既此所以肆謀奸宄。善長自招一云：尋思難答應。一云這事九族皆滅，一云我老了，你每等我死時，自去做。皆徘徊顧望，一無堅決之語。其所云這件事若舉，恐累家裏人口，這事急切也做不成。以此含糊不舉。此則其本情也。惟庸反謀已久，謀欲善長爲己用，兄弟子姪賓客朋舊，下及僮僕廝養，舉皆入其彀中。善長昏姻誼重，家門慮深，目瞪口呿，宛轉受其籠絡，而不能自拔。卒委身以殉之。以霍子孟之忠，明知顯之邪謀，欲自發舉不忍，猶與以釀身後之禍，而況可責之於善長乎。坐此族滅，豈爲不幸哉。庚午詔書，條列書長罪狀，不過曰：平昔以吏心自處，默然不答，以致胡陳知其意，所據者善長與存義仲仁四招而已。其他家奴、婦女，一切招辭，牽連錯互，雖臚列之以示天下，而手詔皆不及焉。蓋聖祖之意，亦未必盡以爲允也。嗚呼亦可哀矣哉。

一、國史序善長與惟庸謀反情事，皆援據當時獄辭。第按昭示姦黨錄條列，善長諸招。則亦有未盡核者。蓋洪武十年九月，惟庸以逆謀告李存義，使陰說善長，未得其要領。乃使其舊人楊文裕許以淮西地封王。是年十一月，惟庸親往說善長。善長猶趦趄未許，即國史所記，惟庸西面坐，善長東面坐者是也。然此時善長未許。至十二年八月，存義再三往說善長，始有我老了，你每自做之語。今乃盡削去前後曲折，謂惟庸使存義說，善長。善長不爲動，更令以淮西地啖之，即歎息而起。遂自往面訂逆謀。譬如賦詩，取義斷章，豈可以爲折獄定罪之法乎。惟庸過善長密語，據善長自招則云：知道了。據火者不花之招，則云：善長怒罵李四。惟庸卽去。正聖祖所謂小吏之心，狐疑其事也。今乃云良久人不得聞，遙見頷首。國史敘事蓋用太史公淮陰諸傳之法，可謂妙於揣摩矣。以言乎實錄，則猶有閒也。

一、實錄：善長家奴盧仲謙等發善長與惟庸往來狀。惟庸爲寧國知縣，善長薦爲太常少卿。惟庸以黃金三百兩謝之。及惟庸欲謀反，善長陰遣家奴耿子忠等四十人，從惟庸。惟庸皆厚與金帛，以古劍謝善長。且言此回回國所獻者。又以玉酒壺、玉刻龍盞、蟠桃、玉盃奉善長。按昭示姦黨錄所載招辭有云：龍鳳年間擧薦惟庸爲太常司丞，以銀一千兩金三百兩爲謝者，此太師火者不花之招也。有云洪武八年太師在鳳陽蓋宮殿，三月間胡丞相來點鳳陽城池，丞相劍贈太師云：是回回國所出名木樨花並鐵劍。不問甚麼甲層層透。十三年六月，太師命不花碎此劍，亦不花之招也。有云：洪武十二年八月，丞相家二舍，以千金寶劍送太師，至第三日，二舍人令人抬木匣一箇。有小玉壺瓶一箇，玉盤盞二副。玉龍頭大盞一箇。玉馬盂一箇。玉盤一箇，桃樣玉盞二箇。擺起來恰好一桌子。太師朝回，逐件看過。喜歡收了。至第二日太師朝回，往謝。酒間丞相說玉器不打緊，我明日淮西地面蓋起王府，撥五十家行院與你做家樂。那時纔是富貴。十三年胡黨事發，太師令脫脫火者，將玉器並劍打碎，擲在河裏。此火者來安之招也。有云：洪武九年秋間，太師早朝回，喚家人各賞鈔七十貫。至晚太師又說胡丞相要幾箇人用，你們去細柳坊門首。李四官人引見丞相。丞相每人與銀十兩。又說你每是太師家裏有用的人，當跟我做貼身伴當，扶助我成得事業，教你每都做大官人。仲謙等喜，允一向跟隨本官出入，時嘗與李太師家商量事務。十三年胡黨事發，仲謙與陳仲艮逃回太師家躲避。此盧仲謙等之招也。實錄所載獄辭，大抵援據各招約略相合，第據詔書及善長等招，善長雖與惟庸結姻，初未知惟庸反情。十年十月，惟庸使善長故人楊文裕說善長，許以割淮西地王之。善長方心動。至十二年八月，李存義來言，猶再三堅拒。而仲謙之招，以爲善長遣往從惟庸，乃在九年之秋，果爾則惟庸之反狀，善長已明知之。且使其家人儀仗戶雜然往助。惟庸，又何以惟恐善長之不就己，而使其故人子姪宛轉游說耶。又云：洪武八年十月，內太師嘗去胡丞相家商議。太師云：若謀反必要幾箇大公侯同謀，如此則衆公侯之從惟庸，皆善長主謀使之也。乃其身顧重自猶豫，不肯決然同事耶。仲謙又招云：洪武九年，太師使伴當耿子忠請吉安、淮安、臨江、營陽、平涼、永嘉六侯喫茶。太師云：我請你到胡丞相家商量謀反事務。善長文吏奸深，何至矢口狂誖如病易喪心者所爲。豈仲謙等諸招，與夫雜出於家奴婦女之口者，亦有不足盡信者耶。或謂善長巧僞舞文掩匿，其通謀之狀，而以狐疑觀望曲自抵諱，冀上憐而貰之。然以太祖之聖明，豈不能洞見其隱。而但據其抵讕之辭，以播告天下哉。覈善長之罪狀者，當以庚午詔書，及善長存義四招爲正。如國史摭拾仲謙諸招，以傳爰書，則情事舛駮，疑信錯互，千載而下，回翔繙閱，必有反抉，譏其罅漏爲善長訟寃者矣，姑書之以俟後世焉。

一、實錄：胡惟庸謀亂，密遣元臣封績，使於元主。惟庸誅，績懼不敢歸，藍玉於捕魚海獲績。善長匿不以奏。至是有告之者。捕下獄訊，得反狀及善長私書。庚午詔書謂：耿忠，於琥在寧夏時，聽胡陳分付，送封績往草地通信，後破胡營獲封績，二人反情係是發覺，初不及善長私書，及匿不以聞事也。以昭示姦黨錄考之，則云：洪武二十三年，善長於京民合遷之內朝，給長姊楊阿李暮，給次姊王阿李，明日又給親人丁斌。朕見其深奸，提伊親弟姪，令九衙門共審，供發知情緣係。善長自招云：今年不合將應遷逆民數內，給付姐姐及將親人。丁斌妄奏，致蒙送問。供出李四緣係。蒙提李四到官，供出善長前項緣繇。則善長之事繇，丁斌發覺明矣。按丁斌者，楊州高郵人。西安護衛百戶周祥之義男也。周祥有膽勇，係張氏同僉歸附，出入胡丞相門下，參預謀議，得陞本衛千戶。祥在京師，嘗以其女原奴許配丞相之子。洪武八年，祥歿於西安。斌與祥之子周昇，食貧無以爲生。因太師從子神舍吉安侯妻舅石敏，與其婿黃質引見丞相。丞相訊知祥已死，爲之歎惜。遂命昇襲職。除杭州衛。留斌出入門下，如祥在時。一日斌與李神舍往候丞相，丞相與太師弟李四在西軒閑坐。丞相謂李四曰：周千戶在時，曾以女許配吾子，俱有婦矣。汝姪神舍，尚未娶，吾爲主婚以周氏女娶神舍何如。李四遂命神舍拜謝。七月斌義姊遂歸神舍。神舍者李存賢之次弟，仁之親弟。而太師之從子也。斌自此與李四叔姪侍丞相飲酒。丞相每告戒，令齊心舉事。事成富貴不小，斌等心識之，不敢洩。十三年胡黨事敗，斌懼禍逃杭州。往依周昇。二十三年二月，李神舍先爲事處決，斌復來神舍家，聞石敏、黃質等事發，欲逃歸未果，爲法司逮問。此丁斌招辭之大略也。繇此觀之，則李四父子之反形，因丁斌而發覺。善長之逆情，又因李四父子而供吐。其不爲封績手書之故明矣。國史於善長一獄，不勝舛誤，卽所記臺臣前後論劾，凛如秋霜，要亦史臣以己意文致其詞。未必當時白簡果如此也。封績爰書，詳具於後。其詞亦嘗連善長。

一、封績招云：績係常州府武進縣人。幼係神童，大軍破常州時，被百戶擄作小廝。拾柴使喚。及長有千戶見績聰明，招爲女壻。後與妻家不和，被告發遷往海南。往坐因見胡陳擅權，實封言其非爲。時中書省凡有實封到京，必先開視，其有言及己非者，卽匿不發。仍誣罪其人。胡丞相見績所言，有關於己，匿不以聞。詐傳聖旨，提績赴京，送刑部鞫問，坐死。胡丞相著人問說：你今當死，若去北邊走一遭，便饒了你。續應允。胡丞相差宣使送往寧夏耿指揮、居指揮、於指揮等處。耿指揮差千戶張林、鎮撫張虎、李用、轉送亦集乃地面。行至中路，遇達達人愛族保哥等。就與馬騎。引至火林，見唐兀不花丞相，唐兀不花令兒子莊家，送至哈剌章蠻子處。將胡丞相消息備細說與。著發兵攪邊，我奏了將京城軍馬發出去，我裏面好做事。按封績招詞甚詳，絕不及善長私書，則善長事發非爲有人首沙漠之故，又居可知也。通胡手跡，此善長大逆不道第一公案。聖祖不以列手詔，刑部不以入爰書，而國史羅縷書之，獨何所援據哉。以聖祖所條示爲案，而力刊實錄之誤可也。實錄又云封績河南人，故元臣來歸，命之官，不受。遣還鄉，又不去。謫戍於邊，故惟庸等遺書遺之。按績本武進人，而曰河南童稚被擄，身爲廝養。而曰元臣來歸。且所記遣戍遺書之故，與績招無一語相合者，國史之不足徵，一至於此。

一、詔書云：於京民合遷之內朝給長姊楊阿、李暮，給次姊王阿李，明日又給親人丁斌。善長招云：不合將應遷逆民數內姐姐給親及將親眷。丁斌妄奏。實錄云：京民通惟庸作亂者，法當徙邊。善長受姦民賄，奏請數給其親。九朝野記則云：京民爲逆僇其半遷半於化外。善長復請免其黨數人。按善長二姐家及丁斌，皆惟庸黨，合遷化外者。善長奏請免之。致將丁斌提問。若云以合遷京民奏給其姊及丁斌，恐無此理。當以野記爲是。因詔書出自聖製。文義奧古。故實錄誤解耳，又如詔書云：陸仲亨年十七，持一斗麥藏草間，朕呼之曰來。蓋以罪狀仲亨。著明其負恩忘舊。而實錄援引以爲上對群臣曲赦仲亨之語，則不啻背馳矣，國史之多誤如此。

一、太師妻朱氏招云：洪武十二年十月，聽得李六十（即李仁）和太師說：我有得多少人，和湯大夫處借些人。太師自去請湯大夫前廳飲酒。太師說：你的軍借三百名與我打柴。湯大夫說：上位的軍，不是我的軍，我如何敢借與你。酒散，太師對李六十說：上位氣數大，便借得軍也無軍器。且慢慢理會。（此招與實錄相合）

一、太師妻樊氏招云：洪武十一年六月，太師爲救儀仗戶事，上位惱李太師。著人在本家門樓下拏去察院衙門。丞相奉旨發落歸家。爺兒三箇在前廳哭發狠我，做著一大太師要拏便拏，當月第三日，丞相來望太師，說不是我來發著你，上位怎麽肯饒你。

火者不花招云：洪武七年十月李太師欽差往北平點樹，回到瓜州。胡丞相差省宣使來說：聖旨教你回鳳陽住。太師抱怨說：我與上位做事，都平定了。到教我老人家兩頭來往走。若是這等事業也不久遠。八年三月，欽取太師回京，不數日太師往告訴胡丞相：上位如今罰我這等老人，不把我做人。太師管田戶潘銘招云：太師於洪武八年鳳陽蓋造宮殿，差往興原轉運茶與陳進興說：許大年紀，教我運茶，想只是罰我。九年三月，回家對胡丞相說：許大年紀，教我遠過棧道去，想天下定了不用我。（俞本紀事錄七年十二月善長奉旨差詣漢中府，清理茶政，秦州河州訪察馬政。上囑曰：卿到陝西，使會跟朕小斷兩箇，跟前用。不要使宦使奏差。朕與汝銀二百五十兩，買酒肉與小斷喫。只教也支廩給。休擾那驛家）

太師儀仗戶孫本招云：洪武九年七月，李太師對延安侯說：我爲蓋鳳陽府宮殿不好。上位好生怪我，教我無處安身。吉安侯說我每都去胡丞相家商量。

儀仗戶聞保兒招云：十年三月，丞相對太師說：上位這幾日有些惱爲鳳陽蓋宮殿不如法。太師說這等教我怎麽好：丞相說：太師，我這等事也覷的小可。以上諸招，皆善長平日怨望聖祖之事，國史所不載者。

一太師火者來興招云：洪武九年六月，胡丞相教人送一櫃鈔與太師。丞相云：我擡這鈔，不是與別人，你收拾些好伴當與我。太師說：我與你這伴當不要與人知道。當日太師撥伴當陳進興，耿子忠等四十名，送胡丞相。丞相云：你嘗嘗跟着我，等至十二年二月初一日下手。（與盧仲謙招同。九年六月收拾伴當約至十二年二月擧事，何期會之蚤若此）

又招：六年三月，胡左丞問太師，我和你說的話，如今怎的。太師說：已知道了。明日有淮安侯管各門約四月十二日點定人馬下手。（見淮安事中。時華雲龍在北平，所約者小淮安侯華中也恐無掌管各門之事）

又招：洪武九年二月，胡丞相問梳頭待詔許貴，我要使你和太師老官人說些話，你敢說麽。許貴說：我敢說。丞相說：我要和太師商量大逆的勾當。（豈有大逆勾當使梳頭待詔傳說之理，似未可信。）

太師妻樊氏招云：洪武七年，胡丞相到太師家拜年節，丞相說天下的事都在我手裏掌着。我如今要作歹，你爺兒從不從。太師說看丞相幾時下手，我每爺兒也從。九年十月，丞相約太師二十日下手。你着兩箇兒子四官人六官人爺兒各自領人。又招：八年八月十五日，胡二舍對太師說，如今事都成了，有李四還在江那邊。取他爺兒五箇回來，交付人與他領。太師卽便使人取回。（李四與丞相結姻在洪武九年，豈有八年八月，先取回領軍之理）

太師妻朱氏招云：洪武八年六月，太師伴當陳千戶斫了胡丞相淮西墳上樹。上位宣太師來問：腦揫太師赤脚走一遭。太師歸家說我跟了上位許多年，聽胡丞相說，便這等揫我。李四說却又我說不差。你聽我說，從了他，那裏有這等事。太師點頭。（此亦在李四與惟庸未結姻之時恐未足信）

李四妻范氏招云：洪武五年十一月，男李佑回家說：今日早，我父親和太師延安、吉安四人，在胡丞相家板房裏喫酒，商量要反。范氏道，可是眞箇。你嚇殺我。李佑回說是眞了。

又招：八年九月，李四回家說我早起和汪丞相太師哥在胡丞相家板房喫，商量謀反，我也隨了他。范氏罵李四，你發瘋，你怎麽隨他。李四說：我哥哥隨了，我怎麽不從他。（善長既與惟庸再三面議反事，何以至十二年猶狐疑未決耶。）

以上諸招，皆所謂雜出於家奴婦女之口，雖經刑部條示，而詔書皆未之及者也。三錄所載，未可更僕數，姑存其梗概。

一、太師儀仗周文通招云：洪武十六年五月初五日，太師坐前廳，叫火者家人小廝都來聽，我發放以前事務不成了，你每大小休要去唱言。如今暗行人多，我好時小廝每都好時。都不好出外，小心在家，勤謹休要說閑話。小廝每都起去。

盧仲謙招云：洪武二十一年，仲謙到定遠看太師新蓋房子，仲謙跪說：別公侯家都蓋得整齊，大人如何不教蓋得氣象着。太師說房子雖蓋得好，知他可住得久遠。仲謙說大人有甚麽事。太師說你不見胡黨事至今不得靜，辦我家李四，每又犯了。以此無心腸去整理。仲謙回說好歹不妨。

儀仗戶孫本招云：十九年十月，孫本去定遠縣見太師房屋不整齊。太師說，李四見在崇明，胡黨不息，不知我如何。孫本說有甚麽事。家人倪定住招云：十三年十月，太師在家飲酒，六官人和太師說：以前和胡家商量的事，怕久後牽連我一家，李二官人說父親做太師，哥哥做駙馬，料着我家無這等事。

儀仗戶趙猪狗招云：十六年六月，太師請延安侯飲酒，延安侯說我每都是有罪的人。到上位跟前，小心行走。太師說我每都要小心。若惱着上位時，又尋起胡黨事來，怕連累別公侯每。十七年五月，太師說：上位尋胡黨又緊了，怎麽好。吉安侯說：上位不尋着我，且繇他。

十四年正月，平凉侯請太師飲酒，平凉侯說：我每都是胡丞相作反的人。若上位尋起來，生命都罷了。大師說早是也不來尋我，平涼侯說：若不尋着，我每且躲一躲，不要出頭罷了。以上諸招，皆胡黨發後，善長惶恐懼禍之事。觀其告戒同黨，曉諭僮奴屛足掩耳，惴惴如不終日。至於鳳陽第宅不事修葺，且有知他可住得久遠之語，且悔且懼。其於善長情事，可謂逼眞矣。他招謂善長欲爲惟庸報讎。或云十六年謀之濟寧。或云十八年謀之平涼，又謀之平涼侯男。或云十九年謀之吉安、營陽。或云二十一年謀之延安。善長老吏負罪，而心悸惟恐人知其影響。尙敢攘臂怒目切切然謀爲人報必不可報之讎也哉。爰書所列，此其最爲失眞者。斷而削之可也。一祝允明九朝野記云：二十三年五月初二日，以肅清逆黨，命刑部尙書楊靖備條亂臣情詞，播告天下。上口詔幾四千言。梅純備忘錄云：洪武三年，大封功臣。十七年定功臣次第。又異於前。鄭曉異姓諸侯傳序云：洪武三年冬，大封功臣。十七年定功臣次第，與前稍異。功高望重連歲總兵者八人云云。二十三年五月，肅清逆黨，命刑部尙書楊靖條示天下。上口詔幾四千言。按庚午詔書載於九朝野記者首尾闕落，僅存其半。鄭曉作異姓諸侯傳，多援據此詔，第未見全文。概有舛錯。其序云十七年定功臣次第，二十三年肅清逆黨，此大繆也。功臣次第卽定於肅清逆黨之榜，豈有兩詔乎。如曰功臣次第爲十七年所定，則藍玉之進封涼國，在二十一年十二月。此詔何以不稱永昌，而先稱涼國耶。舳艫、航海，以二十年封；開國、全寧、西涼，以二十一年封。又何以備列耶。鄭氏之失考甚矣。黃金開國功臣錄云：二十三年春，榜列勳臣五十七人，李善長猶居首。不知此詔在二十三年之五月，正善長等麥夷之日，其榜列勳臣，所謂刑人於市，與衆棄之者也。豈以是優異善長等耶。昭示姦黨第三錄，載營陽侯楊璟火者招云：洪武二十三年五月，內舍人楊達讀錄榜文，想伊父五次寶陣，我兄弟又有大罪，本年六月欽差官來察理旨意，觀此招則肅清逆黨之詔，其榜列在二十三年五月明矣。昭示姦黨諸錄，則又次第刊布未必在一時也。此詔實錄失載，幾於湮沒，今幸藏弆內閣，開國勳臣之事，其強半猶可考見。孔子二代之傷，公羊三世之論，君子不能不爲之慨歎云。

一、善長子祺，尚太祖長女臨安公主。開國功臣錄云：永樂元年，卒於江浦。史翼云：洪武中，以善長罪囚於家。建文初赦出，守江浦。北兵入投水自溺。按大明主堉祺卒於洪武二十二年己巳。開國功臣錄諸書皆謬也。大明主堉，永樂間編纂仁祖、太祖及親王主堉譜牒，其可徵信無疑。余故援以正之。又按昭示奸黨錄載：李太師家教學貢穎之招云：洪武十六年穎之見黨事不絕，仍投李太師家教李駙馬舍人讀書。二十一年跟李駙馬往鳳陽定遠縣住。則知祺以二十一年還定遠。次年卒。亦當在定遠，不在江浦也。使二十三年祺尚在，亦必不免。太祖大義滅親，豈不能以歐陽倫之法處之耶。祺之得前死爲幸，而韓公之後，其得存者必鮮矣，哀哉。

太祖實錄辨證五

洪武十三年九月永嘉侯朱亮祖病卒

實錄記亮祖之歿，以爲病卒。而高皇帝壙志則曰：朕怒而鞭之，父子俱亡。亮祖父子之死，高皇帝未嘗諱也。實錄云：上親製壙志，仍以侯禮賜葬。後有讀御製文集者，則可考而知之矣。亦所謂諱而不沒其實者與。亮祖在鎮不法，爲道同所論列。上雖怒之，亦但知其爲胡惟庸所使，擅專貪取而已。二十三年正月，其次子昱始以胡黨事提問。則知亮祖之坐胡黨，亦發于二十三年也。鄭曉異姓諸侯傳云：罷職居江寧。又坐胡黨。十三年卒。影響傅會，似是而實非。不可以不正。太祖于朱文正云：鞭後而故，于朱亮祖亦云朕怒而鞭之。父子俱亡。蓋皆斃于杖下也。太祖不諱，而國史概從諱詞，何哉。

十三年四月改封胡美為臨川侯。

胡美，實錄不載所終。開國功臣錄、異姓諸侯傳，俱云二十六年卒。王世貞功臣表云：二十六年坐藍黨論死，國除。今按高皇帝手詔，則美於洪武十七年以犯禁伏誅。而據吳也先之招，原係臨川侯火者。十七年本官爲事撥李太師家。其證佐甚明。是知諸書皆繆。而功臣表藍黨之說，尤爲無稽。又按鄭曉異姓諸侯傳云：十三年董建潭王府，後坐黨事，二十六年卒。美于十七年伏誅。而胡黨之發露則在二十三年，相去已七年矣。鄭所記甚繆，今竝正之。

洪武十三年七月，復封鄭遇春為滎陽侯。

按遇春與陸亨、唐勝宗，俱以多起驛馬，降充指揮。發山西捕四達子。此洪武八九年間事。見于庚午詔書及姦黨錄諸招者也。實錄略載仲亨事，而不及勝宗、遇春。獨于十三年七月書，復封鄭遇春爲滎陽侯，而不詳其謫降之故。惟十年五月，番酋寇涼州，書指揮鄭遇春擊却之。六年書指揮者蓋遇春奪爵之後降爲指揮，守涼州也。考之諸招，仲亨三侯俱以八年責降。九年復爵。詔書亦云期年取回，復爵。遇春家人楊保兒招，亦云：九年回京。實錄書遇春之復爵，乃在十三年何也。九年復爵，則十年又何以書指揮也。豈實錄前後錯互，其不書于八年九年者爲脫略。而書于十年十三年者爲贅誤耶？開國功臣錄亦記十三年復封，與實錄合。鄭曉異姓諸侯傳則云：坐累奪爵，逾年復侯。鄭所據者，蓋庚午詔書也。

洪武十五年三月，命濟寧侯顧時子敬襲爵。

實錄不載敬所終。按昭示姦黨錄，老濟寧侯妻舅李賽兒招云：姊夫領大舍顧敬，時嘗到丞相家商議。十九年五月，小濟寧侯以給親具奏。今因事發提問。則二十三年敬以胡黨連坐明矣。惟國史不書卒之例，則敬之伏法可知。鄭曉異姓諸侯傳云：先是坐黨，上特釋時。以故子得嗣侯。後竟除。時歿時，黨事未發，故身得贈諡，子得嗣侯。安有黨事已敗，而獨釋時之理乎。鄭氏之傳妄矣。然庚午詔書，獨列顧時，而不及其子敬者，何也？蓋當時諸小侯從胡謀逆者。若顧時之子敬，陳德之子鏞，楊璟之子通，皆其父謀逆，而其子亦與謀。故詔書列其父而不及其子，舉其重而書之也。至如申國公鄧鎮，小淮安侯華中，則其父不與逆，而其子自爲之也。故獨列其子之名，以著其爲首惡也。詔書之書法簡嚴，眞不減于春秋矣。

洪武十七年三月戊戌朔，曹國公李文忠薨。

按曹國公之薨，太祖痛悼，輟朝、恩卹備至。而王世貞史乘考誤載野史云：文忠多招納士人門下。上聞而弗善也，又勸上裁省內臣，上大怒盡殺其門客。文忠驚悸暴卒。上殺諸醫及侍者百人。世貞初疑其誣，後以十九年景隆襲爵誥文考之，而知野史之言，有自來也。誥云：非智非謙，幾累社稷，身不免而自終。又云：爾其鑒前人之失，保爾富貴。太祖之叮嚀告誡，不釋然於曹國也可謂深切著明矣。曰身不免而自終，其與夫獲考令終者，則有間矣。兪本記事錄云：文忠病，淮安侯華中侍疾進藥，上疑其有毒致薨。貶淮安侯，放家屬于建昌衛。醫士全家被誅。淮安進藥之事，與劉誠意之死狀略同。

胡惟庸之毒誠意也，奉上命挾醫而往。淮安之侍藥，豈亦傳上命耶？惟庸之於誠意，淮安之於曹國，與夫德慶之於龍鳳，卒皆用以致辟。豈其事亦有相類者耶？若曹國得罪之故，史家闕如。無可徵考。吾不得而知之矣。嗚呼，親則甥舅，功則元勳，歿享大烝，生傳帶礪，五刑無隱，誰薄衛醫之鴆，萬歲爲期，如賜漢儀之酒，若乃中山馬肝之謗，開平杜郵之疑，汲冢之科斗，與孔壁而並傳。隱桓之異辭，徵實書而莫辨。悠悠百世，可爲隕涕者也。

洪武十七年四月，進封征南功臣傅友德等。

洪武十二年，封仇成等十二侯。惟成以舊勳，餘皆以征西有功也。食祿皆二千石，子孫世襲指揮使。至十七年四月論征雲南功，進封潁川侯傅友德爲潁國公。副總兵永昌侯藍玉、安慶侯仇成、定遠侯王弼等，先爲有功，身受侯封。今功著南征，當爵及子孫。食祿二千五百石。仍各賜鐵劵。實錄但舉永昌、安慶、定遠三侯，而不及其他，多世襲如安陸侯之子傑，宣國侯之子鎮，則皆以十九年四月襲封矣。鳳翔侯之孫綱，宣德十年，猶乞襲封矣。蓋十二侯，皆十七年論功加世爵。而實錄紀之從省文耳。安陸、宣德皆先卒，其功自當與十二侯並論，考襲封底簿自明。

洪武二十年，靖寧侯葉昇進討東川諸蠻平之。

黃金開國功臣錄載：梁國公胡顯，以洪武二十一年討東川功，得封。顯，昭敬皇妃之父也。顯之姓氏始終不見於實錄。考實錄二十一年，討東川者靖寧景川也。二十二年討九溪者，靖寧東川皆定也。靖寧獨得賊首，頒賞最厚。不聞援信國類國之例。自徹侯進封而從征之胡顯，以椒房故，獵封大國。聖祖愼郵名器，豈宜有此。且國封大事，國史雖多脫略，寧有沒而不書之理耶。二十三年五月詔書。自三年大封以後條例，封公侯者凡五十七人。獨不及顯。洪武末年封爵詔書不載者，惟永定、越雋二侯。皆二十三年五月以後封者也。顯果以二十二年七月封，何不在建功一十五人之列耶。顯之不封，此其明證也。王世貞云：據兵部黃及胡氏親供甚明。余考吏部公侯伯襲封底簿，皆據兵部貼黃，絕無梁國襲封始末。王氏又何從見之，斯亦妄矣。又按楚昭王行實云：王生母昭敬太充妃胡氏，都指揮同知胡顯之女。昭王行實爲王孫季埏所編，載充妃爲顯之女，而開國功臣錄，謂充妃爲泉之妹，顯之姑，則紕繆甚矣。行實稱顯止云：都指揮同知。則其未嘗開國封又明矣。行實載昭王事蹟甚詳。若有人奏召還胡顯之事，安得不備載耶。其爲傅會無疑也。余故據楚昭王行實合之國史詔書，徑削去之。恐後人尙承其譌，故存其辨于靖寧之後。

洪武二十一年十月，常昇襲封開國公。

按實錄，昇自二十一年襲封，同諸功臣屢出練兵。自二十六年二月陝西召還之後，遂無聞焉。公侯伯襲封底簿載：茂有弟嘗昇。昇生繼祖，發雲南臨安衞安置。而不記昇之所終。鄭曉名臣記：靖難兵至浦子口，昇與魏國公分道力戰，已而昇見上得釋。諸家記革除事，皆爲昇立傳。參列于魏曹二國之間。今以逆臣錄考之，則昇爲藍玉之甥，初通謀。玉既伏誅，又于三山聚兵謀逆，反狀已具，爰書臚列，而得免于聖祖之刑戮，有是理乎。然則昇以二十六年伏法無疑者，襲封簿不記其所終，蓋諱之也。昇既伏法，又安置其子于雲南者。茂既無嗣，不忍復誅昇之子，此議功議親之法也。若如鄭曉所記，則昇於拒戰得釋之後，成祖遂釋而貰之乎。抑亦既釋而終不免乎。若釋而貰其罪，則昇既得釋矣。不應又放其子于臨安也。若既釋而仍不免，則以怒昇之故，放其子于臨安。不應兩年之內，旋召見而厚賜之也。故嘗論昇之事，當以逆臣錄襲封簿二書爲正。其它革除諸書所載，一切削去可也。王世貞撰開平世家：昇抗靖難師得罪，安置臨安，以憂卒。此尤爲附會不足置辨。

洪武二十三年五月，賜李善長從子佑及吉安侯陸亨等死。

按洪武實錄，延安、吉安、平涼、南雄四侯，皆吉安家奴封帖木所告。與胡惟庸等同謀爲變者也。實錄于五月乙卯，但記賜善長從子佑及陸亨等死，而不詳其事。延安等三侯，既不爲立傳，亦不載其所終。黃金開國功臣錄於四侯皆云：二十六年卒。王世貞高帝功臣表，皆書二十六年卒。追論姦黨國除。仲亨之賜死，國史既大書其事，無可疑者。然延安三侯皆與惟庸等約日爲變，厥罪惟均，既賜亨死，則勝宗聚庸安得同罪而異罰耶。實錄書云：賜亨等死，曰亨等則其非一人可知，以書法推之，蓋包括勝宗聚庸而爲之詞，其必以同時賜死，無疑也。按昭示姦黨第二錄載：延安侯唐勝宗招云：今蒙提問胡黨情節，從實開招于後。又載平涼侯費聚全招。則勝宗與亨等俱下獄鞫訊明矣。又延安家人汪成招云：洪武二十三年正月，延安侯往黃平公幹，差成往蘇州。閏四月，成到黃平回話回還。彼時胡黨事正發，恐本官家被人招出。藏匿江寧縣舊識人呂二家。本人同高里長赴官首告，送問。按實錄二十三年正月，勝宗討平貴州，平越苗蠻，即命同鳳翔侯往黃平等處，屯田練兵。與汪成招相合。汪成自黃平還，即恐胡家事發，藏匿人家，旋被首告。則勝宗之逮問，亦必以是年閏四月也。實錄云：上復命諸司官讞之，亨等皆具伏。曰亨等皆具伏，則勝宗聚庸舉在其中矣。實錄自二十三年五月後，延安四侯皆不復見。其以五月被誅可知。二十三年六月：載從勝宗之請，給雲南諸衛耕牛。蓋勝宗在黃平請之也。實錄云：先是勝宗請給，至是詔給與之。則是年六月，勝宗不在黃平又可推矣。黃金於功臣之誅，皆從諱詞。槪云二十六年薨。殊爲失實。世貞曾見國史，多所援據，而於延安諸侯悉因黃金舊文，不可曉也。今悉從庚午詔書及昭示姦黨三錄，又參互以實錄，一一釐正如左。

平凉三侯與吉安同罪同辟，無可疑者。開國功臣錄費聚傳云：二十三年自雲南召還，賜金帛還鄉優老。二十六年卒。上爲輟朝遣祭。黃金未見國史，故妄爲粉飾如此。鄭曉異姓諸侯傳云聚坐胡黨。上曰聚往征姑蘇，朕嘗詈責，遂有反謀。後竟得釋。鄭氏所記亦出庚午詔書。第未見其全文。所謂後竟得釋者，則因功臣錄記其卒于二十六年。且有祭恤之典。求其說而不得，而曲爲之詞也。史家乖繆，不可考信如此。

洪武二十四年，東川侯胡海卒。

海之卒也，史爲立傳。記上爲輟朝致祭。鎦三吾又爲撰墓志。其獲考死無疑矣。然贈謚恩卹槪未有聞焉。實錄云：海嘗有罪，收其公田。藍玉對胡王云：你家也是爲事的。則知海雖死牖下，其實亦伏罪而沒也。是時藍黨未發，其亦以胡黨牽連者與。黃金錄云：當時黨論一興，元功宿將，惴惴焉朝不謀夕。海獨擺脫。家中一辭莫逮。卒荷寵靈考終牖下。其亦以得託肺腑之故，幸而免哉。東川三子，長斌以從征死，次玉藍黨，次觀尙主。卒其子忠授孝陵指揮。觀之子得不坐藍黨者，或以南康之故。而東川之有罪，與其得免，則史既不書，他亦無可考也。

洪武二十五年八月江夏侯周德興，以帷薄不修伏誅。

王世貞開國功臣表，大書于德興之下曰：十八年坐亂宮死。攷庚午詔書，條列臨川侯胡美罪狀，蓋如世貞所書。而德興則以帷薄不修伏誅。見於國史。未可以美之罪坐之也。豈世貞所見庚午詔書，載在九朝野記者，首尾脫略，不及深考，而誤繫於德興之下耶。或如逆臣錄所載王誠之招，則德興之子驥，實犯禁而並坐德興耶。抑國史所記帷薄不脩，蓋亦史官之微詞耶。余於諸招，自臨川侯外，如李善長之二子，及費聚之子越，楊璟之子通達，德興之子驥，皆削而不載。後之取徵者，考姦黨逆臣二錄全招，則知之矣。

洪武二十六年二月，涼國公藍玉謀反，與吏部尚書詹徽等，俱伏誅。

鄭曉異姓諸侯傳云：藍玉反，獄上。集群臣廷議。玉强辨，轉展扳染，不肯服。詹徽叱玉吐實，無徒株連人。玉大呼曰：徽卽吾黨，遂併執徽。按逆臣錄載徽招云：近日上位好生疑我，必是連我也拏下。則玉先伏誅，而徽後始敗露也，鄭曉所記蓋出稗史，近于戲矣。又史敬德招云：二月初九日，詹尚書對敬德說：涼國公見拏在衞，你可打聽。如招我便來報。我知道此招，亦可以徵鄭記之妄。

洪武二十八年二月，宋國公馮勝卒。

按實錄于宋公之卒，書其日月，又爲立傳。然考國史之例，書卒而以誅死者，王弼是也。書卒且立傳而以誅死者，廖永忠是也。宋公之卒也，國史書其卒，則如潁國定遠。書其卒而立傳，則又如德慶然。而宋公實以誅死。則史正用二公之例，不可得而掩也。勝之得罪，不獨以北征之故，如平涼之役，代大將軍總制軍事，不俟朝命，輒自引還。跋扈不臣，罪狀顯著。高帝豈能貰之。二十七年手詔，以家人違令瑣事頻煩戒諭。至云禍福之來，皆人自致。念卿兄弟相從，開國有功，且連姻親，不忍不爲卿。君臣之際，猜疑切責如此，求其令終，豈不難哉。本傳記北征之事，但云上次此深責之。其有所諱耶，抑亦使人習其讀而問其傳耶。兪本記事錄云宋國公勝潁國公友德等爲黨逆事伏誅家屬悉令自縊毀其居室而焚之非兪本之錄大書特書則宋穎被誅之事遂不可考矣凉國之誅在洪武二十六年而宋穎相繼伏誅兪本云爲黨逆事其爲藍玉之黨可知也宋穎誅而開國之元功盡矣豐沛舊臣如晨星之僅存者惟長興武定耳嗚呼微孝廟之繼絕則開平之苗裔尙夷愍隸微世廟之議禮則青田之帷幄孰與亨烝又况菹醢隕身參夷湛族者乎史家疏繆不稽本末昧丹書之慘酷悼信誓之淩夷斯則文獻無徵可爲嘆息者矣。

又按黄金開國功臣錄凡功臣賜死與伏誅者皆諱而書卒李善長陸仲亨之類是也鄭曉大事記及列傳別起一例於李善長傅友德之類皆書曰暴卒惟藍玉書伏誅以暴卒別于伏誅所以別諸公于玉也曉之微指也攷之實錄則義例尤錯互不一有直書其事而曰伏誅者藍玉周德興之類是也有于卒之年月立傳且書其賻恤而實以誅死者廖永忠也有於卒之年月立傳而不載賻恤者馮勝也有卒之年月但書曰卒而別立傳於封爵之年月者傅友德也有止書其卒而封爵之年月並不立傳者王弼也有其人以誅死而沒其事並不記其所終者胡美黄彬之類也有不記其所終而略舉其事或在奉朝請之下或在封爵之下者陸聚孫恪之類是也國史大書特書發凡起例在諸公必信而有徵立乎定哀以指隱桓將使誰正之哉夫班馬傳漢不沒韓彭之嬰僇歐宋書唐必著文靜之無膺山河之誓未乾麒麟之圖安在逝者不作來者難誣安用出入多端掩沉魂于青史推敲隻字寄隱獄于丹書也哉愚不能深知國史之微詞亦不敢妄效諸公之別例傳疑傳信良懼厚誣前人知我罪我庶幾俟諸百世云爾。

讀史札記

盧文弨

明史藝文志

晉隋唐宋之志經籍志藝文者，皆兼載前代之書，其所不載，即可以知亡佚矣，後世書籍倍多，亦限難悉其有無者，其不能徧載也固宜，今明史藝文志，但專載有明一代之書，然古之爲志者，不拘拘於有斷，而兼補前代之缺，竊以爲宋史所未及收，並遼金元之書，亦未嘗不可載入也，宋史藝文志，最猥雜重複，殊失排纂之體，明志則有倫次矣，然如邱濬之大學衍義補，曾經進御，當世亦莫不知有是書，而竟失載，文皇后勸善書，旣載於小學類之女學門，而於雜家類，又複出仁孝皇后勸善書，此書亦不專爲壼範而設，又不當入雜家，但載於小學門可也，史部傳記類，有顧璘國寶新編，考此書乃集其故交之遺文耳，當入集部總集類，而誤編入史部，諸帝實錄，例書纂修官姓名，而於仁宗實錄，獨書監修之蹇義，又失載光宗寳訓四卷，其於注釋古子史詩文，並多不錄，范景文之南樞志，乃張可士茅元儀所共編輯，胡宗憲之籌海圖編，實鄭若曾之書，卽云功歸主者，然亦當分注於下，不沒其實，其他若無列傳不甚顯著者，亦當注其爲何處人，有事迹，亦宜附見於下，至如兩王龍兩陸釴之類，尤宜分析，庶不至後日難考，趙敬夫答曰：明史不可輕議若此記付梓時，當刪之。

梁儲

蕭山毛西河奇齡，在史館草梁儲傳，削其爲秦藩請地草敕事不書，旣歸，又奉書於總裁曰，儲草制一事，載在通紀，列卿錄梁儲本傳，以及名山藏，李氏藏書，諸書甚詳，嘗怪大政記不載其事，且編年月日，則又各參錯不合，及細考實錄，則由正德十二年間，前後推尋以迄於徧，並無秦王請地之事，夫藩府請地，予奪必書，如晉府請屯田，徽王請莊地，類明明可案，況此時當寧藩請復護衞之際，關繫匪小，豈有已經兵部科道，盈庭執奏，中堂草制，宸斷獨止之一大事，而實錄不載者，及窮究其事，則在嘉靖三年實錄中，有云先是秦王惟焯，奏始祖分封之國，欽蒙太祖高皇帝敕賜潼關西，鳳翔東，沿河灘地牧馬，高原山坡牧羊，今被豪民劉仲玉等占種，已而仲玉等亦奏祖額徵糧民地，被奸人捏作荒閒，投獻秦府，俱下戶部議，移撫按查勘，原賜牧地，已有河灘，今秦府實欲侵奪民地，乃反稱舊賜，夫潼關西，鳳翔東，渭河兩岸，有華陰岐山等十七州縣，如王所奏，近河牧馬，近山牧羊，則十七州縣之地，盡屬秦府矣，而可乎，上曰，已之，此實錄文也，大抵請地只一事，觀實錄開語卽云先此，則其請嘉靖年間可知，若云正德又一事，豈有相距止七八年，以大行特止之敕，而無一援據者，世無是理，其辨甚明，今明史儲傳，仍增入草制事，或有謂正德時因儲草敕，而後使撫按查勘，亦事理常所有者，予又以爲不然，旣云廷臣執奏，則其所言利害，豈皆不及儲敕中數語，帝盡排群議，而覩敕草乃始遍然驚，亦豈事之可信者乎，今以撫按之勘，與儲之敕中語相較，孰爲明切，儲之空言，固不如實事之著明也。

附傳

史之有附傳也，馬班俱不別標姓名，惟范蔚宗始有之，劉知幾所譏歷短行於卷中叢細目於標外者是也，考附傳之體，或以行可比倫，或以事相首尾，或以先世冠篇，或以子孫殿後，絲牽繩貫，端緒可尋，晉唐以來，率遵是式，然未有旣非因事類敘，又不預爲提明，而遽移乙就甲强相併合者，明史薛斌傳，以李賢附其下，吳成傳，以滕定金順附其下，徒以事迹寥落，不屑與爲特傳故耳，然非史法矣，何不略詳於表，而刪去此傳之爲愈乎，至如陳選傳，選爲中官韋眷誣奏，詔遣官會訐，引選所黜吏張褧令誣證，褧不從，被拷掠無異辭，選死，又上書頌其寃，其書具載選傳，此義士也，於例正合顯標其名於陳選之下，而又不然，爲當補之爲是。

孫承宗

明史孫高陽傳，敘次磊落，亦足以見其爲人矣，予讀高陽詩，有一題云，予起家應召，目不交睫者，四十日矣，偶夜半韈脫，兩足相摩，快相得也，聞鷄結韈，曰不爲例，此事史所不載，其英毅之氣，堅忍之力，處危苦之中，而刻自振厲如此，至今猶栩栩如生，其幕下有歸安茅元儀字止生者，常贊畫軍務，後亦被逮謫戍，有詩集及雜說十數種，其一詩云，邊圉不難靜，廊廟易爲喧，七尺若弗計，半職不肎捐，國辱如弗聞，努力爭片言，一朝風塵起，其散類飛烟，瞬息得少安，但誇飛鳶肩，鄙夫不可群，不如守漁筌，此詩切齒於廟堂之僨國事者，徇私喧競，而使忠義之士，不得有爲，最切中明末之弊，止生性豪邁，其詩格調不醇，又多狹邪之作，然能間關從軍，遇事勇往，危言高論，切中事情，固可謂豪傑之士，孫傳兩見其名，其事則不能詳也，

鄺埜傳

旣扈駕出關，力請回鑾，振怒，令與戶部尙書王佐皆隨大營，案王直爲公神道碑云，權姦惡其數言事，欲疏之，勅與王佐隨老營，此欲疏之三字，不可削去，蓋使之不得常見上也，又傳云，振怒曰，腐儒安知兵事，再言者死，埜曰，我爲社稷生靈言，何懼，碑云，何得以死懼我，論語意，當從碑爲是，辭簡而意不達，亦曷貴乎。

孝子李德成傳

寇騎迫，母投河死，德成長，夢母曰，我處冰下，寒不得出，且與其妻王徒跣行三百里，抵河濱，臥冰七日，冰果融數十丈，久之乃歸，此段敘次有誤處，考劉三吾誌石云，李孝子德成，淶水人，隨母避兵，暮夜抵巨馬河，去家里許，兵在後，母因自投河，又云，父早世，藁葬昌平，離家三百餘里，又云，卽往跳冰上，裸而臥，妻王亦跣拜臥所，如是七日，河面廣可十餘畝，悉化爲水，里中老人神其

事，相率拜河上，請孝子歸，此所叙乃當時實事，明史但書投河，不指言巨馬，故里數不明，乃誤以父所葬處之里數，爲母沒之處，謂與其妻徒跣行三百里，殊失事實，翻易以啓後人之疑矣，即久之乃歸四字，亦索然，必當云里老相率請之乃歸，方合情事。

曾魯傳

高麗遣使祭開平王，魯索其文視之，外襲金龍黃帕，文不署洪武年號，魯讓曰，龍帕誤耳，納貢稱藩，而不奉正朔，於義何居，使者謝過，即令易之，案宋濂所撰碑書魯責使者之辭云，龍帕固疑誤用，若納貢稱藩而不奉正朔，君臣之義果安在邪，皆命易去之，今改云龍帕誤耳，文意不明，僭用龍帕與不書正朔，自是兩失，魯之責辭，微分輕重，最爲得體，奈何改去，豈作史者誤認年號當書龍帕上邪，下即令易之，亦當作皆令易之，於義何居，語泛，亦不如本辭之嚴。

吳與弼傳

吳與弼，字子傅，非字子傳也，與弼跋石亨族譜，自稱門下士一節，傳引顧允成之言，斷以爲好事者爲之，竊以爲此正不必爲康齋諱，舉主之誼，自漢已然，康齋不求人舉，而人自舉之，朝廷降敕遣使，就家徵聘，禮已隆矣，豈容不至，至則必與亨相見，以孔子答陽貨之饋一事衡之，即謂亨爲舉主，庸何傷，不避其迹，而顧欲辭其名乎，此正適如其分而止耳，今此跋見康齋集中，其門人婁克貞輩初不爲之少諱，亦可見其本不必諱也，黃梨洲宗羲謂亨薦康齋以炫耀天下，正欲自居舉主之名，向若不稱門下，則大拂其初願，先生必不能善歸，其處此殆有甚不得已焉者，余謂之遜詞避禍，此亦尙有作用在，康齋祇順理以處而已，觀其囚服公庭，亦可見矣。趙敬夫云：傲然于人主，而甘作石亭門下士。與弟訟而囚服公庭。畢竟是康齋一身大玷。難以回護也。

危素傳

傳云，危素，唐撫州敕史全諷之後，案宋濂所作墓碑，素祖龍友，本黃氏子，來繼於危，然則唐撫州刺史全諷之後九字不當書，又傳云，兵迫史庫，往告鎭撫吳勉輩出之，案碑云，輦而出之，此輩字亦誤也。

王翺傳

傳云，帝眷翺厚，時召對便殿，稱先生不名，案明代繼世之君，有稱其臣先生者，大率皆以青宮舊學故，翺未必卽得此稱，考彭時所爲神道碑云，呼以老王而不名，此乃實事，當從之。

徐善述

徐善述附鄒濟傳，云坐累死，與鄒濟同日贈太子少師，考葉盛水東日記，載永樂十六年，仁廟爲太子時，與善述之書，問其疾，又善述卒後，遣鄒濟致祭，文中有云，豈期一疾，遽然而逝，又十七年十一月，楊士奇等祭文，亦云夫何一疾，竟殞厥身，其非坐累死明矣，又仁廟卽位後，諭祭文稱其官爲故贊善贈太子少保，此云太子少師，亦非也。

劉定之傳

諸傳中所載章疏，刪削繁芿，撮其精要，如解縉羅倫等疏，俱較之元本爲勝，微似助語節去過多，氣不甚流暢耳，此傳載其景帝時言事疏，中有云，未有若今日也先乘勝，直抵都城，以師武臣之衆，既不能奮武以破賊，又不能約和以迎駕云云，此師武臣句，竝非元本，乃改者之謬，左傳師武臣力，明是相對成文，豈可刪去力字，但云師武臣乎，案元本是未有若今日也先椉勝入寇，直抵京城，奉上皇以來，而天下之大，數十萬之衆，既不能奮武以破敵，又不能約和以迎駕，作史者蓋因前已有天下之大數十萬之衆二語，故易之，不知複舉何害，若如今所改本，直是厭厭毫無氣力（衆改師，敵改賊，皆逕元本）。

藝文志

鄧球泳化類編一百三十六卷，雜記二卷，載史部雜史類，乃故事類又載鄧球續泳化編十七卷，案析置兩處，非是，宜併附雜史下。

雜家類載王可大國憲家猷五十六卷，下注云，萬曆中御史言內閣絲綸簿，猝無可考，惟是書載之，遂取以進，案顧起元敘此事云，神宗朝，御史疏有言內閣絲綸簿者，奉旨詰問出何掌故，時倉卒他無可考，獨此書載有之，遂據以復奏，今史翦截其文，殊失事實，使讀者昧厥所由，竟似檢尋故事於絲綸簿中，倉猝不得，而即取是書以相參證然者，大與本事相左矣。

二顏警學語

顏延之云，會朋臨座，稠覽博論，而言不入於高聽，入見棄於衆視，則慌若迷塗失偶，黶如深夜撤燭，銜聲茹氣，腆嘿而歸，顏之推云，吉凶大事，議論得失，蒙然張口，如坐雲霧，公私宴集，談古賦詩，塞默低頭，欠伸而已，有識備觀，代其入地，何惜數年勤學，長受一生愧辱哉，噫二顏之語其形容不學之人，致爲刻酷，夫知不足，然後能自反也，知困，然後能自強也，若夫不知恥者，又安望其能発恥哉。

不言而躬行

或問馮少墟先生從吾云，學者不言而躬行，何必講學曰，此言字不是指講學，如人有好議論人，及向人矜誇所長者，君子曰，何必議人，何必誇人，此則所謂不言而躬行也，若自家能孝能弟，不惟不自誇，而且歉然不自足，猶日講如何孝如何弟，不惟不議人，而且廓然不自私，猶終日與人講如何孝如何弟，此講學之言，正躬行之士不可一日無者也，可曰不言而躬行哉，此段剖析極明徹，至云講學不論人之信否，只是盡己，此正聖賢人己兼盡之學也。

息

君子以嚮晦入宴息，息有止息生息二義，朱子釋水火相息義云，滅息而後生息也，貞下起元，理實如此，孟子言夜氣之所息，俗間常言乃以睡為困，周萊峯思兼述唐一菴樞之言曰，困字不好，古人只說息字，若困倦昏睡，反無益，所以黄昏時，須靜坐乃睡；明日方有精神。若一日勞役，至晚棄困倦便睡，明日精神殊減。又嘗聞明李祭酒時勉督諸生課，至二更卽止，云三更乃陰陽交會之時，不可不養。此亦勤學者所當知也。

戚御史雪厓

明金華戚雄，字世英，正德辛未進士，令建陽南海有聲，擢南御史，侃侃敢言，嘉靖中，坐劾武定侯郭勛，黨比反賊李福達，落職歸里，以研索踐履為功，學一本之程朱，所著鄙見日鈔八卷，考究精審，權衡允當，洵佳書也，明史不為立傳，是書亦不載藝文志，雄尚有雪厓文集，及婺賢文軌等書，余所見者，日鈔而已。

學道紀言

學道紀言五卷，又補遺附錄一卷，明雲閒周萊峯思兼日錄所得，以自體驗者也，嘉定陸翼王元輔曰，余師陶菴黄先生，潑歎是書純正而精確，非程朱之徒，不能為也，及訪諸鄉人，多詆其怪僻者，先生不信，後再三訪之，知為篤實君子，甚矣世俗之樂放達而惡拘檢也，蓋慶歷之時，三王之學盛行，狂瀾既倒，非莊列釋老不談，獨萊峯以正學砥柱其間，宜衆吠之狺狺耳，余得此書讀之，其刻厲處，誠不可及，然古今聖賢之精語，其可為吾之藥石膏粱者何限，而萊峯則幷氾濫於禪門釋典，其所述白雲禪師高峯和尚等語，皆彼家了當義也，即謂與吾道無二致，可乎，擇之不精，殆有遺憾，高忠憲攀龍序萊峯西齋日錄，即此書也。

𠽻言

𠽻言十卷，明方伯新安范淶原易之所著也，明史無傳，是書亦不載藝文志，考其言，近有得於道者，其辨儒與二氏之異，亦極明確，他所議論，皆可以藥輕浮淺躁之病，其門人詹光陛稱其律身嚴密，取予不苟，出處有道，果爾，則非徒有言者，俟得新安志再考之，明志集部載范㭾明蜀都賦一卷，乃其仲子也，原易亦有文集，又有筆記，尚未之見云。

二氏與吾儒之異

范氏淶𠽻言云，念起便掃，釋氏之學也，善念起，便引而伸之，觸類而長之，吾儒之學也，又云，佛氏要空此衷，使形神相離，道家要守此氣，使形神相聚，皆是安排，吾儒之言，則在正衷，非欲空衷也，在養氣，非欲守氣也，踐形窮神，盡其在己，還其在天，夭壽不貳，何安排之有。

本朝魏環溪象樞庸言云，仙欲一身長生，佛欲萬物无生，儒欲萬世之人生生不窮，其分量大小自見，又曰，爲仙爲佛，論死後地位，爲聖爲賢，論生前地位，此虛實有無之别。

論乾隆年刊行之明史

李光濤

明史一書，其纂修之初，雖曰始於順治二年五月，然由於或作或止，所以延至乾隆四年才奉旨准予頒行的，這在歷代史書中是比較一部最難產的一種刊物。不過明史之難產，言之亦有其故：第一、其所取材，據王氏東華錄康熙四年十月己巳御史顧如華表，當有甚多部份都是取之所謂「明史舊刊本」。同時連明代官書如實錄等等也都是些主要的根據，而其中不免要太費商酌的，似乎不外爲了「傳信後世」的。第二、談起這一點則乃是一個極端複雜的問題，因爲淸之「太祖」奴兒哈赤，其於大明的關係，則「大明爲君，而奴兒哈赤爲臣」，而且這一名分，自其先世相傳二百數十年一向都是如此，都是「忠於大明，心若金石」的。可是王氏東華錄載雍正七年九月癸未一上諭，根本即否認此一關係，而乃曰：「我朝之於明，則隣國耳。」所以淸修明史，結頭即在此，而於他們當初一些叛明的史事必須儘量地加以粉飾，其結果乃致顚倒是非以爲欺世之談。第三、淸修明史，除却上述粉飾史事爲其最大缺點外，其實問題並不止此，大抵言之，潦亂無據者有之，湊合成篇者亦有之，總而言之，有甚多史事正如常語所云「不據事直書」而已。有如拙著「記朝鮮實錄中之皇明全史」一文（在待印中），其中曾經論及康熙帝對于纂修明史所有提供的若干意見，考之史實，並非那麼一回事，作者於此已有甚多的說明以正其謬。凡上所論是爲吾人認爲康熙對于明代史事的批評有失正確性，特借此略加申明，讀者請注意之。現在另就我個人勘出明史紀事之潦亂無據以及其湊合成篇之處，舉例述之如次：

（一）陳奇瑜史事

陳奇瑜，崇禎初，嘗任延綏巡撫，七年春，特設山陝河南湖廣四川總督，專辦賊，即以奇瑜爲之。是年六月，闖賊李自成陷於興安州之車箱峽，實已置之死地，乃奇瑜部下多債帥，垂涎賊賄而縱之。參明史本傳：「賊甫渡棧，即大噪，盡屠所過七州縣，而略陽賊數萬亦來會，賊勢愈張，奇瑜坐削籍，而自成名始著矣。」又載：「唐王聿鍵自立於閩，召奇瑜爲東閣大學士，道遠未聞命，卒於家。」按，陳奇瑜身爲五省統帥，則其權勢之重可知，疆埸之事，當以滅賊爲期，乃以垂涎賊賄之故，竟使等于進入牢籠之賊而縱之，於是賊勢復熾，自此不可復制矣。依大明律，如陳奇瑜之貽誤封疆，當於軍前立正典刑，然後才能申明賞罰振肅士心的。終以明季軍紀廢弛，賞罰失人心，該殺而不殺，反得善終「卒於家」，則在其時之失政，孰有大於此者。按明史一書，據康熙二十九年二月乙丑諭旨，曾經說「遠過宋元諸史」，又說「務宜考覈精詳，不可疏漏」凡此云云，讀者不可不注意。其實當初參加纂修明史之諸公，貽誤實多，即如檔案罷，本爲內閣所藏，其與明史館又近在咫尺，他們都未嘗注意到甚麼「考覈」二字的。他不具論，單言陳奇瑜之死，並非如明史所說的「卒於家」，據順治五年二月初二日山西巡撫祝世昌題本，而乃是由於「蓄髮」之罪，於順治五年正月二十七日將陳奇瑜綁縛押赴市曹正法的。比之明史本傳所載甚麽「唐王聿鍵自立於閩，召奇瑜爲東閣大學士，道遠未聞命，卒於家」之說，當然後者正是所謂「潦亂無據」之一類，也就完全失去了「信史」二字的價値。按，唐王之自立於閩，約當於順治二年六七月間事，及兵敗見害，則係順治三年八月事，至陳奇瑜之被殺，則爲後此年餘才死的。據此，可見明史於陳奇瑜，不但死的情景是一大錯，即就日期言之，也是相差太遠了。又按，生死之於人，本爲一大事，乃此一大事，錯誤亦如是之甚，則是其餘之「疏漏」和「訛謬」，更可想像而知。

（二）流賊史事

流賊史事，其情甚長，而本文現在所說的，但就清人與流賊有關史事擧其最大最秘者述之如下：

一、清人之勾結流賊

清人勾賊的實事，僅殘餘檔案中有之，爲了說明這一實事，我們必須先從明之亡國說起。明之亡國，據朝鮮肅宗實錄卷三十九葉四曾載清人宣傳之言有曰：「聞渠嘗謂大明亡於流賊，渠之入燕，爲大明報仇，至上先帝之謚云」。這一宣傳，是爲清人最得意之作，嘗見內閣大庫檔案有康熙六十一年十一月遺詔更堂堂正正言之：「自古得天下之正，莫如我朝，太祖太宗初無取天下之心。……後流賊李自成攻破京城，崇禎自縊，臣民相率來迎，乃剪滅闖寇，入承大統，稽查典禮，安葬崇禎。……以此見亂臣賊子，無非爲眞主驅除也。「清人纂修明史時，卽係因襲此種官樣文章以入明史流賊傳，書：「盜賊之禍，歷代恒有，至明末李自成張獻忠極矣，史冊所載，未有若斯之酷者也」。又書：「亡天下者，李自成張獻忠也」。今再據檔案考之，究其所以成其亡者，李張之外，更大有人在，明史於此，則又不能言之，茲檢明清史料丙編第一本載順治元年正月二十七日關於多爾袞致西據明地諸帥一書稿，並別紙所錄遲起龍囘書稿一紙，足以證明官書所載，完全爲飾辭。因爲多爾袞書稿內諸帥，卽謂李自成之一股。此時清人，因聞自成得勢，亦欲乘機奪取中原，故遣使致書，備極勾結的醜態。又因自成稱帝西安，故於自成之名，毫不涉及，但企圖因諸帥之介，間接而達於自成。此種企圖，觀之遲起龍稟內所云「又有與他主上意思」一言可知「至於書中所有「欲與諸公協謀同力，併取中原，倘混一區宇，富貴共之」等語揆之同年四月多爾袞答吳三桂書「予聞明主慘亡，不勝髮指，同率仁義之師，破釜沉舟，誓必滅賊，出民水火」之言，詞語全異而用意則同，卽以不同之說說兩面，而祈求入據中原之心則一也。順治元年卽崇禎之十七年，其年正月，自成之兵業已由陝渡河，山西府縣，望風送款。二月內，自成又親入山西，督兵前進。清之使者，由瀋陽賚書，因蒙古奸細嚮導，以三月三日達榆林。而是時據守榆林之諸帥，據明清史料丙編第五本第四六九葉，當爲自成部下高一功李錦輩，關於勾結之書，其時果能達闖賊否？雖不無可疑，然自有此一書稿，而清人所謂爲明復讎「得天下之正」一言，可斷斷明瞭其妄矣。又，勾結流賊，並非多爾袞所發明，當天聰年間已多有之，其實遠溯奴兒哈赤時代之招亡納叛，說起來前後都是一囘事，拙著「清人與流賊」一文，記之甚悉，見反攻雜誌第一八七期。

二、多爾袞山海關之戰

多爾袞與李自成山海關之戰，據明史流賊傳，乃四月二十二日事，一戰摧之。其後乾隆四年爲世祖實錄作序，措辭更多誇張失實，如談及世祖嗣位之初有云：「當是時，流賊已入京師，明祚已成板蕩，遂因明將吳三桂之請，命將士入關，定燕京，殄群寇，挈斯民於水火之中，而登之衽席之上，爰主郊禋，式頒正朔，自古得天下之正，未之有比也」。這一段序文，尤其是「自古得天下之正，未之有比也」的大話，在清代的歷朝實錄中都是常見的文章，也不必多舉；總而言之，不外是清家三百年來一個未有的大謊罷了。按，所謂吳三桂之請兵，請兵自是事實，然如當初的吳三桂究竟爲甚麼原因而請兵，是不是由於因畏流賊勢大自己不可敵而請兵，抑或爲了顧慮多爾袞的掣尾不得不聯絡清人以寬後顧之憂而請兵？這一問題，是必須要有分別和說明的。有如拙著「多爾袞山海關戰役的眞相」（大陸雜誌第七卷第三期）當擬一條意見說及這一戰役，有「多爾袞卽不出一兵，似亦不足爲輕重」語。此下則更作請兵的結論曰：「特是其時的大勢，關內外實同時並急，而多爾袞之「乘虛直擣」更是勢所必至，眞所謂「東呼西應」，「請亦來，不請亦來」（參王錄順治元年三月甲辰大舉進討條）。吳三桂於此，自然也很大傷腦筋，「顧東不能顧西，禦賊不能禦虜」，於是乎世所稱之吳三桂請淸兵」也就在這種委曲求全情形之下而實現了。」此外更有一證，百分之百的可以看出有了吳三桂所擁關寧的精兵便可以制賊而有餘的，如弘光實錄「長安道上騰出闖賊謀逆詐僞罪狀以醒民迷正訛復仇說」條有云：「賊卒嘗語人曰：我等本無大志，不過來此游戲耳。詎料許大京師，三日而突入，總因將相不能冲敵，倘有一隊擁來，我等盡散而去耳，安能飽吾所欲哉？」所以山海關的戰役，當四月二十一日的辰時，即清兵尚未參加戰爭之日，吳三桂的部隊即已與李自成鏖戰終日，凡連殺數十餘陣，是日戰，有「斬獲賊級無數」之報，又有「大獲奇捷」之報。凡此「奇捷」與「斬級無數」，俱吳三桂獨力血戰之功，初與多爾袞無關的，因爲多爾袞所率的清兵於四月二十二日才趕至關上參加戰爭的。是日戰役，即無清兵的參加，而李自成之必敗，已成必然之勢了。所以這一戰爭的眞相，我在前面所提的拙著內也記之甚多，這裏也毋庸多說，總而言之，山海關之戰，正是我平時所常說的，並非如清人所云「滿兵之强，天下無敵」，而只是由於吳三桂無端的成就了一個多爾袞而已。

（三）援韓史事

當一五九二年（明萬曆二十年壬辰）第十六世紀之末，朝鮮突遭「倭禍」幾致亡國，明朝仗義出師，再造東國，實爲當時東方震耀古今之第一大事。此段大事，據朝鮮史籍，其記明朝援韓經過，大抵以爲是役，不外「天朝不忘朝鮮，朝鮮誠常藉天兵」，以及所謂「兩國一家，休戚是同」之故，於是請兵請餉，無求不應，七年對壘，兩次出兵，凡十六萬六千七百餘人，費餉銀八百八十三萬。自與「倭兵」接觸以來，有平壤之戰（是戰爲陸軍的大捷），碧蹄之戰，曾經退出王京，曾經送還王子陪臣，曾經講貢講封觀望不決四五年，曾經再度動兵而有南原之戰、稷山之戰、島山之戰、泗川之戰、南海之戰（是戰爲水軍的壯捷）。凡此情形，前後亘達七年之久，結局「倭兵」只有退出朝鮮，歸還本土。此退出之事，據明史朝鮮傳和日本傳的妄斷，則曰：「自倭亂朝鮮七載，喪師數十萬，糜餉數百萬，中國與屬國迄無勝算，至關白死而禍始息。」此說當係本於明人的浮議，如董其昌容臺集六筆斷記萬曆二十七年二月十九日吏科給事中陳維春一本有云：「臣按倭以平秀吉之死，因而惰歸，非戰之功也。」明人浮議，究其用意，不外歪曲事實，以遂其互相攻訐的伎倆，而如清人所說的「明末黨論之禍」，也正是這類情事而已。及清人纂修明史，對於有明武功，尤其是批評明末之世，有「文的無謀，武的無勇」語。而其自誇，則爲「每戰必勝，每攻必克」。兩者相較，無非形容明末兵勢實已喪失了作戰的能力而已。所以吾人研究明清史事，第一必須特別注意清人的立場，必須把握了這一點，然後才能了解清人關於纂修明史多少總似具有若干作用的。比如明人陳維春之言，原係一種浪說，乃修明史者竟認爲是眞情實事，「湊合成篇」以入所謂朝鮮傳和日本傳，以見明季兵力不但於「滿兵之强」不能敵，即在援韓禦倭之役，差不多便早已精疲力盡了。這種妄斷，沒想到三百年後之日人也嘗有同樣之謬論，如市村瓚次郎於其所著「明代之滿州」（見王桐齡譯：滿洲先世與清室淵源）一文內，則以「朝鮮之役」與「建州奴兒哈赤」相提並論，而其結論更有曰：「明援朝鮮無功，於是奴兒哈赤乃乘機而起」。這種論調也就是說，明季的國力，不僅對於日本無辦法，結果更招致了一個建州之禍，再總括一句罷，還不是在那裏說由於力量不夠罷了。又，日人的謬論，尚不止此，據青木正兒所著的「中國戲曲小說中的豐臣秀吉」，其立論也是與明史的妄斷有關，全係利用明史記事的錯誤而更誇張地加以發揮的。此文於民國三十六年十一月三日，由隋樹森君從日本黑潮雜誌中爲之譯出，載中央日報南京版文史周刊第六十六期。如譯文有曰：「這一役，前後亘七年之久，明朝喪師數十萬，仍然不能達到得勝的目的，正在衰弱不堪的時候，恰巧秀吉死去，日本軍完全撤退，因此明人始免於難，略得享高枕無憂的日子。」還有青木正兒另一意見，則又爲描寫明人好像有些應付不了朝鮮倭寇的樣子：「是役，在日本是極端的壯舉，但是對於明朝，不消說，實在是萬分煩累的頭痛的」。按，日人的言論，自來都是以「顧全國體」爲重，其述及明人援韓之無功，本不足異。不過日人研究史事也嘗提倡考據之學的，而他們所考據的乃竟抓住了明史那種失於正確之一記錄，以爲這正是一個好題目，因而也就振振有詞地大做其文章，希圖粉飾日本於東方遠在三百年前便是一個拖垮中國者。其實明史所記，全屬誤人之談，至日本學人之著書立說，亦等於將錯就錯之類。考明朝戡定朝鮮「倭禍」，朝鮮史籍記載甚多，吾人研究此期的歷史，最好能依據東國朝鮮的史料，因爲他利害切身，見聞自確，不似明之廟堂隔岸觀火，愛憎各異，因而爲說悠謬顚倒，很難憑信。卽如明史所記平壤大捷，寥寥數百字，遠不如東國人談起來有聲有色，至今凛凛有生氣。又如日本之撤兵，據明人言以爲是「惰歸」茲檢朝鮮宣廟中興誌，則又適相反，如戊戌（萬曆二十六年）五月倭將木下金吾撤兵還去條：「金吾與平秀嘉等二十餘將撤兵歸國，惟清正行長義弘義智甲斐守等十餘壁留屯沿海（光濤按，這留屯沿海之軍，只因船隻問題，不能一次同時撤回，勢必分作數運才能運還的。）平秀吉盡屬其營將而告之曰：朝鮮之事，迄未結束，何也？源家康等皆曰：朝鮮大國也，衝東則守西，擊左則聚右，縱使十年爲期，了事無期。秀吉泣曰：公等以我爲老矣，我少也，以天下爲無難事，今老矣，死亡無之幾，與朝鮮休兵議和，如何？其下皆曰：幸甚。」日本之撤兵，是活秀吉之事，與死秀吉無關，且出於活秀吉哭泣之所爲。此種哭聲，當然也就是日本豐臣秀吉侵韓失敗日暮途窮的結局，與明史所云「至關白死而禍始息」的話完全不是那回事。所以明史一書，尤其是東征一役之記事，明人旣有許多浮義於前，而明史又不得不因之於後，以致將一樁可以昭示百代的奇功寫得非常黯淡無光了。

（四）袁崇煥史事

袁崇煥史事，據其自稱，有「拚身殉命，以與東夷作對」語，如寧遠兩次大捷擊敗奴兒哈赤父子，其時都下聞之曾「空巷相慶」，卽爲明證。而寧遠之致捷，尤其是天啓六年正月擊潰奴兒哈赤之役，據徐光啓於崇禎二年十一月初四日面奏明帝關於守城全賴火器有云：「袁崇煥守寧遠，不出一兵，殲敵萬衆」（見徐文定公集）。按，火器之用於明季，原係由於徐氏之獻議，而袁崇煥之憑藉火器制敵，自實際言之，徐公亦貢獻甚大，其云寧遠一戰卽「殲敵萬衆」之處，自然也是一實事，所以才稱之曰「大捷」，所以關內人民才「空巷相慶」的。至空巷相慶之另一含義，當又與奴兒哈赤之因傷斃命有關，這是値得大書而特書的。可是明史本傳記袁氏之功並不明顯，但云：「明日（二十四日）大軍（奴兒哈赤）進攻，戴楯穴城，矢石不能退，崇煥令閩卒羅立發西洋巨礮，傷城外軍。明日再擊，復被却，圍遂解」。這一記事，對於明季自有奴禍以來未有的奇績，只輕描淡寫地說「圍解」，而不提及城外的人死傷之數究竟有多少以及所謂「殲厥渠魁」可謂完全埋沒了袁崇煥當時大捷之狀。由此一事，則所謂明史也者，更百分之百的可以看出他的書例竟是怎樣地一個體例了。再觀淸實錄罷，其記進攻寧遠之失利，是固載有損傷之數的，然所記者又正是微乎其微而不足道，如云：「計二日攻城，傷我遊擊二人，備禦官二人，兵五百人。此寥寥「五百」之數，比之徐光啓所說的「殲敵萬衆」僅只二十分之一，而如奴兒哈赤本身之因傷斃命，當然又更諱而不言了。再，奴兒哈赤旣死，翌年夏間，其子皇太極欲謀報仇，復又悉衆圍寧遠，亦遭挫敗而退，據明史：「士卒多損傷，六月五日引還」。是役，明人稱「寧遠再捷」。自此「寧遠再捷」之後，彼等再也不敢走近寧遠一步，直至明朝未亡之前，而此寧遠一城，始終爲明據守，可見袁崇煥所予建州的打擊，實在不小。還有明史所云「士卒多損傷」，原係由清太宗實錄轉錄而來，是實錄既亦爲「多損傷」之言，可能比奴兒哈赤的損傷更大？一敗再敗，於是金國人心乃至發生了極大的動搖，據天聰元年實錄稿，有「我國之人，非散卽逃」語。又如王氏東華錄天聰三年八月戊辰，更記大臣亦謀倡逃，可見動搖之大，考袁崇煥之制建州，本已勝算在握，於是乎乃更銳意圖敵，於是乎又嘗自任「五年平遼」。而此「五年平遼」云云，由崇煥言之，自然也是實情實話，並非虛語，因彼曾云：「揣摸夷情三十年」。所以認敵獨眞，知敵獨切，制敵獨力。崇煥的英勇孤忠，我無詞足以形容，崇煥的「五年平遼」之說，依金人「非散卽逃」的記事，我們自然可以相信的。乃明史本傳，於崇煥五年平遼一說，反謬採明人從來造作之浮言，以誣袁崇煥，謂五年平遼一語爲「漫對」。如云：「給事中許譽卿，叩以五年之略，崇煥言聖心焦勞，聊以是相慰耳。譽卿曰：上英明，安可漫對？異日按期責效，奈何？崇煥憮然自失。」此種罔言，亦收入明史，正見明史取材之漫無「考覈」而只希圖「湊合成篇」以誤後世而已。不知當天聰二年八月卽有人曾將其時大明所處的優勢特別奏於金汗曰：「南朝雖師老財匱，然以天下之全力，畢注於一隅之間，蓋猶裕如也。」曰全力，曰裕如，皆制敵有餘之證。據此，再參前面所說全國人心那種動搖的情形，如使明朝崇禎帝，假崇煥以便宜，予崇煥以時日，則是五年平遼之工作，不但袁崇煥容易辦得到，卽在後來之洪承疇，亦可以成功，何至爲「漫對」？何至「憮然自失」？考清人之特採此說，以入明史，揆其用意，不外爲自己留餘地，不外爲證明「我兵之强天下無敵」之大言。此等筆法，猶曰大淸之應運而興，天意人心皆歸之，即袁崇煥之能戰能守，亦豈能如之何？此固非傳信之筆也。

民國四七年三月廿五日中央日報「學人」七五期